연세대학교 리베르타스 총서

# 21세기 이후의 기독교교양

## 기독교교양의 이념, 콘텐츠 그리고 시대 의제

1

김학철 외 공저

연세대학교 대학출판문화원

연세대학교 리베르타스 총서 1

# 21세기 이후의 기독교교양

## 기독교교양의 이념, 콘텐츠 그리고 시대 의제

2021년 8월 30일 1판 1쇄

지은이 김선정·김학철·민경식·신익상·이민형·이병성·이성호·조재천

펴낸곳 연세대학교 대학출판문화원
주소 서울특별시 서대문구 연세로 50
등록 1955년 10월 13일(제9-60호)
전화 02) 2123-3378~80
팩스 02) 2123-8673
전자우편 ysup@yonsei.ac.kr
홈페이지 http://press.yonsei.ac.kr
인쇄 (주)동국문화

ISBN 978-89-6850-613-0(94080)
978-89-6850-612-3(세트)

값 14,000원


이 저서는 2019년 대한민국 교육부와 한국연구재단의 지원을 받아 수행된 연구임 (NRF – 2019S1A5C2A04083293)
This work was supported by the Ministiry of Education of the Republic of Korea and the National Research Foundation of Korea (NRF – 2019S1A5C2A04083293)

서문

# 자유 교양을 위한, '리베르타스 총서'를 기획하며

우리는 생명과 인간의 존엄성이 심각하게 위협받는 세상에 살고 있습니다. 그런데 존엄(dignitas)은 무엇일까요? 서양 철학자들은 인간 존엄성의 뿌리에 자유(libertas)가 놓여있다고 보았습니다. 생명에서도 어떤 자유의 모습이 발견될 때에 생명의 존엄성을 말할 수 있습니다. 그래서 인간을 교육하는 일, 그리고 그 교육의 정점에 해당하는 대학에 존엄함이 있다면 이 역시 자유에 바탕을 두고 있기 때문이라 할 수 있습니다. 즉, 대학과 교양의 품위가 크게 손상된 현실이 근본적으로 자유가 사라질 수 있음을 반영하고 있는 것입니다.

학자들은 초지능성, 초연결성, 초융합성을 기반으로 한 '제4차 산업혁명'이 인간과 사회 전반에 근본적인 변화를 초래할 것이라 예상합니다. 지금까지의 과학기술이 주로 인간의 환경에 영향을 미쳐왔다면, 앞으로는 과학기술이 인간을 대상으로 만들어 변화시킬 가능성이 큰 점을 주목해야 합니다. 사실, 과학기술은 인간을 변형시킬 수 있는 잠재력을 가진 지 오래되었고, 현대인들 사이에서 점차 이를 수긍하는 사람들의 수가 늘어나고 있습니다. 이런 변화를 배경으로 하여, 인간의 새로운 정체성을 묻는 트랜스·포스트 휴머니즘이 등장하였습니다. 과거의 르네상스적 휴머니즘이 사회 변화에 부응하고 이를 선도할 수 있는 인간의 능력과 자질을 일신하려 했다면, 작금의 과학기술 혁명 시대가 요구하는 휴머니즘은 인간, 사회, 자연에 대한 인식의 근본적인 재정립을 주문하고 있습니다.

이런 시대적 요청을 맞이하여, 우리의 대학 교양교육도 커다란 변화의 길목에 서 있습니다. 쉽지 않지만, 우리는 전통적인 교양교육을 고수하면서 새로운 변화에 발맞춰 교양교육을 일신하는 수밖에 없습니다. 어떤 저술가가 '특이점이 온다'고 주장하여 시간이 얼마 남지 않은 것 같지만 아직 어느 정도 우리에게 시간은 있습니다. 그러나 과거에는 상상할 수조차 없던 많은 문제에 대해 깊이 성찰하고 대화하여 합의 내용을 만들어 나아가는 일이 시급하다 하겠습니다. 이러한 일을 하는 데에 꼭 있어야 할 것 있습니다. 바로 자유입니다. 자유의 횃불만이 알 수 없는 그래서 두려운 미래로 향하는 우리의 앞길을 밝혀줄 것입니다.

우리 연구소는 제4차 산업혁명 시대를 대비하는 대학 교양교육의 내용과 방법에 관한 다양한 연구와 그 교육적 실행 성과를 종합하고 공유하기 위하여 리베르타스 총서를 기획하였습니다. 이 총서가 담을 커다란 주제 세 가지는 다음과 같습니다. (1) 미래 대학 교양의 이념과 실천, (2) 커넥텀(connectome) 시대의 인간과 윤리, (3) 디지털 인문시대의 과학적 문해력. 이런 주제와 관련되어 있다면, 본 총서는 종교, 철학, 문학, 역사 등의 인문학 분야와 물리, 화학, 생물 등 자연 과학 제 분야, 가능하다면 사회과학 분야의 귀한 글들을 모을 것입니다. 모쪼록 이 총서가 미래의 인간상을 담고 인재를 길러내기 위한 대학 교양교육의 청사진을 담은 스케치북이 되기를 기원하고 더 나아가 감히 자유의 횃불이 될 수 있다는 염원을 가져봅니다.

연세대학교 교양교육연구소

소장 장수철

머리말

# 기독교교양학의 지형과 방향

기독교 신학은 약 2,000년의 역사를 가진 학문이며, 최고 지성들이 헌신한 학문이었다. 계몽주의 이후 학문이 분화할 때 신학은 자기가 담당하던 영역을 여러 학문에 쪼개어 내주어야 했다. 그 이후 한때 신학의 학문성이 도전받기도 했지만, 여전히 세계는 종교적이며 종교/기독교 인구가 늘고 있는 현실을 고려하면 신학의 자리는 굳건할 것이다.

기독교 신학도 세속 학문의 분화에 따라 이른바 세부 전공이 공고해졌다. 성서를 다른 고대의 고전처럼 다루는 성서학이 있고, 철학 이론과 대화하는 철학적 신학 혹은 조직신학이 있다. 성서학과 조직신학은 크게 이론신학으로 묶인다. 역사학과 만나 교회의 역사를 탐구하는 교회사학이 있고, 이론과 더불어 실천적 측면에 집중하는 기독교 윤리학, 상담학, 선교학, 목회학, 기독교교육학, 설교학 등도 있다. 후자는 이른바 실천신학으로도 불린다.

기독교 신학은 서양 학문 전통에서 '교양'으로 분류되지 않았다. 교양이 학문과 사고의 기초 혹은 기본에 속한 것을 다룬다면 신학은 의학 및 법학과 함께 교양을 마친 사람들이 진행할 수 있는 학문이라고 여겼기 때문이다. 그러기에 기독교교양학은 이제껏 존재하지 않는 신학 분과다. 그러나 이러한 학문적 상황은 현재 현실과 매우 동떨어졌다. 우리나라의 사정만 보아도 그렇다.

언더우드가 주도하여 1915년에 설립한 연희전문학교는 우리나라 근대 고등교육의 시작점에 있다. 당시 연희전문학교는 〈성경〉 과목을 모든 학생이 수강할 수 있도록 지정했다. 그러니 교양 영역에서 기독교 관련 교과목을 교육한 지는 지금부터 100년이 훌쩍 넘었다. 또 2021년 현재 기독교 이념에 따라 설립된 종립대학은 전국 4년제 대학의 약 27%를 차지한다. 대다수 기독교 종립학교는 설립 이념에 따라 기독교 교과목을 필수로 가르친다. 그러나 우리나라의 기독교 신학은 교양교육에서 기독교가 무엇을, 어떻게, 무슨 목적으로 가르쳐야 하는지에 관해 본격적인 논의를 체계적으로 하지 않았다. 다시 말해 현장은 있으나 신학은 이에 마땅한 노력을 하지 못한 것이다.

기독교교양교육의 현장은 분명하고, 이 현장은 심도 있는 학문적 요청을 한다. 기독교교양학은 교양과 신학의 해석학적 차원의 교차점에 주목한다. 이 학문은 좁은 의미의 전도, 곧 기독교인을 만들려는 목적을 가져서도 안 되고, 신학을 쉽게 가르치는 것도 아니며, 그렇다고 인성교육에 주력하는 것을 목적으로 하지 않는다. 기독교교양학의 핵심에는 기독교 문해력이 있다. 기독교 문해력이란 기독교를 통시적, 공시적 차원에서 이해하는 능력이다. 통시적 차원은 기독교가 세계의 정치, 경제, 사회, 문화, 다른 종교와의 상호작용 속에서 형성한 역사를 의미하고, 공시적 차원은 기독교가 현대 사회의 여러 영역에서 제반 주체들과 상호작용하는 다층적 관계를 뜻한다.

연세대학교 교양교육연구소가 급격한 과학기술의 시대를 맞아 교양교육에 관련한 총서를 기획하고, 여기에 종교, 특별히 기독교교양학의 자리를 마련한 것을 매우 기쁘고 의미 있게 받아들인다. 이 책에 참여한 학자들은 기독교교양교육의 현장에서 나름의 역할을 담당해 왔다. 이 책은 크게 세 부분으로 나뉜다. '1장 기독교교양의 이념'은 총론에 해당한다. 조재천 박사는 "종교교육의 세 가지 유형– 종교의 교육, 종교에 관한 교육, 종교적 교육– 중 교양교육의 이상에 가장 잘 부합하는 것은 종교적 교육이라는 전제 위에 그것을 기독교 종립학교에서 구현하기 위한 이론적, 실제적 제안을 탐구"한다. 그는 "기독교적 교양교육의 구현은 결국 다른 교양교육 과목들과의 융합적, 협업적 교육을 통해 수행되어야 한다"고 주장한다. 김선정 박사는 "대학의 이념과 '진리와 자유' 정신의 성서적 이해"라는 글에서 성서적 의미의 "'진리'와 '자유'의 의미를 살펴보고, 요한복음의 진리와 자유 정신(요한 8:31–32)을 대학 이념으로 제정한 연세대학교의 사례를 고찰해 보려"한다. "이를 통해 계몽주의적 진리 이해에 토대하고 있는 현대 대학의 진리관을 비판적으로 성찰한다." 이 글은 기독교 대학이 나아갈 방향을 모색한다.

"제2장 기독교교양 콘텐츠"는 실제로 교양교육에서 가르치는 주요 주제를 다룬다. 민경식 박사는 "세속화된 대학에서 성서를 어떻게 가르칠 것인가?"를 묻고, "교양교육으로서의 성서교육"의 자유로운 해석의 공간을 주목한다. "문자적으로 본문을 이해하려는 폭력적 성서 해석에서 벗어나 자유로운 탐구를 가능하게 하는 비판적, 창조적 성서 읽기"가 교양교육으로서 성서 교육에 핵심에 해당한다고 해명한다. 이병성 박사는 "4차 산업혁명시대의 도래와 종교윤리의 과제"라는 글에서 "4차 산업혁명 시대는 새로운 윤리적 공감 능력과 윤리적 판단력을 필요로 하고 있다"고 진단한다. 그는 이 글에서 기독교교양학이 "인간에게 중요한 가치들 즉 정의, 생명, 자유라는 가치에 어떤 영향을 주는지를 검토해야 한다"고 제안하면서 기독교교양학의 주요 윤리적 쟁점들을 소개한다. 김학철 박사의 "이미지와 종교, 종교적 시각 문해력 서론"은 이미지와 종교/기독교 사이의 근원적 관계를 점검하고, "종교적 시각 문해력을 제안"한다. "이를 위해 선사 시대부터 종교개혁 때까지 이미지와 종교 사이의 관계를 주요한 주제를 중심으로 다룬다.” 이것은 인간과 문화의 핵심적인 이해를 다루는 교양의 주제를 기독교교양학의 측면에서 조망한 것이다.

“제3장 기독교교양의 시대 의제”는 시대적 과제에 기독교교양학이 응답하려는 노력이다. 신익상 박사의 “포스트휴먼 시대 생태학과 기독교교양교육”은 “포스트휴먼 상황과 지구적 생태 위기 상황이 맞물려 돌아가고 있는 상황에서 대학 교양교육이란 어떤 것이어야 할까? 또한, 기독교적 사유는 이 질문에 어떻게 참여할 수 있을까?”에 대한 답변이다. 그는 “멀티버시티 교양교육의 한 귀퉁이로서 생태적 기독교교양교육은 그 비전과 사유 방식에 있어서는 귀퉁이 이상의 역할을 할 수 있으리라”는 논지를 전개한다. 이성호 박사의 “‘종교와 과학의 대화’ 방법론의 기독교교양교육적 활용”은 “‘종교와 과학의 대화’의 방법론이 종교교양교육의 학제적, 융합적 교육모델 발전을 위해” 갖는 함의들을 분석한다. 이 분석을 통해 기독교교양학이 학생들에게 “학문의 방법, 창의성, 융복합 능력을 배울 수 있을 뿐만 아니라... 비판적 시민으로 성장하는 데에 도움을 줄 것”으로 기대한다. 이민형 박사의 “이미지 지배의 시대의 기독교교양교육”은 “기호자본주의의 논리에 휩싸여 제 기능을 하지 못하는” 현실 종교의 모습을 지적한 후 “거짓 속의 진실을 구분할 수 있는 힘”의 가능성을 찾아보려 한다.

이 책에 실린 글 가운데 신익상, 이성호, 이병성 세 학자의 글은 새롭게 쓴 글이고, 나머지는 다른 학술지에 이미 실린 것을 총서의 목적에 맞게 수정하였다. 기존에 발표된 글들은 참고문헌에 *표시로 소개하였다.

기독교교양학의 이름을 걸고 나오는 첫 책이라는 학문적 무게가 적지 않지만, 비록 미미하더라도 여기 한 발 내딛는다.

2021년 6월

저자들을 대신하여 김학철

# 목 차

# 제 1 장

# 기독교교양의 이념

기독교와 교양교육의 동행을 위한 한 모색 | 조재천
대학의 이념과 '진리와 자유' 정신의 성서적 이해 | 김선정

# 기독교와 교양교육의 동행을 위한 한 모색

조재천 | 전주대학교

## 1 — 들어가는 말

2019년 12월 연세대학교에서 열렸던 리베르타스 교양교육 심포지엄에서 손동현 교수는 "신앙 및 교양의 특수성과 보편성"이라는 그의 강연 말미에 종교교육을 다음 세 가지 유형으로 분류했다.[1)]

1 이 분류는 한국학중앙연구원(1991, 2017: http://encykorea.aks.ac.kr/Main/Intro, "종교교육")에 따른 것이다. 같은 개념을 다른 용어로 표현한 저술들도 있다. 예를 들어 강영택 외(2011: 15–19)는 '종파 교육으로서의 종교교육', '교양교육으로서의 종교교육', 그리고 '종교성 교육'이라는 용어를 사용하고, 다른 연구자들은 '신앙교육', '종교학교육', '종교정조교육'이라고 부르기도 한다. 어떤 연구자는 세 번째 것을 다시 둘로 세분화해서, 특정 종교에 국한되지 않지만, 종교적 감성을 불러일으키는 '종교성-영성교육'과, 보다 인문주의적이고 도덕적인 차원에 중심을 둔 '인성교육'이라는 유형으로 규정하기도 한다(고병철, 2014: 300–17). 두 번째 유형, 즉 종교에 관한 교육 또는 종교학교육을 단지 학문적 성격에 한정짓고서 그런 유형의 교육에서는 도덕이나 정서를 다룰 수 없다고 전제하는 것은 잘못된 것이다. 세 유형 모두 도덕과 정서를 포함한 전인적, 총체적 현상과 경험으로서 종교를 다룰 수 있기 때문이다.

① 특정한 종파의 교육을 뜻하는 '종교의 교육'

② 여러 특정 종교들을 포함해 종교 일반의 본질과 문화를 이해하게 하는 '종교에 관한 교육'

③ 특정 종교들의 가르침이나 신념 체계 자체가 아니라 원숙한 인격교육을 위해 필요한 종교성 즉 궁극적 가치 지향성을 교육하는 '종교적 교육'

첫째 유형은 한국적 현실에서 가장 지배적인 종교교육에 해당한다. 대다수 기독교 대학이 '건학 이념'을 구현하기 위해 채플 참여와 기독교 관련 과목의 수강을 의무로 정해 두고 있기 때문이다. 하지만 보편적 진리 탐구를 추구하는 고등교육기관에서 특정 종교나 종파의 신앙을 규범적으로 교육하는 것의 철학적 정당성은 늘 의심받을 수밖에 없다. 학문의 자유, 편견에 얽매이지 않는 자유로운 진리 탐구가 대학의 이상임을 부정하는 사람은 없을 것이다. '진리가 너희를 자유케 하리라'는 요한복음서의 말씀에도 불구하고 기독교가 학문의 자유를 구속하고 방해했던 무수한 사례를 역사가 증언한다. 더구나 기독교가 지배적이지 않은 다종교 사회에서 기독교 하나만을 교육하는 '종교의 교육'은 여러 가지 부작용을 일으킨다. 이웃 종교에 대한 무지를 조장함으로써 결과적으로 '종교 문해력'을 감퇴시킬 위험은 그중 하나일 뿐이다.[2] 그럼에도 불구하고 '종교의 교육,' 더 정확히 말하면 '기독교의 교육'에 내재한 교양교육으로서의 가치가 없는 것은 아니다. 손동현 교수의 지적처럼, "종교성을 형성하는 구체적인 계기가 특정 종교를 매개로 한다는 점을 유념한다면, 이런 유형의 교육에서도 교양교육으로 나아가는 길을 찾을 수도 있을 것이다." 신앙교육이나 개종 유도가 교양교육

2 종교 문맹 현상과 종교 문해력 개념에 대한 최근 서구 학계의 논의에 대한 개관으로 김학철(2019: 57-62)을 볼 것.

의 본질적 목적은 아니지만, 그 목적에 이르는 발판이 될 수는 있다는 것이다.

두번째, '종교에 관한 교육'은 기독교를 이웃 종교들과의 공존의 맥락에서, 또는 보다 폭넓은 사회, 인류학적 현상의 맥락에서 배우게 하는 방식이다. 여기에는 세계 종교 혹은 종교학 개론의 성격을 띤 교과목들이 속한다. 이런 과목들을 통해서 개종과 회심이 일어나지 말라는 법은 없다. 밀레니엄 세대가 기독교에 호감을 느끼고 다가가게 하는 데 있어서 더 효과적일 수 있다. 종교에 관한 교육은 기독교 복음의 가치에도 부합한다. 이웃 종교들을 그들의 관점에서 이해하려고 함으로써 사회 전반의 평화와 화합, 상호 이해를 증진할 수 있다. 이것은 넓은 의미에서 기독교 정신의 구현의 한 방식이다. 또한 종교에 관한 교육은 교양교육으로서도 정당성을 지닌다. 여러 종교의 세계관과 역사에 얽힌 인문-사회과학적 현상들은 다양한 문화와 사상을 이해하는 훌륭한 진입로를 제공한다. 불교와 유교는 국학(國學)의 한 갈래이며, 기독교는 서양 문화의 토대이다. 이슬람은 단지 종교가 아니라 거대한 문화권이다. 여러 종교에 대한 이해가 곧 글로벌 지성인의 중요한 역량이 된다. 하지만 이 유형에 내재한 한계도 뚜렷하다. 그동안 기독교 종립학교에서 기독교 관련 과목을 담당해 온 강사들은 이웃 종교들에 대한 식견이 부족한 것이 현실이다. 균형 잡힌 시각과 전문성을 가지고 종교에 관한 교육을 제대로 시행하기가 당장은 쉽지 않다. 게다가 가르치는 사람의 깊은 실존적 관여 없이 여러 종교를 단지 현상학적으로 관찰하고 분석하는 방식으로 접근한다면, 학생들에게 그것은 또 하나의 따분한 필수과목으로 여겨질 것이다.

손동현 교수는 종교교육의 세 번째 유형인 '종교적 교육'이 '문화적 존재로서 인간이 기본적으로 갖춰야 할 자질(함양)'이라는 교양(교육)의 이상에 가장 잘 부합한다고 평가한다.[3] 하지만 어떤 교과목을 어떻게 설계하고 어떻게 가르쳐야 '종교적 교육'을 실행할 수 있을까? 먼저 이러한 교육의 목표로 설정되어야 할 '궁극적 가치 지향성'이 무엇인지의 문제가 있고, 그렇게 설정된 지향성을 실제 교실에서 어떤 교과목과 학습방식을 통해 구현할 것인가의 문제가 함께 제기된다. 이 논문에서는 첫 번째 문제를 집중적으로 탐구하고, 두 번째 문제는 몇 가지 예시를 제시함으로써 풀어볼 것이다.

## 2 기독교와 교양교육이 공유하는 가치지향, 그 한계와 가능성

당연한 말이지만 기독교와 교양(교육)은 동의어가 아니다. 각 개념이 포괄하는 외연의 지점과 크기가 다르다. 기독교 신앙 전체를 교양(교육)화할 필요가 없고 그렇게 할 수도 없다. 마찬가지로 고대 그리스 시대 이래로 교양(교육)은 기독교의 품 안에 온전히 들어왔던 적이 없다. 그러면서도 그 둘이 만나서 교차하는 지점이 있다. 시대와 문화에 따라 그 둘의 공통부분은 더 작아지기도 하고 커지기도 하면서 변해왔다. 근대 이후 고등교육의 이상과 변화하는 사회의 요구에 따른 교육의 목표는 기독교와 교양(교육)의 중핵지점을 상당 부분 축소했다. 기독교교양교육의 입지를 찾으려는 시도는 그 중핵지점을 다시 규정하고 극대화하는 이론적, 개념적 작업을 요구한다. 나는 기독교와 교양(교육)이 만날 수 있는 지점을 크게 다섯 가지로 제시할 것이다. 첫째는 존재의 근원 혹은 궁극에 관한 전제이고(신), 둘째

3 손원영(2001: 119-24)은 은준관과 스캇(Kieran Scott)의 분석체계를 원용해서 '기독교적 교양교육의 재개념화'를 주창하는데, 그 내용은 '종교적 교육'을 기반으로 '종교에 관한 교육' 즉 이웃 종교들에 대한 이해의 요소를 첨가하고 여기에 프락시스, 즉 도덕적, 정서적 요소를 강조한 것이다.

는 인간 존재의 본질에 관한 전제이며(인간), 셋째는 인간론으로부터 파생된 도덕적 이상과 가치이고(윤리), 넷째는 세계의 변혁을 위한 사유 능력, 특히 비판적이고 창조적인 사유의 문제이며, 마지막으로 다섯째는 인성 함양의 문제이다.

## 2.1 존재의 근원 혹은 궁극에 관한 전제

형이상학적 전제에 있어서 기독교는 여느 종교와 마찬가지로 초월적, 절대적 존재를 설정한다. 그 신은 가시적이고 감각적인 세계 바깥에 인간이 경험할 수 없는 방식으로 존립한다. 하지만 그는 초월적이기만 하지 않고 또한 내재적이다(immanent). 만물이 그에 의해서, 그를 위해서 생겨났으며 자연 질서 자체가 그 신의 의지의 표현이다(롬 1:20; 11:26; 고전 8:6; 골 1:16; 히 2:10). 그 신은 인격적 존재로서 인간에게 자신의 형상을 부여하고 인간을 사랑하며 구원한다. 공동체로서 인류 전체가 그의 사랑의 대상이면서 또한 인간과 개별적, 인격적 관계를 맺는다. 각 개인은 그분과 소통하고 심지어 그분을 닮아가면서(롬 15:5; 고전 11:1; 엡 5:1; 살전 1:6; 벧전 2:21) 인간으로서 부여된 잠재성을 최대로 발현할 수 있다(엡 4:13).

신의 존재와 능력에 대한 기독교의 전제와 달리 교양(교육)에서 초월적, 절대적 존재로서의 신은 그 자체로 탐구의 중심에 놓이지 않는다. 대신 교양(교육)의 탐구대상은 그런 절대적 존재를 전제했던 여러 가지 인문 현상들이다. 교양(교육)에서 절대 가치 자체를 부정하거나 절대자의 존재를 원칙적으로 부인하지는 않는다. 하지만 인간의 사상과 문화를 통해 특수하고 구체적인 형태로 표현된 신의 존재는 언제든 비판적 검토의 대상이 된다. 그러면서도 내재적 차원, 즉 자연이나 인간과의 관련성의 맥락에서 어떤 불변하거나 영원한 가치의 총화 혹은 근원을 상정하는 것은 가능하다. 유신론적 전제에 기반한 교양교육은 '기독교의 이해' 등과 같이 교육의 내용 자체를 기독교로 설정하지 않는다. 대신 교양교육 과정에 흔히 포함되는 글쓰기, 외국어 습득, 예술작품의 감상, 비판적 사고와 같은 과목에 있어서 기독교적 신관이 전제된 문학, 예술작품, 혹은 언어 표현을 소재로 삼아 배우고 가르칠 수 있다. 기독교적 신의 존재와 그 신에 대한 믿음을 적어도 하나의 유효한 관점으로 채택하고 그렇지 않은 관점, 즉 타 종교의 신을 전제하거나 신이 없다고 전제하는 관점들과 대화하고 토론하는 방법도 있다. 이런 방식의 교양교육을 시도하는 교수자로서는 직업적 종교인(목회자)보다 기독교 신앙을 가진 교양(교육) 분야의 전문 학자가 더 적합하다. 후자의 경우에도 교양교육을 개종의 수단으로 활용하려는 관점을 버리고 기독교 신앙이 통합된 인문학적 유산을 교양교육의 한 소재로 사용한다는 관점에서 접근해야 한다.

## 2.2 인간 존재의 본질에 관한 전제

기독교에서 인간은 초월적, 절대적 신의 특별한 의지와 계획이 점철된 존재로 상정된다. 신이 인간이 된 성육신 사건과 나사렛 예수의 십자가 죽음, 부활은 기독교 인간론을 정초한다. 타락 이전의 아담처럼 그리고 성육신한 예수처럼 본래 모든 인간은 신의 형상이 깃든 존재였다(창 1:26–28; 롬 5:12–21). 타락 이후 모든 인간은 자력 구원이 불가능한 죄인으로 전락했고, 멸망할 운명에 처한다. 그 죄책을 죄 없는 인간 예수가 죽음으로써 상쇄했을 뿐 아니라(롬 3:23–25; 히 9:11–14), 죽음 가운데서 살아남으로써 한낱 진흙 덩어리에 불과했던 인간 필멸의 한계를 극복했다. 예수의 십자가 죽음과 부활을 객관적이며 또한 실존적 진리로 받아들이면, 누구든 부활한 예수와 같은 존재, 즉 영생불사적 존재가 될 수 있다(롬 6:3–11; 고전

15: 45–57; 갈 2:19–20; 빌 3:10–11). 이처럼 기독교 인간론에는 인간에 대한 냉혹한 비관과 이상적 낙관이 혼재한다.[4)]

교양(교육)의 대전제는 교양(교육)을 통해 "올바른 세계관과 건전한 가치관을 바탕으로... 비판적, 창의적 사고와 원활하고 개방적인 의사소통 능력을 습득함으로써 공동체적, 문화적 삶을 자율적으로 주도할 수 있는 주체적 인격체로서 자질을 함양"할 수 있다는 믿음이다(한국교양기초교육원, 2016: http://konige.kr/sub02_08.php). 물론 인류 역사에 반복되는 혹은 점점 더 악화하여 온 인간의 탐욕과 이기심, 그리고 그것으로 인한 온갖 참혹한 비극과 재난, 부조리의 현상 또한 교양(교육)에서 다루어야 하는 중요한 주제이다. 인간에 대한 일방적인 낙관이나 비관보다는 개인으로서 그리고 사회적 존재로서 인간의 본성과 능력에 대한 통전적이고 포괄적인 이해를 추구해야 하며, 그런 맥락에서 인간의 죄, 타락과 그것의 결과로서의 죽음과 파멸에 대한 기독교적 성찰은 이바지할 대목이 있다. 다른 한편으로 생물학적, 심리학적 인간 이해, 또는 인간을 다른 가치나 이익의 수단으로 비하하는 도구적 인간관에 대응해서 인간 자체의 본원적 가치를 주장할 수 있는 하나의 철학적 근거로서 기독교적 인간관이 동원될 수 있다. 신의 형상이 깃든 존재로서, 또한 신적 가치의 실현자로서 인간을 정의하는 기독교적 관점은 어떤 경제적, 신체적, 사회적 상황에 처해 있든지 모든 인간이 존엄하고 존중받아야 한다는 기본적 인간 존중 사상과 잘 호환된다.

4 한 가지 특기할 점은 타락 이후 인간과 세계 안에 내재한 신의 형상의 보존 혹은 훼손 정도에 관해서 개신교가 가톨릭보다 더 부정적이라는 점이다. 즉, 인간본성의 선함과 자연인으로서 개인의 가치에 대해 개신교가 좀 더 회의적이며, 가톨릭 신학은 보편적 인간에 대한 보다 긍정적인 전제를 표방한다. 그러한 '인간 중심적' 관점이 가톨릭계 대학들의 교양교육에 고스란히 반영되어 있다 (박일영, 2001: 75–81). 더 나아가 최준규(2005: 317)는 교황청 가톨릭 교육성과 제2차 바티칸공의회 문서들을 인용하면서 가톨릭계 학교를 '인간을 위한 인간의 학교'라고 부른다.

## 2.3 도덕적 이상과 가치 개념

도덕적 이상과 가치를 규정하는 데 있어서 기독교는 절대적 존재인 신의 성품으로부터 절대적 선의 가치를 추론해 낸다. 선은 신의 성품일 뿐 아니라, 신이 창조한 인간, 비록 타락했으나 예수 그리스도를 통해 구속된 인간이 추구해야 할 가치로 상정된다. 선의 절대성은 매우 강력한 도덕적 동기를 부여한다. 눈앞의 이익을 위해, 혹은 장기적인 투자의 일환으로 선을 행하는 것이 아니라 신의 계명이기 때문에 행해야 한다. 반면, 확고해 보이는 기독교적 절대적 선 개념에는 두 가지 틈새(caveats)가 있다. 하나는 절대적 선의 가치를 믿으면서도 무엇이 선인지에 대한 기준이 구체적이거나 명확하지 않다는 점이다. 다시 말해서 선의 기준을 절대적 신의 존재와 신과 인간의 '올바른' 관계로 귀속시킴으로써 결과적으로 기독교 신앙이 선이고 선이 기독교 신앙이라는 순환논법의 오류에 빠지는 경향이 있다.[5] 기독교 신앙의 교리 바깥의 언어로 선을 정의하기보다는, 성서와 교리의 해석되지 않은 언어 그대로를 선과 등치시킬 때 그런 현상이 발생한다. 기독교 선 개념의 또 하나의 틈새는 기독교 신앙인들이 형성한 공동체의 존속과 발전이 도덕의 기준이 되는 경향이다. 공동체의 자기 보존 본능이 절대적 선의 가치를 압도하는 현상은 모든 제도 종교의 타락 과정에 자주 나타난다. 현실 제도로서의 교회, 특히 개별 지역 교회나 교단을 신의 통치의 가시적 현현이라고 믿는 순간, 역설적으로 절대적 가치로서의 선이나 정의 개념이 약

5 유대교의 경우는 기독교 못지않게, 혹은 그 이상 성서의 도덕적 성격을 존중한 나머지 그것을 법적 지위로 격상시킨 다음, 각 조문에 대한 해석과 적용 방식에 관한 끊임없는 탐구를 시도했다. 고대 랍비들의 문헌(미쉬나, 탈무드, 토셉타) 중 상당 부분을 차지하는 '할라카'는 바로 그런 노력의 결과물이며 오늘날까지 유대교의 사상적 토대를 이루고 있다. 기독교의 경우 도덕적 이상의 원천으로서 성서의 권위는 인정하면서도 구체적인 도덕적 행위를 위해서 그것을 해석하기보다는 한 두 가지의 신학적 혹은 형이상학적 명제로 환원시키는 경향이 있다.

화한다.

한편, 교양(교육)에 있어서 도덕적 이상은 원칙적으로 기독교에서보다 더 느슨하고 유연하다. 우선 특정한 덕목이나 원리를 영구불변의 선으로 내세우지 않는다는 점에서 그렇다. 어떤 고정된 규범을 이전 세대로부터 전수하여 고수하기보다는 비판적 사고와 정서적 공감을 기초로 시공간적 제약 아래 놓인 그 현실에서의 선을 구성해나가는 능력을 함양하는 것이 교양(교육)의 도덕관이다. 각 세대, 각 개인이 능동적이고 주체적으로, 창의적으로 도덕 규범을 구성할 수 있는 인간, 그가 교양적 인간이다. 언뜻 보기에 이런 교양(교육)의 구성적(constructive) 도덕관은 절대적 가치를 기반으로 하는 기독교적 도덕관과 어울리지 않는다. 하지만 현실 속 기독교 공동체 역시 성서와 전통에 나타난 도덕 규범을 끊임없이 재해석, 재구성해야 하는 과제를 안고 있다. 따라서 교양(교육)을 통해 습득한 도덕 규범의 구성 능력이 기독교 도덕성의 확립에 활용될 수 있다. 반대로 교양(교육)에 있어서 도덕 규범을 구성하고 그것을 현실에 실천하도록 하는 근원적 동기 부여를 기독교의 도덕적 정언 명령(categorical imperative)에서 제공받을 수 있다. 단지 인간이 공동생활을 영위하는 데 필요하다는 공리주의적 도덕관을 넘어 신적 권위에 의해 부여된 절대적 선과 정의를 실천해야 한다는 의지적 심성이 기독교 도덕성을 구성하고 있기 때문이다.

기독교와 교양(교육)의 도덕적 이상은 사실 많은 것을 공유한다. 절대적 선 개념을 구체화한 덕 윤리(virtue ethics)에 있어서 기독교 덕 윤리의 최상위에는 사랑이 자리하고 있고, 사랑의 표현으로서 희생, 나눔, 환대, 공감, 긍휼, 존중, 관용 등을 가르치는데 이러한 덕목들은 교양(교육)에 있어서도 가치 있는 것으로 받아들여져 왔다. 한국적 상황에서 도덕적 이상으로 강조되는 효나 노인 공경, 혈연 가족에 대한 유대감, 성적 순결 등은 기독교 성서와 교리에도 인간의 마땅한 도리로 서술되어 있다. 교양교육 과정에

도덕성 함양의 중요한 요소인 봉사활동을 기독교 대학들이 유독 강조하고 있는 점도 주목할 만하다.[6]

### 2.4 비판적 사유의 기능과 가치

다음으로 검토할 기독교와 교양(교육)의 공통 가치는 비판적, 창조적 사유 능력이다.[7] 흔히 기독교의 포교나 신앙교육의 방식은 교조적(indoctrination) 성격을 띤다. 교회의 제도화는 신앙교육의 내용과 방식의 규격화를 동반했고, 신앙을 표현하고 설명하는 언어 자체가 신성화, 고착화되는 병폐도 나타난다. 기독교 전통 내에서 수많은 분열과 분화가 일어나면서 개별 교단, 교파의 존재를 정당화하고자 성찰과 자기비판을 꺼리고 독선적 성향을 보이는 것도 사실이다. 그러나 기독교 교리를 교육하는 과정에 본질적으로 비판적 사유가 들어설 여지가 없다고 단정하는 것은 성급하다.

원칙적으로 기독교 교리는 비판적 사고의 대상이 된다. 비판적 사고는 경험적으로 검증 가능하지 않은 텍스트를 대상으로 하는데, 여기에는 형이

6 대부분 학교가 봉사활동을 비교과 선택 영역으로 운영하는 것과 달리, 가톨릭대학교에서는 '사랑 나누기'는 2학점 기초교양 필수과목이다. 거기에 더해 다양한 비교과 봉사활동의 기회도 제공된다(임민균, 2019: 58–60).

7 여기서 우리가 다루는 '비판적 사유'는 우리말 '비판'의 사전적 정의와 별 관련이 없거나 심지어 그 정의가 비판적 사유를 오해하게 할 수 있다. 비판적 사고는 잘못된 점이나 부정적인 면만을 드러내어 좋지 않다고 평하거나 판단하는 활동이 아니다. "무엇을 믿고 행할지에 대해 현명한 결정을 목적으로 하는 여러 가지 의도적인 정신 과정 또는 어떤 주장을 수용할 것인지 기각할 것인지 아니면 그에 관한 판단을 보류할 것인지를 주의 깊게 의도적으로 결정하는 과정"이라는 B. N. Moore and R. Parker(1989)의 정의, 혹은 "무엇을 믿고 무엇을 할 것인지를 결정하는 데 초점을 둔 합리적이고 반성적인 사고"라는 R. H. Ennis(1991: 5–24)의 정의를 참고할 수 있다(김광수, 2002: 12)에서 재인용. 델피 리포트에 따른 비판적 사유의 정의는 다음과 같다: "비판적 사고란, 분석, 해석, 평가, 및 추론을 산출함과 동시에, 그 판단에 대한 근거가 제대로 되어 있는가, 개념적, 방법론적, 표준적, 또는 맥락적 측면들을 제대로 고려하고 있는가에 대한 설명을 산출하는, 의도적이고 자기 규제적인 판단이다"(홍윤기, 2002: 96).

상학적 명제들, 종교적 명제들, 윤리적 명제들, 미학적 명제들이 해당한다. 명제에 담긴 "주장, 논증 등의 텍스트를, 그 논리적 구조, 의미, 논거, 맥락 등을 고려함으로써 받아들일 수 있는지를 판단하기 위한 추론적 사고"가 곧 비판적 사유이다. 단순히 논리적 참, 거짓이나 역사적 사실성 여부를 밝히는 것만이 아니라 주장, 논증, 심지어 물음까지도 그것의 유의미성, 중요성, 함축, 귀추 등을 파악하고 판단해야 한다. 궁극적으로 가부(yes or no)의 대답을 구할 수 없는 물음조차도 그렇게 할 수 없는 이유를 탐구하도록 도전한다. 이렇게 포괄적인 의미의 비판적 사유는 기독교 교리의 모든 명제를 정립하고 설명하고 이해하는 데서 거의 모든 곳에 작용하고 있다.

개신교의 경우, 적어도 원칙적으로는 교리의 진리성이 성서의 진리성에 직접적으로 의존한다.[8] 결국, 성서해석에 있어서 비판적 사유의 적용 가능성이 중요하다. 근대 이후 성서학이 역사적, 문헌학적(philological) 방법론에 따라 역사 비평(historical criticism)을 근간으로 발전해 왔다는 사실은 비판적 사유가 성서해석의 한 가운데 작동해왔음을 여실히 증명한다. 심지어 역사비평을 거부하는 것처럼 보이는 보수적, 근본주의적 성서 해석자들조차도 사실 그것으로부터 완전히 자유롭지 못하다. 역사비평을 활용해서 도달한 특정한 결론을 거부하는 것일 뿐, 자신들이 견지하는 교리를 지지하는 결론을 도출해내는 한에 있어서는 선택적으로나마 역사비평을 기꺼이 활용하고 있기 때문이다.

비판적 사유는 두 가지 요소로 이루어진다. 하나는 지적인 사고 절차 또

8 가톨릭은 교리의 두 기둥을 성서(Sacred Scripture)와 전통(Sacred Tradition)으로 규정한다. 이때 전통을 형성, 전수, 해석하는 사실상의 주체는 로마 주교, 즉 교황이다. 전통의 해석에 있어서 종종 철학적 사유가 사용되지만, 교황 개인의 경험, 신념, 세계관이 적지 않은 작용을 하는 것도 사실이다("Dogmatic Constitution on Divine Revelation. *Dei Verbum*. Solemnly Promulgated by His Holiness Pope Paul VI on November 18, 1995").

는 기능이다. 이것은 다시 몇 가지 종류의 능력으로 세분된다. 가장 초보적인 것은 삼단논법, 형식논리, 그리고 오류와 같은 논리학의 각종 추리 규칙들을 적용해서 명제와 논증을 분석하는 일종의 '논리 공학'이다. 하지만 논리적 구조만으로는 텍스트를 이해할 수 없고, 그 내용을 이해해야 한다. 즉 분석된 논증을 종합하고 재구성하는 작업이 필요하며 그 후에 논증의 건전성을 평가할 수 있다. 더 심층적인 평가를 위해서, 주어진 논증을 강화하거나 결함이 있는 논증에 대한 대안을 제시할 필요도 있다. 감정이입, 발상전환, 관점 전환 등을 시도해서 새로운 지식, 이론, 세계관, 가치관 등을 산출하는 데까지 나아가는 것이 비판적 사유의 기능이다(김광수, 2002: 23-30).[9] 이러한 방식의 사유는 기독교 성서해석과 신학 구성에 수시로 작동할 수밖에 없다. 신학의 역사는 그러한 비판적 사유가 기독교적 사유의 한 방식이었음을 증명해 준다. 성서에 기록된 내러티브, 대화, 논증에서도 이와 같은 비판적 사유의 면면이 관찰된다. 성서 내용 중 상당 부분이 성서내적 주석(inner-biblical exegesis), 즉 이전에 기록된 본문에 대한 비판적 사유의 결과물이다.

절차적이고 기능적인 차원의 비판적 사유보다 더 중요한 요소는 비판적 성향이다. 비판적 사유는 진위를 가리고 옳고 그름을 판단하기 위한 사유이다. 이러한 판단 자체에 흥미가 없을 경우 비판적 사유는 이루어질 수 없다. 비판적 사유를 유발하는 인격적 차원의 자질을 비판적 사유 성향이라고 하는데 그것은 다시 세 가지 범주로 나뉜다. 첫째는 진리와 정의를 추구

9 이런 의미에서 비판적 사유는 창의적 사유이기도 하다. 비판적 사유와 창의적 사유를 서로 반대되는 것으로 양분할 수 없는 이유는 창의성의 핵심이 비판적 사고능력에 있기 때문이다. 창의적 사유는 궁극적으로는 발산적(divergent)이다. 하지만 광의의 창의성은 기존 정보들의 변형이나 조합을 기반으로 문제 해결 방안을 고안하는 것도 포함한다. 역으로 비판적 사유의 근저에 창의적 사유가 작동한다. 논증과 아이디어를 잘 평가하기 위해서는 종종 풍부한 상상력을 토대로 다른 가능성, 대안적 고려들, 그리고 다른 선택지들을 창의적인 방식으로 찾아내야 하기 때문이다. 그래서 김영정(2002: 81-90)은 "비판-창의적 사고"라는 용어를 제안한다.

하는 성향이다. 비판적 사유자는 언제나 참말을 하려고 하고, 합리적 절차에 따라 문제를 해결하고자 하며, 텍스트를 더 깊고 명료하게 이해하고자 하고, 가능하면 보다 나은 것을 지향하고, 불이익에도 불구하고 옳은 것을 중요시하고, 옳은 것을 위해 헌신한다(김광수, 2002: 33).[10] 둘째는 반성적 사유 성향이다. 이것은 느낌, 감정, 충동, 욕망 등의 강한 유혹에도 불구하고 냉철하게 텍스트를 음미하려는 태도이다. 신중하게, 집중해서, 깊고 넓고 멀리 성찰하며, 소문, 고정관념, 대세 등에 쉽사리 넘어가지 않아야 한다.[11] 비판적 사유 성향의 세 번째 범주는 열린 마음이다. 열린 마음은 자기 자신의 과오 가능성을 겸허하게 인정하는 데서 출발한다. 다시 말해서, "비판적 사유자는 ... 다른 사람과 마찬가지로 자신도 때때로 과오를 저지르고, 비이성적으로 폭 좁게, 불명료하게, 부정확하게, 피상적으로, 무관하게, 그리고 일관되지 않게 사고할 수 있다는 평범한 사실을 깨닫는 등의 세계관을 가지는 방식에 의해서 정의되어야 한다"(Paul, 1994: 183). 열린 마음은 자신의 과오 가능성을 극복하기 위한 의식적 노력까지를 포함한다.

이렇게 놓고 보면 비판적 사유 경향이란 단지 강한 이성적 성향일 뿐이라고 생각할지 모른다. 하지만 감성적, 관계적 측면 또한 비판적 성향을 구성하는 중요한 측면이다. 진리와 정의에 대한 열정만큼이나 참되고 바른 주장과 논증을 펼치는 사람들에 대한 강한 관심이 비판적 사유를 가능하게

10 또한, 델피 보고서(1990)에 따르면, "이상적 비판적 사고자란 습관적으로 이유를 꼬치꼬치 묻고, 잘 알고자 하고, 근거를 중요시하며, 평가에 있어서 열린 마음을 가지고 있고, 유연성이 있으며, 공정하고, 개인적 편견을 다룸에 있어서 성실하고, 판단을 내리는 데 있어서 신중하고, 기꺼이 재고하고, 현안들에 대해 명료하고, 복잡한 문제들을 다루는 데 있어서 체계적이고, 유관한 정보를 부지런히 찾고, 표준을 선택하는 데 있어서 합리적이고, 집중하여 탐구하고, 주제와 탐구의 상황이 허락하는 한 되도록 정확한 결과를 끈기 있게 추구하는 사람이다"(홍병선, 2011: 461).

11 하지만 자신의 주관적 의견을 자신의 사고로부터 완전히 제거할 수 있는가? 그것이 불가능하다면 차선은 자신의 관점의 주관성을 인지하고 인정한 다음, 그것의 위험성을 수시로 점검하면서 최대한 공적이고 객관적 관점과 균형을 이루려고 시도하는 것이다.

한다. 비판적 사유는 근거와 다른 사람의 견해에 관한 관심과 함께 '다른 사람 그 자체에 관한 관심'을 필요로 하는 것이다. 비판적 사유자는 "다른 사람의 견해와 이유를 발견하여 듣고, 다른 사람들의 느낌과 이해 수준을 고려하며 다른 사람들의 복지를 염려하는 등 모든 사람의 존엄성과 가치에 관한 관심을 둔다"(R. H. Ennis, 1996: 9; 노경주, 2002, 64). 그래서 "진실한 애정은 비판적 사고에 필수적이다"(노경주, 2002: 65).[12] 반대로 사람에 대한 무관심, 혹은 피상적이고 도구적인 인식은 곧 그 사람이 제시하는 명제와 주장에 대한 피상적 이해를 초래할 수 있다. 처음에 언급한 대로 비판적 사유의 대상은 실험 등 과학적 방법을 사용해서 검증할 수 없는 진, 선, 미, 성에 관한 인문적 명제와 주장이라는 사실을 기억할 필요가 있다. 그 명제와 주장들의 맥락이 곧 인간의 존재와 삶이며, 그것은 통전적(holistic)이다. 사유자의 인지(認知)적 차원뿐 아니라 정의(情意)적 차원까지 관여되어야 비로소 전체 그림을 볼 수 있다. 단, 대상에 대한 공감과 애정이 편견을 만들어내서 비판적 사유를 방해할 가능성에 대해서는 늘 염두에 두면서 반성하는 과정이 필요하다.

고대 그리스의 파이데이아(παιδεία) 이래 비판적 사유는 모든 교양(교육) 교과목의 기초 도구로 여겨져 왔다. 기독교 교육이 교육인 한에 있어서 이 점은 다를 수 없다. 신앙을 다른 주제와 다른 독특한 방식으로 가르치고 배워야 한다는 전제는 환상에 가깝다. 물론 교육이 수행되는 맥락이 학교가 아닌 교회인 경우, 혹은 엄밀히 말해서 신앙을 배우고 가르치는 데 목적이 있지 않고 이미 공유하고 있는 신념을 재확인하는 것을 목적으로 하는 종교집회의 경우에는 인지적 사유보다는 정의적 체험이나 활동이 주요한 매개가 될 수 있다. 하지만 우리가 여기서 논의하고 있는 기독교와 교양(교

12 홍병선(2011: 467-68)도 '타인의 사정을 고려'하는 고차적 사고를 '배려적 사고'라고 부른다.

육)의 교차지점은 공적 성격을 강하게 띠고 있는 고등교육기관의 맥락이고, 이 맥락에서 비판적 사유를 배제하거나 그 효용을 부정하는 방식은 작동할 여지가 거의 없다. 더 나아가 기독교 신학의 지난 이천년의 역사는 성서와 신조, 교의와 직제, 심지어 제의와 경험까지도 비판적 사유의 대상으로 삼아 성찰, 분석, 번역, 해석하고 각 시대의 정신이 깃든 언어로 창조적으로 재구성해낸 지적 활동의 역사라고 요약할 수 있다. 우연한 계기의 경험, 신비적 계시, 오직 자신에게만 확실하고 의미 있는 느낌, 번역과 해석이 불가능한 발설들이 어느 정도 용인되었다 하더라도 결국 항구적이고 공적인 가치를 지닌 교리로 결정화되지는(crystallized) 못했다. 신학의 발전에 의미 있는 이바지를 한 신학자들은 하나같이 탁월한 비판적 사유자들이었다. 결론적으로 말해서, 일견 기독교 교육에 어울리지 않고 교양(교육)의 독점적 영역인 것처럼 보이는 비판적 사유는 기독교와 교양(교육)이 비교적 광범위하게 공유할 수 있는 가치이다.

## 2.5 인성과 인성교육의 가치

마지막으로 기독교와 교양(교육)이 공유하는 '인성'의 개념과 인성교육의 가능성을 살펴보자. 인성은 '인간다운 품성'으로 풀어 쓸 수 있고 인성교육을 "인간다운 품성을 함양하거나 고양하는 교육"이라고 정의할 수 있다. 여기서 문제의 핵심은 '인간다움'의 의미 규정이다. 인성의 개념과 인성교육의 목표에 대해서 국내, 외를 막론하고 통일되거나 합의된 견해가 없다.[13] 다양한 제안들은 크게 두 가지 갈래를 보인다.

13 인성교육진흥법(법률 제13004호, 2016년 제정) 2조 1항, "인성교육이란 자신의 내면을 바르고 건전하게 가꾸고 타인, 공동체, 자연과 더불어 살아가는데 필요한 인간다운 성품과 역량을 기르는 것을 목적으로 하는 교육"은 일종의 '공적' 정의라고 할 수 있지만, 학문적 고찰을 충분히 거쳤다고 보기 어렵다. 인성, 즉 인간다움을 정의하면서 다시 '인간답다'를 서술어로 사용한 것은 일종의 동어반복(tautology)일

가장 흔한 정의는 인성을 덕(virtue)과 동일시하는 것이다. 이렇게 인성을 정의하면 앞서 논의한 도덕성과 잘 구별되지 않는다. 더구나 인성교육의 목표 설정 과정에서 특정 덕목을 포함하거나 배제하는 기준이 자의적이거나 사회의 특정 집단의 정파적 이익에 의해 영향을 받을 수 있다.[14] 물론, 인성과 도덕성을 반드시 분리해야 하는 것은 아니다. 인성교육의 여러 목표 중 하나로 도덕성 함양을 설정할 수 있고, 심지어 도덕성을 특정 사회나 전통의 필요나 가치에 맞게 규정하는 것도 교육의 효용이라는 측면에서 의미가 있다. 하지만 문제는 인성과 도덕성을 거의 전적으로 동일시하고 인성교육을 곧 도덕성 교육으로 환원시킬 때, 대학 교양교육 전체가 권위주의 정권이나 사회의 기득권 유지와 정당화를 위한 수단으로 전락한 역사적 사례가 많고 그것이 반복될 여지가 있다는 점이다.

인성에 대한 또 다른 정의는 그것을 성격(personality)과 동일시하면서 인성교육의 목표를 자기 자신의 성격 혹은 인간 보편의 본성을 이해, 수용, 객관화하는 일종의 상담심리학적 과정에 두는 것이다.[15] 이것은 도덕성, 사회성 측면으로 경도된 인성 개념을 보다 통전적으로 이해할 수 있게 해준다. 한국교육학회는 이러한 개념의 인성과 인성교육을 다음과 같이 서술한다:

뿐 아니라, '바르고 건전하게'라는 표현 역시 정의되지 않은 채 무비판적으로 사용되고 있기 때문이다.

14 대표적으로 앞서 언급한 인성교육진흥법 2조 2항에서 인성교육의 '핵심 가치'로 제시한 여덟 가지–예, 효, 정직, 책임, 존중, 배려, 소통, 협동–와 같은 것이다. 구체적인 덕목을 제시하지 않고 보다 포괄적으로 "동서양의 이상적인 인간상 지향에 기반한 개인 및 사회적으로 바람직한 삶을 위한 마음과 행동을 의미하는 개인의 품성"이라고 정의한다고 해도 인성과 도덕성과의 구별 문제, 무엇이 '바람직'한 삶인가를 결정하는 기준의 임의성, 모호성 문제는 해결되지 않는다(정복철, 이현민, 2016: 827–44).

15 '인성'의 사전적 정의가 여기에 해당한다: "사람의 성품; 사람이 가지는 사고와 태도 및 행동 특성"(국립국어원, 2017). 혹자는 변화될 수 없는 타고난 '본성'과 인성을 구별해서 후자를 '변화가 가능한 기질적 측면'이라고 규정하지만, 과연 기질 혹은 성품이 변할 수 있는 것인지에 대한 의문은 남는다. 어떤 기질의 어떤 측면이 변할 수 있는지의 문제는 아직 충분히 탐구되고 증명되지 않았기 때문에 단지 그럴 것이라고 전제할 수는 없다(신승범, 2017: 521–43).

> 인간의 본성에는 정서적인 측면도 있고 인지적인 측면도 있기에 결국 인성교육에서는 정서 및 인지의 측면 모두를 포괄하는 것이어야 할 것이다. 그러한 교육을 위해서는 무엇보다 먼저, 넓게는 인간의 본성, 좁게는 자기 자신의 본성에 대한 정확한 인식과 확신을 가질 수 있도록 해야 할 것이다. 그러한 바탕 위에서 정확한 자기 이해를 하며 있는 그대로의 자기를 수용함으로써 남도 수용할 수 있도록 하고 자기를 자유롭게 개방할 수 있도록 해야 한다. 이 과정에서 학습자는 더욱 자유롭게 그리고 객관적으로 자기를 탐색하고 경험하며 표현할 수 있게 될 것이다. 그리하여 무엇에 집착하거나 불안해하지 않고 더욱 풍부하고 자유롭고 생산적으로 삶을 살 수 있는 심리적 여유를 갖도록 배우고 궁극적으로는 생래적인 긍정적 본성을 실현하여 전인적인 삶을 살 수 있는 기초를 다질 수 있을 것이다. ... 구체적으로 인성교육에서 다루어야 할 내용으로 자신의 본성이나 본질에 대한 정확한 탐색과 인식, 자기 이해, 자기수용, 자기 개방, 인간관계, 도덕성 함양, 가치관 확립, 사회성 함양 등을 꼽을 수 있을 것이다(한국교육학회, 1998: 18-19; 홍윤기, 2002: 88).

개인의 주체성, 자율성 정립이 교양(교육)의 한 중요한 요소라는 점에서 이러한 인성 이해는 전체 교양(교육)의 이상과 잘 부합한다. 또한 이러한 인성교육의 목표인 자기 이해와 수용, 객관화가 의사소통 능력이나 대인관계 능력, 리더십과 같은 보다 실용적인 능력과 자질 계발을 위한 출발점이자 토대가 된다는 점에서 원리적, 철학적 가치를 지닌다.

흥미롭게도 이 두 가지 인성 이해는 기독교적 관점의 인성 이해에 절묘하게 상응한다. 앞서 인간론적 전제에 대한 논의에서 살폈듯이 기독교는 인간 본성에 대해서 명확하고도 다채로운 교리를 가지고 있다. 기독교 내의 전통과 교단에 따라 다소 차이가 있지만 대체로 '하나님의 형상'의 담지

자라는 기본적인 긍정 위에 타락으로 인한 죄성, 그리고 그것을 극복하는 결정적 사건, 즉 예수 그리스도의 십자가 죽음과 부활로 이루어진 인간 본성의 회복과 완성이라는 내러티브적 교리가 기독교 인간론의 근간을 이룬다. 개인 역시 자신의 본성을 하나님이 창세 이전에 택하시고 빚으신 독특하고 고유한 존재라는 전제 위에 긍정하며, 혹 그 안에 내재한 부정적 요소나 한계는 죄로부터 파생된 결과로 이해한다. 그리스도를 믿고 성령의 내주를 체험하는 신자의 경우, 본성은 무한한 변화를 향해 열려 있다. 이러한 변화 가능성에 대한 확신은 교양(교육) 틀 내의 기존 인성교육에 독특한 역동성을 더할 수 있다. 물론 신의 형상의 회복 또는 창조 섭리에 따른 각 개인의 잠재력의 온전한 발현은 신과의 인격적 관계를 통해서만 가능하다. 이 선언은 그 자체로 기독교 복음의 정수이며, 비기독교인 학생에게 새로운 자아관으로의 초청이 될 수 있다. '하나님의 형상'을 '관계적 능력'으로 파악함으로써 기독교적 인성이 신과의 관계만이 아니라 자신 이해, 대인관계 능력, 생태적 감수성까지도 함양할 수 있는 이론적 토대가 된다.[16] 덕 윤리 또한 기독교 성서와 전통 속에 매우 분명하게 자리잡고 있다. '성령의 아홉 가지 열매'(갈 5:22–23)를 비롯해서 성서 여러 곳에 덕 목록과 그 반대 개념인 악덕 목록이 발견되는데, 이를 기반으로 한 인성교육 목표의 설정이 가능하다.[17] 다만 신약성서의 덕 윤리가 헬레니즘 세계의 도덕철학의 맥락 안에서 형성되고 서술되었기 때문에(Malherbe, 1992: 267–333; Fitzgerald, 1996, 2008) 덕목 하나하나가 모두 21세기 한국 사회에 적실할

16 조용훈(2016: 227–58)은 스탠리 그렌츠와 어반 홈즈의 '하나님 형상' 이해에 근거해서 관계적 존재로서의 인간 본성에 주목하고, 자아 관계를 통한 자아 수용, 자아 긍정, 자아존중감 확보, 이웃 관계를 통한 책임적이고 배려하는 삶의 태도 습득, 그리고 자연 관계를 통한 자연 친화적 삶을 인성교육의 목표로 제안한다.

17 이런 시도가 장화선(2014: 447–76), 주연수(2015: 77–115), 강용원(2015: 361–98); 최영근(2016: 223–61); 김정희(2016: 265–86) 등의 연구에서 발견된다.

수는 없다. 성서의 맥락과 해석자의 맥락을 두루 고려해서 덕의 의미를 '현대화'하는 작업은 기독교교양교육자의 몫으로 남겨질 것이다.

## 3 기독교와 교양(교육)이 공통으로 지향해야 할 가치 - 직업 교육의 도구로서의 교양

교양(교육)학을 주제로 한 국내의 수많은 연구는 최근 20년 간 고등교육 환경에 작용해 온 거센 시장 경제적 압력, 그리고 그것이 국가기관에 의해 외재화된 대학평가라는 현실을 두고 치열하게 고민한 흔적을 보여준다. 전통적인 자유 교양의 이상을 고수하면서 현실 효용성을 교양(교육) 평가의 잣대로 삼으려는 시도 자체를 거부하거나 비판하는 연구자들이 있다. 다른 한편으로, 실용성을 교과과정 안으로 내재화시켜서 새로운 시대적 요구에 부응하는 교양(교육)의 변화를 제시하는 연구자들도 있다. 2000년대 들어 교양(교육)학의 이론적 논의를 주도해 온 손동현 교수의 글에도 상업주의에 대한 양가적(兩價的) 태도가 미묘하게 배어 있다.

> 정보화와 세계화로 특징 지워지는 21세기의 현대사회에서 교양교육은 어떤 의의를 가질까? ... 상업주의의 냉혹한 폭력에 맞서 인간의 인간다운 삶을 실현하려는 교양의 향기가 과연 정당화될까? 상업주의가 주류를 이루는 세태라면 상업주의를 비판하는 일조차도 상업주의적 논리를 활용하는 것이 설득적일 것이다. 상업주의에 매몰되지 않는 교양을 심화시키는 것이 곧 상업주의가 지향하는 상업적 가치의 극대화에 더 크게 기여하는 길임이 입증된다면, '교양주의'는 상업주의로써 상업주의를 극복하고 자신의 입지를 확

> 보하는 데 성공할 것이다. 즉, 정보화, 세계화로 인해 무한경쟁 체제에 돌입한 이상, 오히려 교양을 통해 "기초체력"과 "면역력"을 기르는 것이 전문분야에서 특화된 능력을 기르는 것 못지 않게 우리를 경쟁에서 살아남게 하는 힘이라면, 교양교육을 통한 "교양"의 심화는 그 어느 때보다도 더욱더 요구된다고 할 것이다(손동현, 2009: 11).

교양의 고전적 가치와 의의를 확신하면서 고등교육에서 교양의 위치를 유지하고 강화하기 위해, 역으로 "상업주의로써 상업주의를 극복하자"라고 제안하는 이 관점을 우리는 어떻게 받아들여야 할까? 우리 교양교육의 이념적 틀을 제공했던 1945년 하버드 대학의 '레드북'의 일반교양 이념 역시 미국 사회의 상업주의적, 국가주의적 요구에 부응해서 전문 교육에 많은 부분을 내어 주거나 그나마 유지하던 필수 교양 교과과정을 공민적(civic), 실용적 효용에 기초한 교과목들로 채우고 있다.[18] 교양(교육)의 상업화, 실용화는 이미 거스를 수는 없는, 그래서 단지 적응해야만 하는 대세처럼 보인다.[19]

한편, 상업주의, 실용주의, 직업훈련 위주의 교과과정 변화에 대해 기독

18 "자유 사회에서의 교양교육"이라는 제목으로 1945년 처음 작성된 보고서에 따르면 교양교육의 목적은 효과적으로 사고할 수 있는 능력, 사상을 명확히 표현하고 교환할 수 있는 능력, 올바른 판단을 내릴 수 있는 능력, 가치를 분별하는 능력으로서 지식습득 자체보다 지식을 추구할 수 있는 능력의 계발에 초점을 맞추고 있다. 1978년 발표된 '중핵교육과정 보고서'에도 그 첫 번째 항목을 비판적 사유가 차지하고 있었다. 하지만 2007년 교양교육 전문위원회 보고서에는 교육목적을 이제까지의 '탐구하는 방법' 습득에서 '이론을 실제에 적용'하는 것으로 전환했고, 2016년 보고서에는 '윤리적으로 행동하는 삶'으로 재개정함으로써 교양교육의 무게중심을 사유에서 행동과 효용으로 옮겼다(최미리, 2017: 263-92).

19 손동현 교수의 이 논문은 그가 한국교양기초연구원장(2011-2016)과 연구책임자로서 한국연구재단의 공동연구과제로서 발표한 "대학 교양 기초교육에 대한 종합적 분석연구"(2012)라는 보고서의 일부이다(연구보고서 자료실 http://konige.kr/sub02_01.php). 이후 교양기초교육원은 "교양교육표준안"(http://konige.kr/sub02_08.php)을 작성, 배포하고 각 대학들의 교양교육의 질과 역량을 측정하고 그것을 제고하기 위한 조언하는 대학컨설팅(http://konige.kr/sub01_02.php)을 실시하는 등 대학 교양교육의 기획자(think-tank) 역할을 담당하고 있다.

교교양교육자들의 태도는 일반 교양교육자들보다 좀 더 보수적이다.

> 불신앙과 과학주의 및 다원주의가 사회의 지배적 신념으로 자리 잡아가면서 기독교 대학의 중요한 교육적 가치들이 이에 대립하는 것으로 취급당하기도 한다. 그렇다고 단지 학교의 발전과 생존을 위해 기독교적 정체성과 기독교적 교육을 약화하거나 포기하는 것은 바람직하지 않다. … 오늘의 기독교 대학은 '하나님의 형상'이라는 인간 본성의 회복이 개인과 사회에서 역동적으로 일어나, 생명의 가치와 공동체성을 회복하는 우리 사회가 되도록 돕고 선도하는 교육 주체로서의 사명을 다하여야 한다(이은성, 2017: 119-20).[20]

대학교육의 상업화, 직업 교육화에 대해서 기독교교양교육자들이 불편함을 내비치는 이유는 그것이 오랫동안 기독교 종립학교에서 고수해 온 '종교의 교육'으로서 기독교 관련 과목들의 유효성 혹은 존립마저도 위협하고 있기 때문이다. 경제적 효용을 기준으로 학문의 가치를 판단하는 큰 흐름을 '불신앙, 과학주의, 다원주의'의 발로라고 진단한 것이 합당한 진단인지에 대해서는 이론의 여지가 있다. 하지만 최근의 대학교육의 지향이 '생명의 가치,' '공동체성'을 위협하는 방향이라는 진단은 일리가 있고, 기독교와 교양(교육)이 공유하는 문제의식이기도 하다.

오랫동안 기독교교양교육자들은 대학 내에서 독특한 지위를 누려 왔다. 채플과 기독교 관련 과목은 전교생이 이수해야 하는 필수과목이다. 교양으로서의 가치보다는 건학 이념의 구현이 그 명분이었다. 하지만 그런 특별 지위는 양날의 칼이었다. 앞서 논술했듯이 기독교는 교양(교육)과 공존하고

20 이 외에도 같은 문제의식에서 출발하는 연구로 강영선(2000: 31-48), 조용훈(2016: 337-59), 박현정(2011: 55-82) 등이 있다.

공유할 수 있는 여러 가지 가능성을 지니고 있다. 종립학교라는 정체성에 기대어 보호받는 동안 그러한 가능성으로부터 스스로를 차단하고 말았다. 대학 내 다양한 교양교육자들과 연대, 협력할 기회를 잃어버렸고, 교양(교육)의 고전적 가치에 대해 함께 고민하면서 기독교교양교육이라는 융합의 길을 닦아나갈 역량도 키우지 못했다. 대학 바깥으로부터 상업주의적 압력이 가해지자 교양교육자들은 자신들의 효용을 증명하고 재정립해야 하는 도전에 직면했다. 효용성의 기준에 미치지 못하는 과목들은 퇴출되기도 하고, 그중 일부는 '쓸모있는' 교양(교육)으로 변모하면서 살아남았다.[21] 이제 4차 산업혁명과 같은 새로운 경제 패러다임과 학령인구의 급감은 대학 자체의 생존을 위협하고 있고, 그 여파는 서서히 하지만 확실하게 종립대학 내 기독교 관련 과목들에까지 미치고 있다. 그래서 지금이라도 우리는 기독교와 교양교육의 생산적 융합을 위한 불편하지만 불가피한 동거를 모색해야 한다.

어쩌면 그것은 이 시대 기독교교양교육자들의 기회이자 사명인지 모른다. 기독교를 포교하고 기독교인으로 개종하는 것을 목표로 삼는 교육, 단순히 이웃 종교와의 대화를 증진하는 교육이 아니라 명실상부한 기독교적 교양교육을 구현해야 할 사명 말이다. 그러기 위해 기독교교양교육자들이 자유 교양(교육)의 주도자로 나서야 한다. 고전적 교양의 가치와 기독교적 가치의 교집합을 최대한 확보하고 교양교육과정 전체를 기독교적 관점에서 설계하는 시도가 필요하다. 기독교교양교육자들과 여타 교양교육자들이 같은 교육 단위(교양교육을 전담하는 단과대학)에 소속되어서 교양(교육) 체계를 함께 논의하고 수립해 나가야 한다. 실제 교육 활동 속에서 협업 교

21 일반 교양교육자들의 민첩하고 신속한 적응과 변모는 대학 내에서 교양교육 담당자들의 지위가 대부분 비정년 혹은 비전임 교원이었다는 사실에 어느 정도 기인했을 가능성이 있다.

수(team–teaching) 등을 통해 교양교육 내 분과들끼리의 소 융합을 도모하는 것도 하나의 방향이다. 개별 대학의 상황에 따라 기존 '기독교의 교육' 모델을 어느 정도 유지하면서, 그 틀을 벗어난 새로운 기독교적 교양교육을 병행할 수도 있다. 하지만 전통적인 기독교의 언어와 소통방식으로 기독교를 가르치는 현재의 채플과 기독교 관련 교양필수과목의 틀을 벗어나는 모험까지도 감행해야 할 때가 있을 것이다. 새로운 교육의 실험을 위해서 한정된 자원, 제한된 기회를 최대한 집중할 필요가 있기 때문이고, 두 걸음 앞으로 나가기 위해서라면 한 걸음 물러서는 결단이 지혜로운 선택이기 때문이다.

이런 시도를 시작하기 가장 용이한 과목은 사고교육과 의사소통 영역의 과목들이다. 크게 보아 의사소통 영역에 속하는 국어, 외국어로 말하기와 글쓰기를 익히는 과목들의 경우 그 언어로써 표현을 연습할 내용과 주제들이 필요하다. 그러한 과목들에서 성서나 기독교 고전을 텍스트로 삼아 예문과 예제를 구성한 교과서를 제작해서 활용하는 것이 가능하다. 사고교육 영역의 과목들도 마찬가지이다. 고대와 현대의 다양한 장르의 기독교 문헌들 내에 작동하고 있는 비판적, 창의적 사고의 예들을 발굴해서 학습과 토론의 예제로 삼을 수 있다. 그 외에도 교양기초교육원(2016)에서 제시한 교양기초교육의 목표 중 '인간과 세계에 대한 바람직한 가치관 정립', '공동체 의식, 시민정신 함양', '심미적 공감 능력 향상' 등이 역사학, 철학, 사회학, 정치학, 경제학, 문학, 예술의 영역에서만 구현될 것이라고 단정할 필요가 없다. 이천 년 기독교 문명의 산물인 성서를 비롯한 훌륭한 기독교 문헌들과 신학적 개념, 역사적 사례들이 그러한 목표 아래 개설된 과목의 교재로 사용될 수 있고, 기독교 신학을 전공한 교수들에 의해 가르쳐질 수 있다. 당장 전적으로 기독교적인 것으로 탈바꿈하기 어렵다면 적어도 기독교 사상과 예술, 역사와 문화를 비기독교적인(동양적, 혹은 한국 전통의) 사상, 예술, 역사, 문화와 병행하면서 비교하고 대화하는 방식도 융합형 교양교육의 한 모델이 될 수 있을 것이다.

## 4 ——— 나가는 말

이제껏 기독교 종립학교들에서 종교교육 유형의 주종을 이루는 '종교의 교육', 일부 학교들에서 시도해 왔지만 제대로 정착되지 못한 '종교에 관한 교육'은 교양(교육)이라는 보다 크고 궁극적인 교육적 가치에 잘 부합하지 않는다. 새로운 세기가 시작한 이래 대학의 교양(교육)의 중요성이 새롭게 정립되어가고 있고 4차 산업혁명과 학령인구 급감과 같이 대학의 변화를 요구하는 사회적 환경 속에서 기독교교양교육은 새로운 도전에 직면해 있다. '종교적 교육' 즉 '기독교적 교육'은 교양교육의 이상에 잘 부합할 뿐 아니라 변화하는 대학교육 환경 안에서 기독교 신학의 가치와 정당성을 재정립할 기회이다.

이론적 수준에서 기독교와 교양교육은 크게 다섯 가지의 지점에서 서로 만난다. 첫째는 존재의 근원 혹은 궁극(신)에 관한 전제이고, 둘째는 인간 존재의 본질에 관한 전제이며, 셋째는 인간론으로부터 파생된 도덕적 이상과 가치이고, 넷째는 세계의 변혁을 위한 사유 능력, 특히 비판적이고 창조적인 사유의 문제이며, 마지막으로 다섯째는 인성 함양의 문제이다. 이 다섯 가지 공유 지점은 교양교육을 기독교적으로 기획하고 구현하는 이론적 바탕을 제공한다.

기독교와 교양(교육)의 대화와 융합을 위한 이론적 토대에도 불구하고, 오랫동안 기독교 종립학교들이 건학 이념 구현의 직접적 방법으로 기독교 포교 혹은 예배라는 방식을 고수해 오면서 오히려 종합대학 내에서 통전적 기독교교양교육을 설계하고 실험할 기회가 차단되고 말았다. 일부 기독교 전통에 내재한 반지성주의, 성속 이원론, 정복론적 선교관 등도 기독교교양교육의 다양한 시도와 구현을 가로막았다. 대학교육 체계 내에서 교양(교육)은 이미 상당 기간 그 독자적 위치와 영역을 확보해 오고 있었기 때문에, 기독교 종립학교에서조차 기독교와 교양(교육)의 융합, 협업은 낯설고 불편하게 느껴질 수 있다. 하지만 무엇보다 기독교교양교육자들에게 이것은 피할 수 없는 길이다. 단지 기독교교양교육자들의 생존을 위해서가 아니라 한국 사회에서 기독교 대학의 존재 의미와 정당성을 확보하기 위해서 그렇다. 좀 더 신학적으로 표현하면, 기독교적 교양(교육)은 예수의 가르침이 대학생들의 사고방식과 세계관 형성에 영향을 미치고 지성 사회 저변에 스며듦으로써, 하나님 나라가 하늘에서처럼 땅에도 임하게 하는 데 매우 효과적인 한 방편이기 때문이다.

# 대학의 이념과 '진리와 자유' 정신의 성서적 이해
## - 연세대학교의 사례를 중심으로

김선정 | 연세대학교

## 1 —— 서언

이 논문의 목적은 요한복음에 나타난 '진리'와 '자유'의 의미를 살펴보고, 요한복음의 '진리와 자유' 정신(요한 8:31–32)을 대학 이념으로 적용해 온 사례를 연세대학교의 경우를 중심으로 고찰해 보려는 것이다. 진리와 자유는 대학의 역사에서 대학의 이념 또는 정신으로 자주 등장하는 단어로 진리 추구와 학문적 자유 개념으로 주로 사용되었다. "대학의 학문의 자유가 보장되어야 할 필요도 여기에 있다. 학문의 자유(academic freedom)는 지적인 자유(intellectual freedom)를 보호해 줄 수 있는 방어벽이다. … 대학의 생명은 … 지적 탐구정신, 진리에 도달하고자 하는 열망 바로 거기에 있기 때문이다."(이석우, 1998: 56–57) 진리를 의미하는 라틴어 베리타스(veritas)를 거의 모든 유럽과 미국 대학이 자신들의 교육이념으로 삼고 있다. 12세기부터 볼로냐, 파리, 옥스퍼드와 같은 유럽의 대학들은 다양한 사회적, 정치적, 경제적, 문화적, 종교적 요건들을 배경으로 형성되었고, 대학사(大學史) 연구자들은 각기 다른 관점에서 대학 출현의 원인을 분석한다(이석우, 1998:35-57; 이광주, 1997:51-62). 이러한 다양한 요인과 각기 다른 전망에도 불구하고 대학 출현의 가장 근원적인 동력이며, 대학이 추구하는 중요한 목적으로 일관되게 언급되고 있는 것은 지적 탐구, 진리에 대한 추구이다. 대학을 뜻하는 universitas라는 용어 자체가 하나의 목적, 즉 진리 추구라는 단일 목적을 위해서 조직된 조합을 의미한다는 것은 잘 알려져 있다(통합유럽연구회, 2015: 14). 교수(또는 학생)의 길드로 출발한 대학은 각기 다른 분야를 교육 했음에도 불구하고 공동의 목적, 곧 진리를 향한 열망을 추구하였던 것이다(이석우, 1998: 50-51). 중세 이래 서구 대학의 모토였던 진리, veritas는 이성에 기반한 진리, 경험적이고 사실에 입각한 아리스토텔레스적 진리를 의미한다. 대학이 추구해야 하는 진리의 구체적인 의미는 인류의 지적 유산 전체를 총칭하는, 그래서 인류가 보존, 계승, 발전시켜야 하는 지식체계 전체를 가리키기도 하고, 지식과 인격을 망라한 교양의 개념을 뜻하기도 하고, 인간과 자연과 세계에 대한 과학적 탐구, 특정 전문분야의 지식, 직업적 목적을 위한 실용적 지식, 등등으로 다양하게 이해되었다. 따라서 진리 추구는 시대마다 강조점을 달리 하면서 그 의미가 분화되기도 하고 통합되기도 하였다. 이러한 진리 추구의 정신은 대학의 출발부터 지금까지 대학이 풀어야 하는 가장 중요하고 어려운 과제를 대학에 부여하였는데, 바로 대학의 자율, 자주성, 자유의 문제였다. 대학의 출현 시기인 중세에는 교권, 왕권과의 관계에서, 근·현대에서는 국가, 자본, 외부 기관과의 관계 설정에서, 서로 영향 관계 안에 있으면서도 대학의 자율권을 확보하고 지켜나가려는 노력이 지속되었다. 대표적인 사례로 프로

이센의 재생을 위한 개혁 운동의 일환으로써 국가적인 기획으로 추진되었던 베를린 대학교의 경우를 들 수 있다. 베를린 대학교의 창건자들은 그것이 국가 발전을 목적으로 건립되었지만 학문의 자유를 확보해야 한다고 강조하였다. 그 이유는 진리 탐구란 학문의 자유가 보장되어야만 가능하다고 생각하였기 때문이다. 학문의 자유란 "연구하는 자의 양심과 책임에 의해서만 제한받으며 그 외의 모든 속박으로부터 자유로워야한다"(H. P. Bleuel/이광주 역, 1980: 10)는 의미에서의 자유를 뜻한다. 대학이 누렸던 자유 안에서 대학 자체가 기득권화 되어 새로운 시대적 사명을 거슬렀던 시기도 있었지만, 진리 탐구가 기존의 세계를 넘어서거나 파괴할 수 있는 창조적인 작업인 한, 진리 추구에 있어서 학문의 자유란 필수불가결한 조건이 아닐 수 없었던 것이다.

우리나라 최초의 사립대학인 동시에 기독교 대학으로서 연세대학교는 대학의 이념을 기독교 정신에 기반하고 있다.(민경배, 2005: 17-29; 연세대학교 백년사 편찬위원회, 1985: 13-63) 연세대학교는 특별히 요한복음(이하 장절 표기에서는 '요한'으로 표기함) 8장 31-32절에 근거하여 '진리와 자유'의 정신을 대학 이념으로 표방하고 있다. 이것은 서구 대학이 추구해 온 이성 중심의 진리(veritas)와 달리 신앙에 기반한 진리(ἀλήθεια)를 추구하고 있음을 뜻한다. 본 논문에서는 이러한 특징에 주목하여, 대학의 이념으로서의 '진리와 자유' 정신의 성서적 토대(이 경우는 요한복음)를 살펴보고, 그 정신의 적용이 갖는 의미를 탐색해 보고자 한다.

요한복음에서 진리(ἀλήθεια)는 요한복음 전체에 걸쳐서 다양한 신학적 주제들과 어우러져서 요한의 사상을 변주하는 매우 중요한 신학적 주제이다. 이 논문의 제2장에서 요한복음에서 진리와 자유가 어떤 의미로 사용되고 있는지 개괄적인 윤곽을 제시하고자 한다. 요한복음의 진리는 은혜와 진리, 진리와 빛, 영과 진리, 진리와 자유, 죄-진리-믿음, 길-진리- 생명, 진리의 영, 진리와 거룩함, 하나님의 말씀과 진리, 진리를 증언함, 진리가 무엇이냐, 등 매우 다양한 주제들과 연결되어 등장한다. 이러한 양상들이 만들어내는 요한복음의 독특한 진리 이해의 특징을 포착할 것이다. 제3장에서는 요한 8장 31-32절의 진리와 자유 담론의 논쟁적 상황과 그 의미를 분석하고자 한다. 제4장에서는 연세대학교의 역사 속에서 진리와 자유 정신이 어떻게 형성되어 왔는지 살펴보고, 성서적 토대에서 연구된 진리와 자유 사상이 대학의 이념으로서의 진리와 자유 정신을 발전시키는 데 어떻게 적용될 수 있는지 연세대학교의 사례를 중심으로 성찰해 보고자 한다.

## 2 —— 요한복음에 나타난 진리와 요한의 예수

요한복음은 공관복음과 비교해서 '진리'(ἀλήθεια) 라는 용어를 더 자주 사용하고 있고, 신학적으로도 중요한 개념으로 다루고 있다. 공관복음서 모두 합해서 7회 등장하는 반면에, 요한복음에서는 25회 등장하고 있다. (Raymond E. Brown, 1966: 499-501) ἀλήθεια 라는 단어의 어원은 ἀ-λήθος의 의미로 숨겨져 있지 않음(un-hidden), 또는 폐쇄되지 않음, 드러나 있음(dis-closed)을 뜻한다. 즉 어떤 것의 온전하거나 실재적인 상태라는 의미를 뿌리로 하고 있는 것이다. 여기에서 파생된 형용사는 사실(fact)에 준하는, 실재적인(real) 이라는 의미로 사용된다. 불트만(R. Bultmann)은 요한의 진리를 헬라적 개념에 토대하여 인간의 실재와 구분되고 그 자체로 계시되는 신적 실재(divine reality)로 규정하였고(G. Kittel, 1964: 245), 다드(C. H. Dodd)도 불트만의 의견에 동의하면서 진리는 그리스도 안에 드러난 궁극적 실재(reality)로, 인간에게 드러난 영원한 실재, 즉 실재 그 자체이기도

하고, 그것에 대한 계시이기도 한 실재라고 정의하였다(C. H. Dodd, 1963: 170-178).

이와 다른 관점에서 드 라 포테리(De la Potterie)는 묵시문학과 지혜문학의 배경에서 진리 개념을 신실성, 올바름이라는 도덕적 관점에서 조명하였다. 요한에서 진리를 행한다(요한3:21), 진리로 거룩해진다(요한 17:17, 19)와 같은 표현들이 이러한 배경을 반영하고 있다는 것이다.(David J. Hawkin, 1987: 7-8 재인용) 호킨(D. J. Hawkin)은 요한의 진리 개념에 대한 논의들을 소개한 후 결국 요한의 진리는 신적 본성을 드러내는 것(the revelation of divine nature)과 연관되기 보다는 신적 인물들에 대한 신학(a theology of divine persons)이라고 주장한다. 그에 따르면, 예수는 '완전한 계시자,' '계시된 진리의 충만'으로서의 ἀλήθεια이다. 예수는 단순히 계시자일 뿐만 아니라 계시 그 자체이기도 하다. 이영헌은 요한복음의 진리 개념에 대해서 문장 구조 분석, 문맥에 따른 신학 사상, 종교사적 배경, 신학적 의미로 나누어서 제시하면서, "요한복음서의 진리는 한마디로 복음사가가 자신의 주요한 구원계시 신학사상을 예수 그리스도 안으로 끌어들여 해명한 개념"이라고 주장하였다(이영헌, 2004: 21). 요한복음에서 진리는 요한의 예수나 하나님을 설명하는 개념들, 즉 로고스(말씀), 생명, 빛, 영과 같은 개념들과 연결되어 예수 또는 하나님을 지칭하는 개념으로 사용되고 있다. 즉 요한의 모든 신적 타이틀이 '진리'라는 단어로 수렴되고 있음을 알 수 있다. 요한의 진리 개념은 그리스의 주지주의적 개념이나 신비주의의 우주적 이원론과 구분된다. 그것은 인간에게 선포된 아버지의 말씀이고, 그리스도 안에 성육되었고, 영의 활동을 통해서 조명된다. 이런 점에서 요한의 진리는 작용적-실천적(operative-practical) 이다(David J. Hawkin, 1987: 9-11, 13). 호킨의 주장은 요한의 진리 개념이 인격성을 지니고 있으며, 실행적 성격을 지니고 있음을 잘 지적해 주었다. 린드세이(D. R. Lindsay)는 요한복음에서 진리를 언급하고 있는 주요 구절들을 구약성서와 쿰란 문헌들과 비교하여 요한의 진리 개념을 설명하였다. 그는 요한복음에 등장하는 '은혜와 진리'(요한 1:14, 17), '진리를 행하다'(요한 3:21), '영과 진리로 예배하다'(요한 4:23, 24), '진리를 말하다'(요한 8:30-47), '나는 진리이다'(요한 14:6), '진리의 영'(요한 14:17, 15:26, 16:33), '진리로 거룩하게 하다'(요한 17:17, 19)라는 구절들에 주목하였고, 이 구절들에서 진리는 구약성서와 쿰란 문헌에 언급된 하나님의 חֶסֶד(emeth, faithfulness), 즉 하나님의 신실하심을 반영하고 있다고 주장하였다. 하나님의 신실하심을 토대로 이해한 진리는 하나님의 자기 계시로서, 예수의 실존을 통해서, 실행적이고 역사적이고 종말론적으로 드러난다(Dennis R. Lindsay, 1993: 129-145).

그란시(Jennifer A. Glancy)는 "제4복음서에서 예수의 육체가 바로 진리의 재료(the stuff of truth)이다"(Jennifer A. Glancy, 2005: 107)라고 표현하면서 요한의 진리를 육체성의 관점에서 해석한다. 그는 고대 그레코-로만 사회에서 고문(사법적 절차)이라는 폭력을 통해서 몸에서 진리를 끌어내려고 했던 관행에 주목하여 요한복음의 빌라도 심문(고문)을 중심으로 요한의 진리 개념에 접근하였다. 이러한 그의 접근은 말씀이 육신이 되어 세상에 와서 진리를 증언한다는 요한의 사상이나 요한의 예수가 로마의 통치자인 빌라도 총독에게 진리에 대한 심문을 받고 채찍질 당하여 몸의 고문을 받는다는 요한복음의 증언(18: 37-19:1)을 잘 반영한 접근이라고 하겠다. 그에 따르면, 예수의 피투성이 된 몸, 고문당한 육체는 예수의 진리를 말한다. 화육하신 예수의 몸은 진리의 장소가 되는 몸(육체)이다(Jennifer A. Glancy, 2005: 136). 예수의 몸은 채찍질 당하고 창에 찔리고, 폭력으로 상처 입은 영광된 몸의 진리를 증언한다(Jennifer A. Glancy, 2005: 135). 빌라도는 거대한 제국의 대리자로서, 자신이 진리를 제공하는 과정을 통제할 수 있다는 잘못된 믿음을 갖고 있다(Jennifer A. Glancy, 2005: 125). 로마 권력은 예수의 몸을 고문함으로써 진리(예수는 유대인의 왕이 아니라 고문 희생자에 불과하다)에 도달하려고 했으나 그 목적을 이루지 못한다. 오히려 그들의 의도와는 반대로 고문당한 예수의 몸은 스스로 그에게 가해진 폭력을 고발하고, 고난 받기를 택한 예수의 주체성과 아버지께로 돌아가는 영광의 시간을 드러냄으로써 진리를 드러낸다.

이처럼 요한복음은 공관복음에서 찾아볼 수 없는 진리에 관한 수많은 진술들을 예수의 입을 통해 말하고 있다. 공관복음의 예수가 하나님 나라를 가르치고 전파하는 인물이라면, 요한복음의 예수는 진리의 화신으로 나타난다. 요한복음은 진리를 추상적인 개념으로 정의하지 않는다. 요한복음은 예수 자신이 진리이며, 동시에 진리를 드러내는 분이라고 주장한다. 따라서 요한복음에서 중요한 것은 진리 그 자체인 예수와 일치하는 것이다. 요한복음에서 예수는 아버지(하나님)와 하나가 되는데, 신자는 이 일치에 참여하여 진리에 속하고, 진리로 거룩함을 받는다. 그리고 이 일치는 서로 사랑의 계명을 통해서 신자들 간의 일치로 확대된다.

요한의 예수로 표상되는 요한복음의 진리는 대상적으로 탐구되는 '무엇'(whatness)이 아니라 예수 그리스도와의 일치를 의미하고, 앎, 지식, 깨달음, 믿음을 통해서 삶과 인격과 생명, 전 존재 가운데 구현된다는 점에서 인격적 특성을 지닌다. 이 인격성은 몸으로 오신 예수를 통하여 실행되고 실현된다는 점에서 역사적이며 실천적이다. 또한 이 인격성은 예수와 하나님과 영(보혜사)의 하나됨(요한 14:16−17, 20), 예수(하나님, 영)와 신자들의 하나됨(17:21), 신자들 간의 하나됨(17:22)으로 구체화된다는 점에서 진리의 상호성을 보여준다. 진리와 합일하는 것은 진리이신 예수와 서로 사랑하는 것을 전제로 한다. 요한 15장 12절에서 예수는 제자들에게 다음과 같이 권고한다. "내가 너희를 사랑한 것 같이 너희도 서로 사랑하라." 이처럼 요한복음은 진리의 인식능력으로서 사랑을 강조한다. 헤셀(Abraham Joshua

Heschel)은 "사랑 안에 있지 않고는 진리를 발견할 수 없다"라고 말한다(A. J. Heschel, 1973: 45). 이처럼 요한의 예수가 말하는 진리는 상호적이며 인격적인 사랑을 통해서만 가능한 것이다. 요한복음의 진리관은 진리의 인격성, 상호성, 그리고 사랑의 관계성을 강조한다.

진리 개념이 요한복음 전체에 걸쳐서 매우 다양한 형태와 주제로 변주되는 것에 반해서 '자유' 또는 '자유롭게 하다'라는 표현은 요한 8장 32, 33, 36절에만 등장하고 있다. 즉 "진리가 너희를 자유롭게 하리라"는 8장 32절을 설명하는 맥락에서만 나타난다는 것이다. "아브라함의 자손이라 남의 종이 된 적이 없거늘 어찌하여 우리가 자유롭게 되리라 하느냐"(8:33), "아들이 너희를 자유롭게 하면 너희가 참으로 자유로우리라..."(8:36) 따라서 8장 32절에 언급된 '자유'가 어떤 의미인지 알기 위해서는 8장 32절 이하의 논쟁을 분석하는 것은 물론, 자유 개념이 다른 형태로 다루어지고 있는 요한복음의 단락들을 함께 살펴볼 필요가 있다. 이 논문에서는 제3장에서 '진리'의 영에 대한 언급과 함께 등장하는 16장의 관련 구절들과 더불어 이 문제를 좀 더 자세히 살펴보려고 한다.

## 3 — 요한복음 8장의 진리와 자유 담론

연세대학교의 교훈인 "진리를 알지니 진리가 너희를 자유롭게 하리라"는 말씀은 요한 8장 31–32절에 등장한다. 이 구절은 전통적으로 요한 8장 31절의 하반부부터 32절을 연결해서 인용하는 경우가 많다. 즉 "너희가 내 말에 거하면 참으로 내 제자가 되고 진리를 알지니 진리가 너희를 자유롭게 하리라"라고 읽는 것이다. 그러나 이 구절이 놓여 있는 문맥은 31절과 32절을 연결해서 읽는 것에 의문점을 남긴다. 31절 상반부에는 예수께서 이 말씀을 하는 대상이 언급되어 있다. "예수께서 자기를 믿은 유대인들에게 이르시되"라고 하여 하반부, 즉 "너희가 내 말에 거하면 참으로 내 제자가 되고"라는 말씀을 '자기를 믿은 유대인들'에게 말하는 것으로 전한다. 이것을 32절까지 연결해서 이해하는 경우, 32절의 "진리가 너희를 자유롭게 하리라"에서 '너희를(ὑμᾶς)'은 '자기를 믿은 유대인들'을 뜻한다. 즉 31−32절에서 예수의 말씀을 듣는 사람들은 '예수를 믿은 유대인들'인 것이다. 31−32절만 고려하면, 이러한 해석에 문제가 없어 보인다. 그러나 32절에 바로 이어서 나오는 이야기들을 읽게 되면 의문이 생긴다. 33절 "그들이 대답하되 우리가 아브라함의 자손이라 남의 종이 된 적이 없거늘 어찌하여 우리가 자유롭게 되리라 하느냐"라는 문장에서 '그들'은 − 이것은 Ἀπεκρίθησαν (they answered) 그리스어 3인칭 복수 동사의 사용을 통해서 확인된다. − 32절의 '너희'와 연결된다. 즉 "진리를 알지니 진리가 너희를 자유롭게 하리라"에서 말하는 '너희'에 해당된다는 것이다. 그리고 이것을 31절까지 연결하면, '예수를 믿은 유대인들'로 규명된다. 33절의 '아브라함의 자손'이라는 청중의 정체는 31절 '유대인들'과 일치한다. 그러나 예수와 아브라함의 자손과의 대화가 계속 될수록 이 청중의 정체는 매우 당혹스럽게 변한다. 그들은 아브라함의 자손이 아닌 것으로 드러나며(39, 40절), 결국에는 마귀, 살인자, 거짓말쟁이, 거짓의 아비의 자손이고(44절), 예수를 믿지 않는 자들이며(46절), 하나님께 속하지 않은 자들(47절)이다. 또한 이들은 예수를 돌로 치려고 하였다.(59절) 32절 이하에서 진행되는 예수와 유대인들 간의 대화는 31절의 청중인 '예수를 믿은 유대인들'의 믿음이 진정한 믿음이 아니었거나(Paul. M. Hoskins, 2010: 54−55), 또는 31절과 32절(33절)의 청중이 동일한 청중이 아닐 수 있다는 의혹을 불러일으킨다.

또한 30절에 주의를 기울이면, 31절이 8장 12절에서 시작되는 담화를 종결하는 것으로 이해할 수 있다. 8장 30절과 31절을 이어서 읽으면 다음과 같다. "이 말씀을 하시매 많은 사람이 믿더라.(30절) 그러므로 예수께서 자기를 믿은 유대인들에게 이르시되 너희가 내 말에 거하면 참으로 내 제자가 될 것이다.(31절)" 그리고 32절부터는 진리와 자유에 대한 새로운 담화가 시작된다. "진리를 알지니 진리가 너희를 자유롭게 하리라.(32절) 그들이 대답하되 우리가 아브라함의 자손이라 남의 종이 된 적이 없거늘 어찌하여 우리가 자유롭게 되리라 하느냐(33절)" 33절에서 유대인들은 예수의 가르침 중에서 '자유'에 초점을 맞추어서 '종'이 된 적이 없다고 반론을 제기함으로써, 예수의 주장을 반박한다. 종과 자유인이라는 사회적 신분 개념으로 자유를 이해한 유대인들에게 예수는 자유를 '죄'와 연관시킨다. "죄를 범하는 자마다 죄의 종"이라고 주장하여, 유대인들이 제시한 '종' 논리를 유지하면서, 그것을 죄에 대한 논의로 바꾼다. 여기에서 자유는 죄의 종이 되는 데서부터 자유롭게 된다는 것을 뜻한다. 요한복음의 맥락에서, 진리가 자유롭게 한다는 것은, 진리가 죄로부터 자유롭게 한다는 것을 의미한다. 요한복음에서 진리와 자유는 '죄' 개념을 매개로 연결되고 있음을 알 수 있다. 따라서 8장 32절 이하의 진리에 대한 논쟁을 이해하기 위해서는 죄에 대한 논쟁(요한복음의 죄 이해를 포함하여)을 주목하지 않을 수 없다.

아브라함의 자손으로 종이 된 적이 없었다는 유대인들의 주장은, 예수에 의해서 반박된다. 예수는 그들이 아브라함의 자손이지만(37절), 아브라함과는 다르게 행동하고 있으며(39절, 40절), 그렇기 때문에 그들의 아버지는 아브라함이 아니라 마귀로 밝혀진다고 주장한다.(44절) 그들의 아비인 마귀는 살인자요, 거짓말쟁이요 거짓의 아비로(44절), 그들은 그 아비처럼 결국 진리를 말하는 예수를 믿지 않으며(45절, 46절), 예수를 죄 있다고 하고(46절), 진리를 말하는 예수를 죽이려고 한다(37절, 40절, 59절)(Jan G. van der Watt, 2000: 188-191, 357-358).

따라서 진리가 해방시켜야 하는 것은 명백하다. 진리는, 예수를 죄 있다고 주장하고, 진리를 믿지 않고, 오히려 진리를 말하는 예수를 죽이려고 하는 거짓말(거짓 증언)과 살인(죽음)으로부터 자유로워지는 것이다. 이것은 두 가지 차원을 지닌다. 하나는 진리가 죄(거짓말, 살인) 자체를 드러내고, 그것으로부터 벗어나도록 해방시키는 것이다. 진리는 예수를 비난하는 자들을 그들의 죄로부터 자유롭게 할 수 있다. 또 다른 하나는 진리는 죄(거짓말, 살인)로 인해서 생긴 결과, 즉 거짓 증언으로 죄가 없음에도 불구하고 정죄당하고 죽음에 이르게 되는 예수의 현실을 잘못된 것으로 폭로함으로써 그 부당한 현실로부터 자유롭게 한다. 진리는 죄가 있다고 정죄당하고 죽임을 당하는 부당한 현실을 감당하고 있는 요한공동체에게 죄가 없음을, 무죄임을 선언함으로써 그들을 자유롭게 한다(8장의 구조에 대한 수사학적 분석은 Cho Jaecheon, 2015: 57–90).

요한 8장 24절은 요한복음에서 무엇을 죄로 규정하는지 드러내준다. "내가 그(그리스도를 뜻함)이라는 것을 너희가 믿지 않으면, 너희는 너희의 죄 가운데서 죽을 것이다." 요한복음은 예수가 그(그리스도)라는 것을 믿지 않는 것을 죄로 규정한다. 다시 말하면 예수의 정체를 이해하지 못하는 것을 죄로 정의하고 있는 것이다. 죄에 대한 논쟁이 예수의 정체에 대한 이해를 두고 벌어지고 있다는 것은 바로 이어서 나오는 8장 25절에서 유대인들이 예수에게 한 질문, "네가 누구냐?"고 한 것에서도 드러난다. 또한 이 죄는 예수를 이해하지 못하는 것, 예수가 그(그리스도)라는 것을 믿지 않는 것에서 그치지 않고 예수를 죽이려는 음모로 치닫는다. 이렇게 된 이유는 그들이 그들의 아버지인 악마에게서 났고, 그 아버지의 욕심대로 행하는 데, 그들의 아버지는 처음부터 살인자이기 때문이다.(8:44) 예수의 정체를 이해하지도 받아들이지도 않고 오히려 예수를 죽이려고 하는 시도가 있었다는 것은 요한복음 초반부터 언급되고 있다(요한 5:18; 7:1, 19, 25; 8:37, 40; 11:53; 19:7, 16, 18).

이처럼 예수를 죽이려고 하는 시도는 예수만을 대상으로 한 것이 아니라 예수와 관련된 사람들에게로까지 확대된다. 요한 12장 11절에 따르면, 나사로 때문에 많은 유대 사람들이 예수를 믿게 되자 나사로도 죽이려고 모의하였다. 예수를 거부한 세상의 미움과 박해는 예수를 넘어서 예수의 제자들에게로 이어진다. "세상이 너희를 미워하거든, 세상이 너희보다 먼저 나를 미워하였다는 것을 알아라."(15:18), "사람들이 나를 박해했으면 너희도 박해할 것이요."(15:20) 요한 15장 21절은 제자들이 받는 미움과 박해는 예수의 이름을 믿기 때문이라고 분명하게 말한다. 따라서 이 미움과 박해 또한 죄로 간주된다. 예수뿐만 아니라 예수의 제자들을 죽이려고 하는 것 또한 죄로 규정된다는 것이다. "내가 와서 그들에게 말하지 않았더라면, 그들에게는 죄가 없었을 것이다. 그러나 이제는 그들이 자기 죄를 변명할 길이 없다."(15:22) "너희를 죽이는 사람마다 자기네가 하는 그런 일이 하나님을 섬기는 일이라고 생각할 때가 올 것이다"(16:2)(김선정, 2001: 201-202).

요한복음에서 예수를 거부하는 죄는 진리와 대치된다. 예수를 거부한다는 것은, 예수가 진리를 말함에도 불구하고 그것을 믿지 않는다는 것을 뜻하기 때문이다. 예수를 거부하는 죄는 진리와 대립되는 거짓, 거짓말로 규정된다.(8:44, 45, 46) 진리는 예수 안에 충만하며(1:14), 예수로 말미암아 생겨났고(1:17), 예수 자신이다.(14:7) 예수는 자신이 떠난 후 진리의 영인 파라클레토스(변호자, 우리말 성서는 보혜사로 번역)를 보낼 것이라고 약속한다.(14:16; 15:7) 그리고 제자들은 진리의 영으로 오는 파라클레토스를 알고 그와 함께 거함으로써(14:17) 진리에 속한다. 예수와 파라클레토스와 제자들은 진리에 속한 자, 진리 편에 서 있는 자로서 죄와 대립한다. 진리에 속한 자와 그렇지 않은 자 사이의 대립은 빌라도 심문 장면에도 등장한다. 이 장면은 요한복음에만 등장하는 것으로, 빌라도는 진리인 예수를 앞에 두고 진리가 '무엇'이냐고 질문한다.(18:37–38) 빌라도는 진리를 객관적으로 파악 가능하고 정의 내릴 수 있는 대상으로서의 무엇(whatness)으로 이해하고 있다. 그러나 요한의 예수는 빌라도의 범주를 거부한다. 예수의 신적인 정체성은 로마제국의 그 어떤 정치적 술어로도 파악될 수 없음을 암시한다. 이 장면에서 진리이신 예수와 그 예수(진리)를 알지 못하는 빌라도가 대조되고 있다.

요한복음에 등장하는 예수의 진리에 관한 언술들은 인격적이며 상호적인 특징을 보여준다. 요한 1장은 예수를 로고스가 육화된 인물로 묘사한다. 즉 예수는 진리의 화신인 것이다. 따라서 진리를 알기 위해서는 진리 사건 자체인 예수와의 일치가 중요하다. 요한 8장 32절의 "진리를 알지니"라는 말은 대상적인 진리를 인식하는 것을 의미하지 않는다. 다시 말해 특정한 신조나 교리, 혹은 신학을 머리로 동의하는 것을 말하지 않는다. 32절에 사용된 그리스어 γινώσκω(알다)는 인지적인 앎을 의미하지 않는다. 오히려 알고자 하는 대상과의 인격적 일치를 뜻한다. 따라서 요한 8장 32절의 "진리를 알지니"라는 말은 진리와 합일, 즉 진리이신 예수와의 인격적 합일을 의미한다.

한편, 요한복음에서 예수는 진리를 죄와 거짓과 대립시켜 이야기하는데, 이는 공정한 판단이 요구되는(7:24) 법정 상황을 연상시킨다. 특히 요한 16장은(Fernando F. Segovia, 1991: 228–245) 진리, 죄, 자유의 연관 관계를 법정의 맥락에서 전개한다. 진리의 영은 파라클레토스(변호인)로서 예수를 증언하는데(요한 15:26), 죄와 의와 심판에 대해서, 세상이 죄가 있다고 책망한다(요한 16:8). 우리말 성서에서 '책망하다'(개역개정), '꾸짖어 바로잡다'(표준새번역)로 번역한 그리스어 ἐλέγχω는 '판단하다', '유죄 판결하다'의 의미를 가진다. 이러한 의미를 부각시켜서 풀이해 보면, "그(파라클레토스, 변호인)가 와서 죄에 대하여, 의에 대하여, 심판에 대하여 세상이 죄가 있다고 판결하시리라"로 해석할 수 있을 것이다. 이어서, 죄와 의와 심판에 대해서 설명하는데, 요한 16장 9절에 따르면, 죄는 8장 24절에서와 같이 예수를 믿지 않는 것으로 정의된다. "죄에 대하여라 함은 그들이 나를 믿지 아니함이요."(요한 16:9) 요한복음에 따르면, 유대인들이 하나님을 섬기는 일이라고 생각한 것은 그들의 생각과는 다르게(16:2) 하나님과 대립하는 악마의 일이다(8:43) 요한복음의 예수는 그를 고소한 자들에 의해서 유죄 판결을 받지만, 그 유죄 판결은 역으로 다시 예수를 고소한 자들에게로 되돌아간다(Jerome H. Neyrey, 1987: 509−542). 예수는 고소를 당하는 동시에 고소한다. 그는 죄의 유무에 대해서 판단을 받는 입장에 놓이는 동시에 판단을 내리는 입장이기도 하다. 요한복음은 이중 법정 상황을 통해서 어떻게 심판받는 자가 심판하는 자가 될 수 있는 지 효과적으로 제시하고 있다(김선정, 2001: 209).

요한공동체 − 요한복음 배후의 공동체를 지칭하는 용어로, 요한복음의 예수 이야기는 이 배후의 공동체에서 해석되고, 형성되고, 공유 및 전파된 것으로 이해한다. − 는 예수처럼 그들을 거부한 자들로부터 심판받지만, 또 예수처럼 그들을 거부한 자들을 심판할 것이다. 예수를 거부한 자들이 아버지로부터, 아들로부터, 파라클레토스로부터 심판받았던 것처럼, 요한공동체를 거부한 자들 또한 심판받을 것이다. 요한공동체는 자신들이 확립한 죄 개념에 토대하여 자신들을 핍박하고 정죄하는 자들을 죄인으로 규정한다. 예수의 적대자들이 예수를 심판했지만, 예수께서 결국 그들을 이겼던 것처럼(16:33), 요한공동체도 그 길을 걷게 될 것이다. 요한 20장 22−23절에 따르면, 부활한 예수는 제자들에게 나타나서 말한다. "성령을 받으라 너희가 누구의 죄든지 사하면 사하여질 것이요 누구의 죄든지 그대로 두면 그대로 있으리라." 요한공동체는 이제 예수와 자신들을 거부한 '세상'의 운명을 결정할 수 있는, 그들의 죄를 심판할 전권을 위임받는다. 요한공동체의 운명은 궁극적으로 세상에 의해서 결정되는 것이 아니다. 오히려 요한 공동체가 그들을 핍박하고 정죄하고 심판하는 자들의 운명, 곧 영원한 생명의 소유 여부를 결정지을 것이다.

요한복음에서 죄로부터의 자유란 자신들의 신앙 때문에 세상으로부터 미움과 박해를 받았던 원시 기독교 공동체가 그들의 고통을 극복하기 위해 형성했던 사회적 세계를 반영한다(김선정, 2001: 209-210). 그들에게 자유는 거짓을 드러내고 반박하며, 그 거짓으로 인해 발생한 부당한 현실(박해, 죽음 등)을 폭로하고 그들이 당면하고 있는 고통으로부터 그들을 해방시키는 것이다. 따라서 이러한 자유는 진리를 기반으로 할 수밖에 없으며, 자신들의 세계에 갇혀서 그들을 이해하지 않고 인정하지 않았던 사람들의(요한복음에서는 유대인들, 세상 등으로 묘사되고 있다) 불의와 폭력을 고발하고, 그들의 죄를 심판한다. 요한복음에서 자유는 그들을 죽음으로 내몰고 위협했던 부당한 현실로부터 그들을 진정으로 해방시키는 것이었다.

## 4 연세대학교의 '진리와 자유' 정신의 역사와 의의

연세대학교는 1946년 요한 8장 31-32절에 토대를 둔 '진리와 자유' 정신을 학교의 교훈으로 확립한다. 조선기독교대학(Chosen Christian College)을 거쳐 연희전문학교로부터 내려온 기독교 정신을 보다 구체화하기 위해 요한복음에 등장하는 진리와 자유에 정초하여 건학 이념을 재정립한 것이다. 연세대학교의 역사 속에서 이 교훈은 해방 후 연희전문학교에서 연희대학교로 승격하면서 초대 총장이 된 백낙준에 의해 제정된 것으로 알려져 있다. 김동환은 백낙준을 통해서 드러나는 연세대학교의 학풍의 특징을 다섯 가지로 제시하면서, 그중에서 가장 중요한 학풍으로 진리와 자유의 학풍을 주목하였다(김동환, 2015: 178, 188, 190-191). 백낙준이 교훈을 제정한 이유가 아래와 같이 전해진다.

> "진정한 자유는 진리를 바탕으로 이루어져야 한다는 뜻입니다. 사람은 누구나 인격을 가지고 있고 따라서 남의 지배나 다스림을 받지 않아야 됩니다. 이것이 외적 자유이지요. 각자는 또 양심을 가졌고 도의를 알고 이상을 바라며 살지요. 이 양심과 도의와 이상을 해치려는 '죄'에서 벗어나는 것이 곧 내적 자유입니다. 내적 자유 없이는 외적 자유를 누릴 수 없습니다. 학문적 양성을 통한 지식의 발전으로 진리를 깨치는 일이 곧 내적 자유를 충실하게 누릴 수 있는 조건이지요. '자유'를 얻기 위해서는 '진리'를 알아야 한다는 생각에서 그렇게 정했던 것입니다"(백관인 편집, 1989: 295).

백낙준은 진리와 자유의 상관성을 말하고 있는데, 중요한 것은 자유를 진리의 전제조건으로 보지 않고, 진리의 결과로 보고 있다는 점이다. 이는 서구 대학들이 학문의 자유를 전제로 진리 탐구를 추구했던 것과는 다른 관점이다. 이런 점에서 백낙준은 요한복음의 진리 이해에 부합하는 생각을 보여준다. 요한복음에서 자유는 진리 추구의 전제가 아니라 결과로 나타난다. 서구의 대학들이 (학문적) 진리를 추구하기 위해 요청되는 선제적 요건이 학문의 자유라고 생각했던 것과 달리(김동환, 2015: 31; 이요섭, 2007: 128-131), 요한복음에서 자유는 진리의 자연스러운 결과물이다. 즉 진리 체득의 결과로서 자유가 얻어진다는 것이다.

또한 백낙준이 자유를 죄의 문제와 결부해서 이해하고 있다는 점에서, 백낙준의 자유와 진리에 관한 이해는 중세 대학 이래로 서구 대학들이 표방하였던 학문적 자유와 객관적 진리 탐구의 범주를 넘어선다. 그는 학문적 진리와 내적 자유, 즉 죄로부터의 자유를 연관시킨다. 다시 말해 객관적인 학문 연구가 내적 자유를 얻는 구원의 여정이 될 수 있다고 생각한 것이다. 즉 학문을 통한 내적인 자기실현이 가능하다는 것이다.

계몽주의 이후 데카르트적 진리관으로 무장한 대학은 객관적이고 관찰 가능한 '거리'를 설정하여 진리에 접근하고자 한다. 이 때문에 진리와의 거리두기는 필연적이다. 진리에 대한 주관적 사랑이나 인격적 이해는 진리 추구를 방해하는 요소로 간주된다. 그러나 객관주의적인 진리 추구의 방식은 우리가 진리를 발견하는 동시에 실재하는 진리에 의해 우리 자신이 발견되고 이해될 수도 있다는 점을 간과한다. 다시 말해 연구 대상을 사랑하는 인격적 교제와 연합을 통해 진리의 신비가 우리에게 드러날 수 있다는 것이다. 팔머는 이를 다음과 같이 지적한다.

> 우리가 알고 있는 것이 우리와 분리된 추상적이고 비인격적인 어떤 것이라면, 그것은 진리일 수 없다. 왜냐하면 진리는 인식 주체와 인식 대상 사이의 개방적이고 신실하고 모험적인 상호 침투(interpenetration)를 의미하기 때문이다(파커 팔머/이종태 옮김, 2006: 122).

과학사의 사례들은 종종 팔머의 지적이 타당하다는 것을 보여준다. 진리를 탐구하면서 동시에 자신이 탐구의 대상과 일치되고 자신의 존재가 탐구될 수도 있다는 것을 보여준다. 가령, 옥수수 유전자 연구로 1983년 노벨 생리의학상을 수상한 바바라 맥클린톡(Barbara McClintock)은 자신의 탐구 대상이었던 옥수수와의 일치 경험을 인터뷰에서 밝힌 적이 있다. "정말로 거기에 몰두했을 때, 나는 염색체 바깥에 있지 않았어요. 그 안에 있었어요. 그들의 시스템 속에서 그들과 함께 움직였지요. 내가 그 속에 들어가 있으니 모든 게 다 크게 보일 수밖에 없죠. 염색체 속이 어떻게 생겼는지

훤히 보였어요… (어떻게 그런 일이 가능할까요?) … 충분히 시간을 갖고 열심히 들여다보면서 대상이 하는 말을 귀 기울여 들을 줄 알아야 합니다. 나에게 와서 스스로 얘기하도록 마음을 열고 들으라는 것입니다. 무엇보다 중요한 것은 생명의 느낌을 개발하는 일이며, 생명이 어떻게 자라는지를 깨우쳐야 합니다. 생명의 각 부분을 빠짐없이 헤아릴 줄 알아야 합니다"(이블린 폭스 켈러/김재희 역, 2002). 그의 경험은 연구 대상과의 엄격한 분리가 아니라, 온전한 합일을 통해 진정한 진리 파악이 가능하다는 것을 보여준다. 즉 진정한 앎은 자기 해체를 통해서 대상과 인격적 일치를 이룸으로써 가능하다는 것을 맥클린톡의 사례가 입증해 준다. 요한복음이 말하는 진리(예수)와의 일치를, 맥클린톡은 과학의 영역에서 경험한 것이다. 팔머는 "진정한 앎은 육체 없는(disembodied) 지성으로 데이터를 평가하는 일 이상을 의미한다는 것을 상기시켜 주는 것이다"(파커 팔머/이종태 옮김, 2006: 148)라고 말한다. 이 말은 진리에 대한 영혼 없는 객관적 탐구만을 올바른 학문적 자세로 간주하는 대학들에게 경종을 울린다. 우리 대학들이 여전히 진리가 '무엇'이냐고 물었던 빌라도와 동일한 질문을 오늘날에도 던지고 있지 않은가 성찰해 볼 일이다. 이러한 관점은 진리의 체현에 관심을 두지 않는 대학의 연구 풍토를 다시 한 번 돌아보게 한다. 백낙준은 여타의 대학들이 지향하는 학문적 베리타스를 넘어 요한복음의 진리관(알레세이아, 자유와 구원으로서의 진리)을 연세대학교의 교육이념으로 구현하고자 했던 것이다.

1957년 연희대학교와 세브란스 의과대학의 통합으로 새로 출발하게 된 연세대학교의 초대 총장으로 백낙준 박사가 취임하는데, 그는 취임사에서 연세대학교에서 실시하려는 "主義" 와 "精神"으로 "眞理", "自由", "基督教教義", "大韓民國 教育法令"을 언급하면서, 진리와 자유의 정신에 대해 자세히 설명한다(백낙준, 1995: 28).

"대학이 존재하는 目的은 眞理를 위하여 있는 것입니다. … 대학은 眞理를 探究하는 機關으로 모든 事物에 대한 考察을 철저히 하며 알려지지 않은 秘密을 알아내며 모든 事物의 성질과 조직을 발견하는 데에 있을 것입니다"(백낙준, 1995: 29).

여기에서 '진리'가 의미하는 것은 '모든 사물의 성질과 조직에 대한 신비'로 이해할 수 있으며, 이러한 사물의 신비를 고찰하는 것이 대학의 존재 목적인 진리 탐구 작업의 본질이라고 설명한다. 그는 이어서 자유에 대해서는 다음과 같이 언급한다.

"自由라는 것은 無知無識에서 또한 迷惑과 疑懼에서 얻는 자유와 사상적, 정치적, 경제적 抑壓에서 얻는 自由와 모든 偏見 私感과 不安과 威嚇에서 얻는 자유를 말함이외다. 우리가 사람으로 하여금 無識과 偏見과 不安 속에서 自由를 얻게 하자고 힘쓰는 그 목적은 사람이 귀하기 때문입니다. 사람은 하나님의 形像대로 지음을 받은 귀중한 人格의 所有者입니다. 그 尊嚴性을 유지 발전시키기 위하여 모든 自由를 얻어 가지자고 하는 것입니다"(백낙준, 1995: 29).

백낙준은 다양한 의미에서의 자유를 언급하면서, 그러한 자유의 근본 정신이 인간의 인격과 존엄성을 지키는데 있다고 분명하게 밝히고 있다. 그리고 그 인간의 존엄성은 사람이 하나님의 형상대로 지음을 받았다는 기독교 정신에 토대하고 있다고 언급한다. 그리고 이러한 기독교 정신 아래서 진리와 자유가 어떻게 서로 연관되는지 설명한다. 자유의 진정한 의미를 본능의 해방이 아니라 진리의 제재 아래에서 찾을 수 있다고 본 것이다.

....(중략) 人間本能의 解放이 자유가 아니요, 도리어 어떠한 本能의 衝擊은 制裁하는 데에서 自由를 얻게 됩니다. ....(중략) 사람이 누릴 수 있는 진정한 自由는 진리의 制裁下에서 이루어지는 것이외다." "우리가 구하는 眞理는 예수 그리스도를 통하여 啓示된 하나님의 眞理요, 우리가 爭取하는 自由는 人間生活上의 자유인 동시에 罪와 不義에서 벗어나는 心靈의 자유입니다"(백낙준, 1995: 30).

여기에서는 앞에서 언급되지 않았던 기독교적 의미에서의 진리와 자유 개념을 제시하고 있다. 백낙준은 우리가 구하는 진리는 "예수 그리스도를 통하여 계시된 하나님의 진리"이고, 우리가 쟁취하는 자유는 "죄와 불의에서 벗어나는 심령의 자유"라고 밝힘으로써, 그가 강조하고자 했던 진리와 자유의 정신이 기독교 정신에 토대하고 있음을 설명하고 있는 것이다. 이것은 요한 8장 31-32절에 대한 언급으로 보다 구체화된다. "예수 말씀하시기를, 너희가 내 안에 있으면 진리를 알 것이요 眞理가 너희를 自由롭게 하리라 하였습니다"(백낙준, 1995: 30). 백낙준의 설명은 연세대학교의 진리와 자유 정신이 기독교 정신(요한복음)에 토대하고 있음을 분명히 언급하고 있지만, 아쉽게도 요한복음에서 진리와 자유가 어떤 의미를 가지고 있는지 여기에서 더 자세히 설명해 주고 있지는 않다.

이 논문의 제2장과 제3장에서 살펴본 바와 같이 요한복음의 진리는 예수와의 일치를 의미한다. 이것은 진리를 대상화하여 탐구하는 것을 넘어서서 상호 사랑의 관계 속에서 진리와 인격적으로 합일을 이루는 것을 추구한다. 또한 진리의 인격성은 몸으로 오신 예수를 통해서 그의 몸 안에서 고난과 죽음을 승화시키고, 역사적이고 실천적으로 완성된다. 진리이신 예수와의 일치는 진리를 거부하는 모든 죄악 즉 진리에 대한 억압과 폭력을 고발하고, 미움과 박해를 넘어서서 초극하도록 우리를 해방시키고 자유롭게 한다.

그러므로 우리 학교가 새로 출발함에 있어서 모든 人的 資源과 모든 物的 施設을 기울여 이 眞理와 自由의 精神的 價値를 얻기 위하여 道義의 터전 위에서 이 學校를 운영해 나가려고 하는 것입니다. (중략) 우리가 眞理를 위하여 싸우는 것과 自由를 위하여 싸우는 것이 이 학교의 使命이요 또한 이 대학가의 歷史에서 볼 수 있는 事實입니다"(백낙준, 1995: 31).

조선기독교대학에서 출발하여 연희전문학교, 연희대학교를 거쳐서 연세대학교로 새롭게 출발하면서 "진리와 자유의 정신적 가치를 얻기 위하여" 학교를 운영해 가겠다는 다짐과 "진리를 위하여 싸우는 것"과 "자유를 위하여 싸우는 것"을 학교의 사명이라고 한 취임사의 선언은 연세대학교의 역사를 통하여 실현되어 왔다. 요한복음이 증언하는 진리와 자유 정신 위에서 연세대학교는 "기독교의 가르침을 바탕으로 진리와 자유의 정신에 따라 사회에 이바지할 지도자를 기르는 배움터"로 더욱 확고하게 자리매김할 것이다.

## 5 ——— 결어

진리와 자유는 중세 대학으로부터 오늘날까지 진리 탐구와 학문적 자유라는 의미에서 대학의 이념과 정신을 상징하고 대표하는 핵심 단어로 사용되고 있다. 기독교 대학인 연세대학교 역시 진리와 자유 정신을 건학 이념으로 내세우고 학교가 추구해야 하는 궁극적 목표와 가치로 설정하고 있다. 대학의 역사에서 진리와 자유 정신은 이성과 경험에 토대한 진리 탐구와 학문적 자유로 해석되었다. 반면에 연세대학교는 기독교 정신을 토대로 진리와 자유 정신을 보다 확장적으로 이해하고 있다. 이러한 입장은 건학 이념의 근거를 기독교 경전인 요한 8장 31–32절에 두고 있는 데서 드러난다. 요한 8장 31–32절을 토대로 진리와 자유 정신을 교훈으로 제정한 백낙준은 대학의 역사 속에서 이해되어 온 진리와 자유 정신과 더불어 기독교적 의미에서의 진리와 자유 정신이 무엇을 뜻하는 지 제시함으로써, 연세대학교의 이념이 기독교 전통에 뿌리내리고 있음을 분명하게 밝히고 있다. 그러나 "우리가 구하는 진리는 예수 그리스도를 통하여 계시된 하나님의 진리요, 우리가 쟁취하는 자유는 인간생활상의 자유인 동시에 죄와 불의에서 벗어나는 심령의 자유입니다."라는 그의 해석에도 불구하고 진리와 자유 정신의 성서적 의미, 정확하게 표현하면 요한 8장 31–32절에서의 진리와 자유가 어떤 의미인지 충분히 드러나고 있지 않다.

18세기 성서학이 독립된 학문 영역으로 확립된 이후, 성서 해석은 성서 그 자체의 목소리에 귀 기울이는 역사비평적 연구 – 성서의 역사적 배경, 문헌학적 특성, 문학적 특성 분석, 사회과학적 모델 적용 등 성서 해석을 위한 다양한 학문적 방법론이 개발되고 적용되었다. – 와 해석자(또는 독자)의 입장을 반영하는 해석학적 연구 – 해석자의 이데올로기, 텍스트와 해석자 간의 소통, 등이 해석의 중요한 틀이 된다. – 가 적용되어 성서의 의미를 다양한 관점에서 이해할 수 있도록 한다. 본 연구는 성서해석학적 전망에서(Bruce J. Malina and Richard L Rohrbaugh, 1998: 159–167 참고), 1세기 말에 기록된 요한복음을 공유했던 원시 기독교 공동체(요한공동체로 칭함)의 삶의 정황과 그들의 사회적 세계를 재구성하는 방식으로 요한 8장 31–32절에 언급된 진리와 자유의 의미를 살펴보았다.

요한복음에서 진리는 추상적인 개념이나 대상적으로 탐구되는 무엇(whatness)으로 정의되지 않는다. 요한복음은 예수 자신이 진리이며, 동시에 진리를 드러내는 분이라고 주장한다. 요한복음에서 예수의 정체는 로고스(말씀)로서 아버지(하나님)와 하나이며, 진리의 영으로서 다시 오시는 분이다. 진리이신 예수는 아버지와 영과 일치하고, 예수를 따르는 신자 또한 이 합일에 참여하여 진리에 속하고, 진리로 거룩함을 받는다. 따라서 요한복음에서 중요한 것은 진리 그 자체인 예수와 일치하는 것이다. 이 일치는 예수의 사랑에 토대하고 있고, 서로 사랑의 계명을 통해서 신자들 간의 일치로 확대된다. 요한의 진리는 앎, 지식, 깨달음, 믿음, 상호 사랑을 통해서, 삶과 인격과 생명, 전 존재 가운데 구현된다는 점에서 인격적 특성을 지닌다. 이 인격성은 몸으로 오신 예수를 통하여 실행되고 실현된다는 점에서 역사적이며 실천적이다. 요한의 진리 이해는 대학에서 진리에 접근하는 다른 방식을 제안한다. 진리를 대상화하여 탐구하는 데서 나아가 진리와의 합일을 추구하도록 요청한다. 진리와의 상호 사랑의 관계로 이루어지는 인격적 합일과 일치는, 진리 탐구가 대상에 대한 정보 파악에 그치는 것이 아니라 진리로부터 우리들 자신을 발견하는 구원의 여정이 될 수 있다는 것을 말해준다. 진리와의 인격적 만남은 진리 탐구가 우리들을 소외시키지 않고, 자기실현을 이루어가는 과정이 되도록 할 것이다. 요한의 진리는 이러한 진리와의 일치가 자유를 가져온다고 말한다. 요한의 자유는 진리 탐구의 전제 조건으로 여겨진 학문적 자유와는 달리 진리 체득의 자연스러운 결과물인 것이다.

요한 8장 32절에 나오는 진리와 자유의 관계는 바로 이어서 나오는 진리와 자유에 대한 논쟁의 맥락에서 이해할 필요가 있다. 이 논쟁은 진리와 거짓의 대립, 죄 있음(유죄)과 죄 없음(무죄)의 대립, 논쟁, 변호, 판결과 심판 등으로 전개되어 마치 법정에서 유무죄를 논하고 판단하는 모습이 연상된다. 이 대립과 판단은 참(진리)과 거짓의 대결이며, 그 판단의 결과, 즉 유죄 판결의 결과는 심판 곧 죽음이다. 마치 예수가 심문 당하고 판결을 받아서 십자가형에 처해 진 것처럼. 진리와 거짓을 구분하는 기준은 예수의 정체를 이해하는 문제이다. 예수가 누구인가를 두고 그의 정체 – 요한복음에서 예수는 로고스(말씀)으로서 하나님과 하나이신 분이며, 이 땅에 육을 입고 오신 분으로 고백된다. - 를 믿는 것과 믿지 않는 것 사이의 대립과 갈등이 일어난다. 현실적으로는 믿지 않는 자들이 요한공동체(믿는 자들)를 박해했던 것으로 추정된다. 요한공동체는 요한복음의 예수 이야기를 통해서 자신들의 신앙을 변호하고, 그들을 박해하는 자들의 미움과 박해에 맞서고, 자신들이 받고 있는 판단과 심판이 궁극적으로는 그 적대자들에게로 되돌아 갈 것이라고 선포한다. 따라서 요한 8장 32절의 진리와 자유는 신앙과 삶과 생명의 위협 앞에서 1세기 기독교인들이 내놓은 결연한 신앙고백인 것이다.

요한복음의 사상에 토대한 '진리와 자유'의 정신은 연세대학교의 역사 속에서, 1세기 기독교인들의 고백과 유사하게, 진리를 위한 투쟁, 자유를 위한 투쟁으로 기록되고 있다. 연세대학교의 역사를 만들어온 많은 사람들이 자신들의 신앙과 삶과 생명을 바쳐서 예수 그리스도와의 일치를 추구하고, 예수의 삶을 이어나갔다. 그들의 헌신과 자기희생은 진리와 거짓의 대결이, 진리와 일치하는 삶이 왜 이처럼 치열하고 첨예한 것일 수밖에 없는지 증명해준다. 요한복음의 진리와 자유는 예수 그리스도와의 일치 안에 드러난 진리의 인격성과 해방성을 보여주었다. 이것은 대학의 역사 속에서 추구되어 왔던 진리 탐구와 학문적 자유의 정신이 궁극적으로 무엇을 지향해야 하는 지 일깨워준다. 요한복음의 진리는 대상적으로 탐구되는 '무엇'이 아니라 예수 그리스도와의 일치, 그리고 그것을 통한 하나님과의 일치를 의미한다. 요한복음에 따르면, 이것은 믿음(앎)을 통해서 우리의 전 존재 가운데 구현된다는 점에서 인격적 특성을 지닌다. 또한 이 진리는 거짓으로부터, 죄로부터 우리를 해방시킴으로 우리를 자유롭게 한다. 진리가 자유를 보장한다. 예수 그리스도 · 하나님과의 일치는 거짓말과 살인과 미움과 박해의 고통으로부터 자유를 가져온다. 예수 그리스도 · 하나님과의 일치를 통해 자유를 얻고자 하는 간절한 갈망은, 그들이 느꼈던 불안과 억압을 역설적으로 보여주는 동시에 그러한 불안과 억압에 대한 저항과 거부를 뜻하기도 한다. 따라서 진리의 해방적 성격은 억압과 폭력에 대한 거부의 표현이기도 하다. 인간과 세계에 대한 근원적 성찰이 절실히 요구되는 소위 제4차 산업혁명의 시대에, 요한복음의 진리와 자유 정신이 내포한 진리의 인격성과 해방성은 기독교 대학이 나아가야 할 방향을 제시해 준다.

# 제 2 장

# 기독교교양 콘텐츠

세속화된 대학에서 성서를 어떻게 가르칠 것인가? | 민경식
4차 산업혁명시대의 도래와 종교윤리의 과제 | 이병성
이미지와 종교, 종교적 시각 문해력 서론 | 김학철

# 세속화된 대학에서 성서를 어떻게 가르칠 것인가? - 교양교육으로서의 성서교육

민경식 | 연세대학교

## 1 서론

전통적으로 '고등교육으로서의 성서교육'은 오늘날 크게 두 가지 차원에서 실시되고 있다. 첫 번째는 전공으로서의 성서교육인데, 신학교나 신학대학(원), 또는 기독교 종립학교의 기독교 관련 학과가 이를 전담하고 있으며, 그 대상은 일반적으로 '신학'을 전공하는 학생들(또는 부분적으로 신학에 관심이 있는 학생들)이다. 위 교육기관들의 교과 과정에서 '성서학'은 '(기독교)신학'이라는 전공분야의 세부 전문분야로서의 자리를 차지하고 있으며, 전문교육과정에서 '성서학'을 가르치는 이유는 '신의 계시' 또는 '신앙 문헌'으로서의 성서 텍스트를 더 잘 이해하기 위함이라고 할 수 있다. 물론 이러한 교육 전통은 오늘날에도 여전히 성서교육에서 주류의 위치를 차지하고 있으며, 앞으로도 학문후속세대 양성에 기여할 것이다.

또 다른 한 가지 차원은 '교양교육'으로서의 성서교육인데, 일반적으로 기독교 종립학교에서 신학을 전공으로 하지 않는 학생들을 대상으로 한다. 그러나 대상의 차이에도 불구하고, 신의 계시로서의 성서의 메시지를 더 잘 이해하려는 '같은' 목적으로 교육이 이루어지고 있는 것이 우리의 일반적인 현실이다. 신학생을 대상으로 하는 과목과 같은 수준으로 같은 내용을 가르치는 경우도 있고, 때로는 고등교육으로서 적절하지 않은 수준, 즉 교회학교의 성경공부 수준에 머무는 경우도 있다. 이러한 성서교육은 기독교 종립학교의 설립 이념에 따라 선교적 목적에 따라 이루어지고 있으며, 신앙교육으로서의 성격이 짙다.[1]

오늘날 한국의 기독교 계열 고등교육기관에서 교양교육으로서의 성서교육을 받는 대다수의 학생들은 기독교인이 아니며, 그들 대다수는 이러한 방식의 성서교육에 별 관심을 드러내지 않는다. 일부 독실한 기독교인들을 제외하고는, 성서를 서구문명의 시금석으로 여기거나 고대문화의 위대한 유산으로 여기는 소수의 학생들만이 부분적으로 이러한 성서교육에 관심을 드러낼 뿐이다. 따라서 오늘날 세속화된 종립고등교육기관에서 일반 학생들을 대상으로 어떻게 성서를 가르치는 것이 적절하고 효과적일지 고민하지 않을 수 없다. 이에 본 논문은 교양교육으로서의 성서교육의 적절한 방법을 모색하고자 한다.[2] 다만, 본 논문은 '교양교육 과정에서 왜 성서를

1 오늘날 한국사회의 중등 및 고등교육기관에서의 종교교육 역시 명시적으로 또는 암시적으로 선교를 지향한다. 예를 들어, 데이비드 도커리, 크리스토퍼 모건(2020)을 보라. 부제가 의미하는 바와 같이, 이 책은 현대의 변화된 환경에서 기독교 계통의 고등교육기관이 신앙과 교육을 접목할 수 있는 방안을 고민한다. 이런 점에서 이 책은 교양교육에서 기독교적 신앙을 전제하는 전통적인 입장을 반영한다고 평가할 수 있다. 물론 종교교육을 신앙이 아니라 지식을 가르치는 교육으로 시도하는 노력이 없지 않다. 이러한 교육에 대한 시도로는 존 실리(1992)를 보라. 또한 교양교육으로서의 종교교육의 정당성과 필요성에 대해서는 김학철(2019: 57-62)을 보라.

2 우리 종교학계에서는 이 분야가 아직 많은 주목을 받지 못하고 있다. 세계적으로도 이 분야에 대한 연

가르쳐야 하는가?'[3] 보다는 '교양교육의 차원에서 성서를 가르칠 때 어떻게 가르칠 것인가?'에 관심을 둔다.

## 2 —— 교육과 교양교육

'교육'(敎育)의 사전적 정의는 "지식과 기술 따위를 가르치며 인격을 길러 줌"(국립국어원 표준국어대사전, 2020)이다. 이러한 정의는 교육에 대한 '기술적' 정의라고 할 수 있다. 그러나 교육은 훨씬 더 복잡한 의미를 지니고 있다.[4] 교육이 철학적이고 추상적인 개념이기 때문이기도 하며, 또한 '교육이 무엇인가?'라는 질문에는 교육의 규범적 목적이 포함되어 있기 때문이기도 하다. 그러나 본 논문의 목적이 '교육'의 개념을 분석하거나, 그 철학적 또는 규범적 의미를 찾아내려는 시도가 아니기 때문에, 아래에서는 교양교육을 이해하는 범위 안에서 교육과 교양의 관계를 간략하게 언급하는 것으로 제한하고자 한다.

우리말 '교양'(敎養)은 "학문, 지식, 사회생활을 바탕으로 이루어지는 품

구는 이제 막 시작 단계이다. 교양교육의 차원에서 성서를 어떻게 가르칠 것인가에 대한 고민과 잠정적 제안을 제시하는 연구서로는 Jane S. Webster, Glenn S. Holland(2012)를 보라. 체계적인 성서 교수법 또는 성서교육 이론서가 아니며, 신학(성서학)을 전공으로 한 여러 명의 필자들이 일반 학생들(신학을 전공하지 않는 학생들)에게 어떻게 성서를 가르칠 것인지에 대한 고민과 경험, 그리고 나름의 대안을 제시하고 있다.

3 독일의 신약학자 게르트 타이쎈(2010)은 세속화된 사회, 다원화된 사회에서 왜 성서를 가르쳐야 하는지에 대해 설득력 있는 설명을 내놓는다. 성서는 우리의 과거를 이해하게 하고, 의사소통과 자기정체성 발견에 기여한다(59–81). 이 밖에도 V. James Mannoia Jr.(2000)를 보라. 여기서 저자는 기독교 세계관이 교양교육에 필수적이라고 주장하며, 이러한 맥락에서 기독교 사상을 교양교육과 연계시킬 것을 강조한다. 그의 주장에 대한 다양한 비판이 허용되겠지만, 적어도 기독교 사상과 가치관이 교양교육에서 의미 있는 위치를 차지할 가능성을 제시하였다는 데에 의의가 있다고 평가할 수 있다.

4 이지헌 외(2018, 21–23)를 참고하라. 여기서 교육은, (1) 조작적 정의, (2) 약정적 정의, (3) 기술적 정의, (4) 강령적 정의, 이렇게 네 가지 차원으로 정의할 수 있다고 한다.

위. 또는 문화에 대한 폭넓은 지식"(국립국어원 표준국어대사전, 2020)이라는 의미로 통용되기 때문에, 교양교육은 흔히 소양(素養)교육과 같은 의미로 이해되고는 한다. 그러나 '교양교육'에서 교양은 '소양'을 의미하지 않는다. 교양은 흔히 '도야'(陶冶)로도 번역되는 독일어 'Bildung'을 번역한 용어인데, 일차적으로 (인간의) 형성, 즉 인간을 인갑답게 만드는 행위를 의미하며(국립국어원 표준국어대사전, 2020), 그것은 "인간됨(Mensch–Werden) 혹은 주체됨(Subjekt–Werden)"(손승남, 2011: 13)에 관한 것이다. 달리 말하자면, 교양이란 "무엇보다도 '사람다운 삶'에 대한 식견과 태도를 일컫는다.[5] 인간의 인간적인 삶 자체를 총체적으로 성찰하는 지적 능력과 그 성찰의 내용을 실천에 옮기려는 의지적 자세가 교양의 토대를 이룬다"(손동현, 2019: 69). 이러한 맥락을 고려할 때, 'Bildung'으로서의 교양의 개념은 인간성 도야라고 짧게 설명할 수 있을 것이다. 그렇다면, 교양교육은 인간성 도야에 기여하는 교육이라고 할 수 있을 것이다.

그런데 교육 역시 인간을 인간답게 하려는 이상에 기여한다면, 교육과 교양교육의 차이는 무엇인가? 이미 20세기 중반에, '교양교육'이라는 용어에서 '교양'이 불필요한 말이라는 주장이 있었다. 교육이 제대로 이루어진다면, 결코 '교양교육'이라는 말이 필요하지 않았을 것이라는 주장이다.[6] 전혀 틀린 말은 아니다. 그러나 또한 오늘날 '교육' 전반에서 특별히 '교양교육'을 따로 떼어 강조되는 이유, 즉 교육이라는 용어가 있음에도 불구하

5 손승남(2011)은 인문분야의 교양교육을 다루면서, 인문교양교육이 "'인간다운 인간을 기르는 교육' 그 이상도 이하도 아니다."라고 하는데(3), 이를 굳이 '인문'으로 제한할 필요는 없다. 그가 여기서 인문교양을 사회교양이나 자연교양의 대립어로 사용하지 않고, 직업교육과 전문교육의 대립어로 사용하기 때문이다.

6 이에 대해서는 신득렬(2016: 122–124)을 보라. 여기서 그는 R. S. Peters(1977), H. Schofield(1972), R. W. K. Paterson (1979)의 주장을 소개하는데, 이들은 교육과 교양교육이 동의어나 마찬가지라고 주장한다.

고 굳이 '교양교육'이라는 용어를 특정하여 사용해야 하는 이유는 바로 교육의 현실에 대한 문제의식에 있다.

우리나라 교육기본법 2조에 보면, 대한민국의 교육이념은 홍익인간이다.[7] 그러나 우리의 현실은 그렇지 못하다. 실제로 우리의 학교교육은 입시 위주의 중등교육과 직업훈련 위주의 고등교육이라는 실용주의 노선을 유지하고 있다. 그래서 널리 인간세계를 이롭게 하기 보다는 개인의 출세를 도모하는 데에 집중되어 있다고 할 수 있다. 그러다보니 과도한 입시경쟁과 학력/학벌주의가 교육의 자리를 차지하기에 이르렀다. 이러한 경향은 산업화시대 이후의 변화된 시대적 요청을 반영한 것이라고 할 수 있다. 산업혁명 이후 교육을 전담하는 학교시스템은 인간을 인갑답게 하는 교육기관이라기보다는 양질의 노동력을 생산하는 기관으로 인식되었다. 신자유주의 시대를 살아가는 우리 역시 고등교육을 담당하는 대학교에 직업교육 또는 직업훈련을 요구하는 경향이 강하다. 물론 직업훈련도 교육의 중요한 한 축을 이루기 때문에, 이러한 요소가 불필요한 것은 아니다. 문제는, 지나치게 한쪽으로 치우친 교육현장의 현실에 있다.

오늘날 우리의 고등교육은 전공교육과 교양교육이라는 두 축으로 이루어져 있지만, 이 두 개의 축이 균형을 이루고 있지는 못하다. 대학마다 대부분의 예산과 에너지가 전공교육에 집중되어 있는 것이 우리의 현실이다. 이러한 현상은 보편적 지성교육보다는 전문적 직업교육에 대한 사회적 요구가 더 많은 데에 기인한다. 그러나 세계화와 정보화의 특징을 지니고 있는 21세기에는 산업혁명시대나 신자유주의시대와는 다른 형태의 인재가

7 인터넷 http://www.law.go.kr/lsInfoP.do?lsiSeq=205788#0000 (2020. 07. 15 검색) "교육은 홍익인간(弘益人間)의 이념 아래 모든 국민으로 하여금 인격을 도야(陶冶)하고 자주적 생활능력과 민주시민으로서 필요한 자질을 갖추게 함으로써 인간다운 삶을 영위하게 하고 민주국가의 발전과 인류공영(人類共榮)의 이상을 실현하는 데에 이바지하게 함을 목적으로 한다."

요구되며, 이에 교양교육의 강화가 시대적으로 요청되고 있다.[8)]

## 3 —— 교양교육의 현대적 의미와 목적

오늘날 한국의 대학사회에서 '교양교육'[9)]이라는 용어는 다양한 의미로 사용되고 있다. 영어로 'liberal arts education', 'liberal education', 'general education'은 모두 '교양교육'으로 번역되고는 한다.[10)] 엄밀하게 구분하자면, 자유학예교육(liberal arts education)은 자유교육(liberal education)보다 작은 개념이다.[11)] 전통적으로 서구의 자유학예교육은 3학(trivium) 4과(quadrivium)에 대한 교육[12)]이라고 할 수 있으며, 이는 오늘날의 인문학과 사회과학과 자연과학과 예술에 해당한다.[13)]

반면에 자유교육(liberal education)은 자유학예교육보다 더 포괄적인 개념이다. 여기서 '자유(로운)'(liberal)라는 말이 고대 그리스사회에서는 "노예나

8 교양교육을 더욱 강화해야 할 필요성에 대해서는 홍성기(2019: 61–90)를 보라. 또한 손동현(2019: 11–14)을 보라.

9 교양교육의 고전적 의미에 대해서는 손동현(2019: 19–32)을 보라.

10 이 외에도 다도법(茶道法), 꽃꽂이 등과 같이 '소양'과 관련된 배움을 흔히 교양교육이라고 일컫는 경우가 있는데, 이러한 이해는 학문적 차원의 '교양교육'과는 거리가 있다.

11 신득렬(2016: 125)을 보라. 그는 이 두 영어가 종종 동의어로 사용되지만, liberal education이 liberal arts education보다 넓은 의미라고 한다.

12 라틴어로 artes liberales라고 하는데, '3학'에는 문법과 논리학과 수사학이 속하며, '4과'에는 대수학, 기하학, 음악, 천문학이 속한다. 물론 라틴어 표현에는 '학(學)'과 '과(科)'의 구분이 없다. 각각 '세 개의 길', '네 개의 길'이라는 뜻이다. 고대 그리스–로마 세계에서는 전통적으로 '문과'에 해당하는 3학을 먼저 익히고, 이후에 '이과(및 예술)'에 해당하는 4학을 익혔다. 이러한 기본교육을 배운 뒤에야 비로소 전문분야로 평가되는 신학과 의학과 법학을 배웠다.

13 전미대학교교육협의회(AAC&U)의 홈페이지에서는 liberal arts education을 인문학(the humanities), 예술(the arts), 자연과학(the natural), 사회과학(social sciences)을 포괄하는 특정 학문분야로 규정하며, liberal education은 liberal arts education을 포함하지만, 이것만으로 제한되지는 않는다고 한다(https://www.aacu.org/advocacy–liberal–education–0) (2020. 07. 15 검색).

이민자가 아니라 시민권을 가진 자유인을 위한 교육"[14]이라는 의미를 담고 있었으나, 오늘날에는 온갖 종류의 "사회적 속박과 제한은 물론 ... 편견, 선입견, 무지, 독단, 탐욕 등으로부터 해방되고 자유롭게 하는 교육"(신득렬, 2016: 124)이라는 의미로 이해할 수 있다. 달리 말하자면, (물리적, 정서적) '자유인'으로서의 인간이 참된 인격을 도야하는 데에 그 목적이 있다고 할 수 있다.

한편 또 다른 개념인 일반교육(general education)은 근대 시민사회 이후 사용되기 시작한 것으로, 일반 시민이 갖추어야 할 자질과 능력을 함양하는 데에 그 목적이 있다. 엄밀히 말하자면, 일반교육은 "학교제도에서 전문교육을 실시하는 고등교육이나 직업교육과는 구별하여 교육의 전체 대상자들이 일반적으로 이수해야 할 과정"이라고 할 수 있다(손승남, 2011: 30-31). 그런 면에서 일반교육은 교양교육의 전통적인 의미를 담고 있다고 할 수 있다. 우리나라 대학의 교양교육 전반에 대한 비전을 제시하고 이러한 교육 활동을 선도하는 '한국교양기초교육원'이 'Korea National Institute for General Education'이라는 영문 명칭을 사용하는 것은 이러한 이해를 반영한다.[15]

고등교육기관의 교과 과정에서 전공교육(전문교육)과 대조적인 의미로 사용되는 교양교육은 위의 세 가지 의미(자유학예교육, 자유교육, 일반교육)를 지니고 있다. 이러한 교양교육은 본질적으로 직업이나 경제활동과 직접적으로 관련되지 않으며, 전인적인 인격체를 형성하는 것에 목적을 둔다. 교양교육(또는 교양기초교육)의 특징을 한국교양기초교육원은 아래와 같이

14 신득렬(2016: 124)과 손승남(2011: 4, 25-27)을 보라. 그는 이 개념이 "노예 계급이 아닌 자유인을 위한 교육에서 비롯"(4)되었으며, 노예제도가 폐지된 오늘날에는 "사회적 유용성과는 비교적 거리가 먼 인간의 마음이 자유롭게 활동하는 상태에서 이루어지는 교육이라는 말로 이해되고 있다"(27)고 한다.

15 때로는 일반교육이 교양교육보다 작은 의미, 즉 교양교육의 한 부분인 필수도구교육을 가리키는 것으로 사용되기도 한다. 가령, 이영호 외(2003: 77-78).

설명하고 있다.

> 교양기초교육이란 대학교육 전반에 요구되는 기본적 지식 및 자율적 학구 능력의 함양을 포함하여 인간, 사회, 자연에 대한 폭넓은 이해를 바탕으로 올바른 세계관과 건전한 가치관을 확립하는 데 기여하는 교육으로, 학업분야의 다양한 전문성을 넘어서서 모든 학생들에게 요구되는 보편적 교육이다. 특히 글로벌 정보사회라는 새로운 시대상을 맞아 비판적·창의적 사고와 원활하고 개방적인 의사소통을 통해 공동체의 문화적 삶을 자율적으로 주도할 수 있는 자질을 함양하는 교육이다.[16]

요약하자면, 오늘날 교양교육은 모든 학생을 대상으로 인문과학, 사회과학, 자연과학(이에 덧붙여 수학과 예술까지)을 가르치는 교육이며,[17] 그 목적은 글로벌 정보사회라는 새로운 시대가 요구하는 전인적 인격체를 배양하는 데 있다고 할 수 있겠다. 그런데 이러한 목적은 다소 추상적이다. 이에 교양교육의 구체적인 목표와 그것을 수행할 방법이 무엇인지, 그것이 성서교육과 어떻게 연관되는지 살펴볼 필요가 있다.

## 4 ——— 교양교육의 목표와 방법

교양의 본연적인 목적이 사람을 사람답게, 그의 삶을 사람다운 삶이 되

16 한국교양기초교육원의 홈페이지를 보라(http://konige.kr/sub02_08.php) (2020. 07. 15 검색).

17 손동현(2019)은 오늘날 교양교육의 특징을 두 가지로 요약하는데, 첫째, 특정계층에 제한되던 자유교육이 이제는 전 교육과정에서 보편적으로 실시되기에 이르렀고, 둘째, 자유교육의 핵심이라고 할 수 있는 자유학예교육의 내용은 결국 인문-사회-자연이라는 기초학문이라는 사실이다(31).

게 하는 것이며, 특히 교양교육은 새로운 시대에 적합한 전인적 인격체를 형성하는 것이라면, 이를 이루기 위한 구체적인 교양교육의 목표는 무엇이겠는가?[18] 한국교양기초교육원 홈페이지에는 교양교육의 구체적인 목표들이 아래와 같이 제시되어 있다.

가. 학문탐구를 위한 보편적 문해능력 함양.

나. 비판적 사고능력, 합리적 의사소통능력 함양

다. 인간과 세계에 대한 바람직한 가치관 정립

라. 융합적 사고 및 창의적 문제해결 능력 함양

마. 공동체의식, 시민정신 함양

바. 심미적 공감 능력 함양[19]

보편적 문해(literacy)능력은 문자뿐 아니라 디지털 기술로 산출된 정보를

18 기독교 학계에서는 흔히 인간의 전인성을 회복하기 위해서 '기독교교육'을 강조하고는 한다. 가령 이숙종은 기독교교육의 내용과 특징을 지성교육과 덕성교육과 신앙교육으로 요약하며, 이 세 가지 차원의 교육으로 인간의 전인성이 회복될 수 있어야 한다고 주장한다. 이숙종, "1장: 기독교교육의 학문적 성격," 한미라(2006: 16–29). 기독교교육이 전인성의 회복을 추구한다지만, 신앙교육을 전제로 하기 때문에, 비종교인(또는 비기독교인)을 대상으로 하는 교양교육으로서의 성서교육은 이러한 기독교교육과는 차별화되어야 한다. 종립학교에서는 여전히 신앙교육으로서의 종교교육을 선호하는 반면, 최근의 교육과정 입안자들은 공공성을 이유로 신앙교육보다는 종교학교육을 제시하는 추세이다. 이 두 견해 사이의 긴장과 갈등에 대한 대안을 제시하려는 연구로는 김정효, 허지선, 한신영(2017: 181–220)을 보라. 그러나 이 연구는 고등교육 차원의 교양교육으로서의 종교교육에 관심을 두지 않고, 오히려 "기독교학교의 안정적인 신앙교육의 교과 교육과정의 기반을 마련할 수 있도록 할 뿐 아니라 다종교사회로 진입한 우리사회의 종교적 상황의 변화를 적극적으로 수렴하여 보다 미래지향적인 신앙교육의 접근을 모색하려는 데 목적"(184)이 있다. 즉, 중등교육에서 종교학교육으로 기울어가는 공교육의 틀 안에서 어떻게 신앙교육을 포기하지 않을 지에 대한 방법론적 모색이라고 할 수 있다.

19 http://konige.kr/sub02_08.php (2020. 07. 15 검색). 손동현도 같은 내용을 다소 다르게 진술하고 있다. 1) 다양한 문해(文解, Literacy)능력, 2) 정보수용능력, 3) 총체적 조망능력, 4) 지식창출능력, 5) 소통과 공감 및 협동능력, 6) 합리적 사고와 감성적 정서를 통합하는 능력. 손동현(2019: 51–52). 한국교양기초교육원 홈페이지에 게재된 내용은 손동현이 원장으로 재직할 때에 처음으로 제시된 것이기에, 둘 사이에 본질적인 차이는 없다고 평가할 수 있다.

이해하고 해석하는 능력인데, 주로 (컴퓨터 언어 포함하여) 언어, 수리 영역이 기여할 수 있는 교육으로 성서교육과는 직접적인 연관이 없다. 그러나 그 밖의 목표들은 성서교육과 직·간접적으로 연관된다. 성서 본문과 그것에 대한 학자들의 해석을 비판적으로 읽고, 새로운 해석을 제안함으로써 비판적, 창의적 사고를 함양할 수 있다. 그리고 성서학계에서는 이미 오래전부터 시도된 것이지만, 사회학, 심리학, 언어학, 문화인류학 등의 인접 학문과의 학제적 연구로 융·복합적 사고능력을 배양할 수도 있다. 더 나아가 성서화(聖書畵)나 음악, 또는 건축물이나 영화, 문학작품 등 예술작품에 반영된 성서의 내용 및 그 정신에 대한 연구를 통해서 심미적 능력을 키울 수도 있을 것이다.[20] 그러나 신앙교육은 본질적으로 성서에 대한 비판적 읽기를 허락하지 않기 때문에, 선교적 목적이나 신앙교육 차원으로서의 성서교육에서는 위와 같은 교양교육의 목표들이 적절하게 달성되기 어렵다는 한계가 있다. 이에 교양교육으로서의 성서교육이라는 새로운 패러다임이 요구된다.

더 나아가 교과 교육으로서의 교양교육은 비교과 프로그램과의 통합으로 더욱 효과적으로 수행될 수 있다. 이와 관련하여, 전미대학교교육협의회(AAC&U)의 홈페이지에는 교양교육에 대해 이렇게 설명되어 있다.

> 교양교육은 학부과정에서 실시하는 교육방식으로, 교과 과정(curriculum)과 교과연계 과정(cocurriculum)을 넘나드는 학습의 통합을 촉진하며, 또한 학구적(academic) 학습과 체험적(experiential) 학습의 통합을 촉진함으로써, 직업과 시민의식과 우리의 삶에 필수적인 특정한 학습 결과를 이끌어내려는

20 성서화에 대한 연구도 흥미로운 교양교육 주제이다. 이러한 연구로는 김학철(2010), 배철현(2011) 등이 있다. 또한 성서의 내용을 담고 있는 판소리에 대한 연구로 양재훈(2013)이 있다. 그러나 무엇보다도 성서 자체가 심미적 가치가 있는 하나의 문학 작품임을 기억해야 할 것이다.

것이다.[21]

교양교육은, 교과 과정과 비교과 과정[22]의 통합으로 시너지 효과를 기대할 수 있다. 이는 강의실에서 이루어지는 학구적 학습과 강의실 밖에서 이루어지는 체험학습의 통합으로 표현될 수도 있다. 교양교육으로서의 성서교육 역시 학구적 학습과 더불어 강의실 밖에서 자발적으로 이루어지는 각종 활동으로 더욱 강화될 수 있다. 이러한 비교과 활동은 사회적 책임의식뿐 아니라, 비판적, 창의력 사고를 키워주는 데에도 일조할 것이다.

## 5 —— 교양교육으로서의 성서교육

오늘날 우리 사회에는 성서를 필수 정규 과목으로 가르치는 고등교육기관들이 종종 있다. 그런데 이러한 기관의 대다수 학생들은 비기독교인이며, 자신들이 기독교의 경전인 성서를 필수 교과목으로 배워야 하는 데에 불만이 많다. 심지어 기독교 신앙을 가지고 있는 학생들도 대학에서 성서

21 https://www.aacu.org/advocacy-liberal-education-0 (2020. 07. 15 검색). Liberal education is an approach to undergraduate education that promotes integration of learning across the curriculum and cocurriculum, and between academic and experiential learning, in order to develop specific learning outcomes that are essential for work, citizenship, and life.

22 일반적으로 비교과 활동은 extracurricular activities를 번역한 것이며, cocurricular activities는 교과연계 활동으로 번역되고는 한다. 그러나 이 둘은 같은 의미로 사용될 수 있다. 이 밖에도 out of classroom activities(또는 non-classroom activities)라는 용어도 흔히 같은 의미로 사용된다. 비교과 활동은 정규 교육과정과 같은 기능을 수행하면서도, 정규 교육과정에 포함되지 않는 일체의 학술적 또는 비학술적 활동이며, 학교에서 주최하나, 학점이 부여되지 않고, 학생들이 자발적으로 참여하는 활동이라는 특징을 지니고 있다. 보다 더 자세한 논의는 한안나(2017: 114-115)를 보라. 물론 cocurriculum과 extracurriculum을 엄밀하게 구분하려는 시도도 있다. 이 경우, cocurriculum은 교과 과정과 더욱 밀착되어 있다. 이에 대해서는 Kenneth R. Bartkus, Blake Nemelka, Mark Nemelka, Phil Gardner(2012: 698-699)를 보라.

를 배워야 하는 필요성에 공감하지 못하는 경우가 많다. 이에 선교적 목적의 신앙교육 차원이 아닌, 교양교육으로서 성서교육의 필요성이 더욱 절실하게 요구되고 있다. 아래에서는 성서교육이 어떻게 교양교육의 목표들에 부합될 수 있는지, 또한 그러기 위해서 성서교육이 어떠해야 하는지 살펴보고자 한다.

### 5.1 성서에 대한 이해

무엇보다도 '고전'으로서의 성서에 대한 이해가 선행되어야 한다. 오랫동안 기독교인들에게 성서는 신앙과 가치의 기준이며, 세계관과 우주관의 토대였다. 성서야말로 절대적이고 유일한 진리를 소유하고 있다고 여겨졌다. 성서가 하나님의 '말씀'으로 이해되었기 때문에, 성서의 권위에 대한 도전은 용납되지 않았다. 이러한 맥락에서 '성서무오설'과 '축자영감설'이 주장되었다. 이는 오늘날 한국의 보수화된 주류 기독교의 전형적인 성서관(聖書觀)이기도 하다. 그러나 이러한 성서관은 교양교육으로서의 성서교육에 적합하지 않다. 우선, 교육의 대상이 되는 대다수의 학생들이 이러한 성서관을 받아들이지 못하며, 둘째로 이러한 성서관으로는 성서를 비판적으로 읽을 수 없고, 따라서 '비판적, 창의적 사고'라는 교양교육의 목표에 도달할 수 없기 때문이다.

성서는 과학 서적이 아니기 때문에 성서에서 과학적 진실, 가령 우주의 기원에 대한 객관적, 실증적 증거를 찾으려 할 필요가 없고, 실증주의적 역사서가 아니기 때문에 성서가 보도하는 사실들을 '객관적 사실'로 전제하거나 증명할 필요도 없으며, 또한 윤리교과서가 아니기 때문에 성서에는 비윤리적으로 보이는 사건들이 때로는 긍정적으로 보도되기도 한다. 그리고

또한 성서는 신비한 마법의 힘을 가지고 있는 그런 책도 아니다.[23]

성서는 약 기원전 5세기 이후부터 기원후 2세기 초반까지 수 백 년에 걸쳐 기록된 문헌이며, 그 이후 낱권으로 유포되다가 하나로 수집되었으며, 또한 그 이후에도 약 2,000년에 걸쳐 필사되어 전승된 책으로, 안타깝게도 그 원본은 오늘날 존재하지 않는다.[24] 다만 수많은 사본을 토대로 학문적인 방식으로 본문에 대한 연구가 지속되고 있으며, 오늘날 소위 '원문'이라는 것에 가장 가깝다고 학계와 교계에서 인정을 받는 텍스트가 우리가 보고 읽는 '성서'이다.

이러한 성서는 기독교인들만의 책이 아니라 인류 전체의 위대한 고전이다. 어떤 신앙적 배경을 가지고 있든지, 또는 아예 종교를 가지고 있지 않다 하더라도, 누구에게나 성서는 고전으로서의 가치와 인류의 공통유산으로서의 가치를 지닌다. 성서를 통해서 우리는 서양문화의 기원을 관찰할 수 있다. 또 성서가 인류의 역사와 문화와 사회에 끼친 영향력을 고려할 때, 성서는 당시의 세계뿐 아니라 오늘날 우리가 사는 세계를 바라보는 창문이기도 하다. 이러한 출발점에서 성서는 교양교육의 중요한 자산이 아닐 수 없다.

## 5.2 본문에 대한 문학적(심미적) 접근

고전으로서의 성서에 대한 이해(성서관, 聖書觀)가 확립되면, 이제는 성서를 읽을 차례이다. 이때 성서는, 일점일획도 오류가 없는 절대자의 완벽한 계시가 아니라, 수 백 년에 걸쳐 기록된 인류의 고전이다. 그래야 다른 고

23 이에 대해서는 민경식(2019: 33–51)을 보라.

24 성서의 전승과 필사에 대해서는 민경식(2008)을 보라. 특히 14–43.

전을 보는 방식, 즉 문학작품으로서의 성서를 읽을 수 있기 때문이다.[25] 성서를 문학으로 읽는다는 것은, 성서에서 교리를 찾아내거나 윤리적 가르침을 발견하려는 노력과는 달리, 성서의 본문을 문학적 텍스트로 보는 것을 의미한다. 마치 〈홍길동전〉이나 셰익스피어의 작품을 읽는 방식이다. 성서의 본문에서 언어와 문체와 문장구조를 연구하고, 본문의 예술성을 발견하려는 시도이다.

성서에는 다양한 문학 장르가 들어있다. 역사적 기록도 있고, 법률도 있으며, 시가와 잠언도 있고, 편지도 있으며, 또한 '복음서'라고 하는 특정한 장르도 있다. 우리는 성서 이야기가 포함된 바흐(Johann Sebastian Bach)의 〈마태수난곡〉에서 아름다움을 발견할 수 있으며, 또한 샤갈(Marc Chagall)의 수많은 성서화(聖書畵)에서도 아름다움을 발견하고, 이성 또는 합리적 사고능력과는 구분되는 정서적 감응능력을 키울 수 있다. 그런데 성서 자체가 하나의 예술 작품이기 때문에, 문학으로서의 성서 읽기 과정에서 학습자들은 교양교육이 요구하는 '심미적 공감능력'을 함양할 수 있다.

## 5.3 새로운 해석 시도

교양교육으로서의 성서교육은 교양교육이 요구하는 비판적 시각과 창의적 사고능력을 촉진한다.[26] 성서는 지난 2,000년 동안 끊임없이 새롭게 해석되었다. 이는 앞으로도 성서의 본문을 '새롭게' 해석할 가능성이 무한하다는 사실에 대한 근거가 된다. 예수 역시 구약의 율법을 새롭게 해석하였으며, 고정관념에서 벗어나도록 청자들을 자극하였다. 그러나 때로는 박제

25 이러한 시도를 한 경우로는 게이블, 윌러, 요크, 시티노(2011)와 카일 키퍼(2018) 등이 있다.

26 예를 들어, Everhart(2012)는 비판적·창의적 사고와 상상력을 자극하는 흥미로운 방식의 수업을 제안한다. '오래된 진실에 의문을 제기하고 새로운 관점을 찾으려는' 자유학예교육의 전통에 입각하여 성서의 난해구절들을 읽고, 전복적인 해석을 시도하는 교육이다.

화된 종교적 교리에 대한 경직된 태도가 성서 독자들의 상상력을 억제하기도 한다.

교양교육으로서의 성서교육은 이러한 구속과 편견에서 벗어나서 자유롭게 성서를 읽도록 한다. 그러기 위해서는 성서 본문뿐 아니라, 기존의 해석들에 대한 비판적인 시각이 전제되어야 한다. 성서해석은 특정 계층의 전유물이 아니며, 어느 누가 독점할 수 있는 것이 아니다. 전통적으로 백인 남성의 시각에서 해석된 본문이 이제는 노예의 시각에서, 여성의 시각에서, 유색인종의 시각에서, 또 피지배 계층의 시각에서, 성소수자의 시각에서, 비종교인의 시각에서, 심지어는 타종교인의 시각에서 읽힐 수 있다.

이러한 시도는 전통적인 성서 읽기에서 탈피하도록 한다. 그래서 에서와 야곱의 이야기를 야곱이 아니라 에서의 시각에서 읽는다든지, 호세아와 고멜의 이야기를 고멜의 시각에서 읽게 된다. 또한 예수를 배신한 유다의 시각에서 예수 사건을 바라볼 수도 있다. 왜 예수는 불의한 재물로 친구를 사귀라고 하였는가?(눅 16:9) 얼마 되지도 않는 재산의 전부를 헌금한 가난한 여인의 행동은 과연 적절한가?(눅 21:1-4) 어린 아이들이 집단으로 살육당하는 그 순간을 기독교인들은 과연 기뻐할 수 있는가?(마 2:16-18) 이러한 질문들이 본문에 새로운 빛을 던지며, 기존의 관용적 해석에 도전하고, 독자로 하여금 자유롭게 상상하도록 한다. 누구나 자기 앞에 놓인 정보와 내면의 상상력을 동원하여 아무도 생각해보지 못한 대답을 내놓을 수 있다. 그러나 그것은 공상과는 다르다. 성서의 본문이 기록된 당시의 사회, 경제, 정치, 역사 등에 대한 지식이 필요하며, 이에 대한 새로운 정보가 본문을 '다르게' 읽도록 독자를 자극한다. 이에 인접학문과의 학제간 연구도 필수적인 요소이다.

## 5.4 성서 메시지의 현대적 의미 도출

인류의 고전인 성서에는 당시의 문화적 유산과 인류의 축적된 경험과 지혜가 들어있다. 그래서 성서에서 우리는 우주의 기원, 삶과 죽음, 또 고통의 의미 등에 대한 고대인들의 생각을 엿볼 수 있으며, 또 그들이 살았던 구체적인 삶의 현장에서 생존을 위한 그들의 몸부림의 흔적을 발견할 수 있다. 바로 이러한 지점에서 성서는 서구세계의 기원을 이해할 수 있는 길잡이가 된다. 따라서 여전히 고대의 전통을 유산으로 물려받은 서구의 현대사회를 이해하는 데에, 더 나아가 서구사회를 포함한 인류사회를 이해하고, 그 안에서 살아가는 '나'를 이해하는 데에 성서에 대한 이해(지식)는 필수적이다. 즉, 성서는 고대인들의 이야기이며, 동시에 오늘날 현대사회를 살아가는 우리의 이야기이기도 하다. 그래서 오늘날에도 우리는 고대의 문헌인 성서에서 인간의 존엄성과 연대에 대한 책임의식뿐 아니라, 역사(시간)와 자연세계(공간)에 대한 인간의 책임의식을 발견할 수 있다.

무엇보다도, 성서는 공동체의 이야기이다. 구약성서는 이스라엘 공동체의 이야기이며, 신약성서는 '새로운 백성'이라는 자의식을 가진 공동체의 이야기이다. 공동체가 어떻게 살아야 하는지, 외부인들과는 어떻게 관계를 맺었는지, 또 내부의 갈등을 어떻게 조정하였는지 등을 성서는 증언한다. 이러한 보도를 긍정적으로 읽는가, 부정적으로 읽는가는 문제되지 않는다. 어느 방향으로 읽어도 교양교육으로서의 성서교육은 공동체의식 함양이라는 교양교육의 목표에 응하게 된다.

공동체의 산물인 구약성서는 사회적으로 소외된 계층(과부, 고아, 나그네)에 대한 적극적인 관심을 촉구한다(창 22:22; 신 10:18; 14:29; 24:17–22; 시

68:5; 146:9; 사 1:17; 슥 7:10; 말 3:5 등).[27] 신약성서 역시 사회, 경제, 정치, 종교적 지배계급에 맞서는 예수를 보도함으로써 사회적 약자들의 해방을 응원한다(마 11:4–5; 18:5; 19:21; 막 10:13–16; 눅 4:18–19; 6:20–21 등. 또한 약 1:27 참고).[28] 물론 성서의 시대적, 지리적, 사회적, 문화적 맥락이 오늘날 우리의 것과 같지는 않지만, 성서를 비판적 시각으로 읽음으로써 그 시대의 문화와 사고를 비판할 수도, 또한 일부 수용하거나 변용할 수도 있다. 이러한 차원의 성서교육은 '공동체의식 함양' 및 '시민의식 함양'과 더불어, '인간과 세계에 대한 건전한 가치관 정립'이라는 교양교육의 목표에도 적합하다.

더 나아가 종교적 가치에 대한 탐구 자체만으로도 세계시민으로서의 자질을 갖추는 데에 일조한다. 표면적으로 한국사회는 탈종교화의 길을 가는 것 같으나, 실제로 인간이 삶의 의미와 가치에 대하여 고민하는 한, 종교로부터 인간은 자유로울 수 없다. 종교적 인간(homo religious)이 구성한 사회는 종교적일 수밖에 없으며, 종교에 대한 무지는 특정 종교에 대한 막연한 편견과 타종교에 대한 배척으로 이어지기 마련이다. 종교 간의 대화 없이는 우리 사회의 평화가 있을 수 없다. 교양교육으로서의 성서교육이 필요한 또 하나의 이유이다.

## 5.5 비교과 활동 병행

덧붙여, 교양교육으로서의 성서교육은 강의실 밖에서 이루어지는 비교과(또는 교과연계) 활동을 통해서 보강될 수 있다. 사회적 이슈를 성서 본문

27 이에 대한 개론적인 소개로는 차준희(2013: 131–136)를 보라. 또한 이사야(2009: 262–266)를 보라.

28 예수의 추종자들 역시 사회적 약자에 속하였다. 예를 들어, 김학철(2016)은 바울공동체 구성원들을 "아무것도 아닌 것들"이라고 규정하였다.

과 연결한 소그룹 토의를 통해서 자신의 주장을 논리적으로 펼치는 능력, 타인의 주장을 이해하고 비판적으로 분석하는 능력, 그리고 이견을 조율하는 합리적 소통능력을 함양할 뿐 아니라, 소수자들에 대한 사회적 책임의식도 함양할 수 있을 것으로 기대된다. 환경위기의 문제, 성소수자 혐오나 이슬람 혐오 등의 온갖 차별 문제(인종, 성, 계급), 인권 문제(난민, 장애인, 비정규직, 외국인 노동자 등), 사회경제 문제(기본소득) 등이 적절한 토의주제가 될 것이다. 더 나아가 사회적 이슈들에 관심을 갖고 정치적 목소리를 내거나 행동하는 동아리 활동에 참여하는 것도 적절한 비교과(또는 교과연계) 활동에 포함될 것이다. 또 성서학과 관련된 각종 세미나나 특강에 참석할 수도 있으며, 성서 읽기와 관련된 동아리에서 활동할 수도 있다. 또한 성서의 정신을 실천하는 교내의 자원봉사 활동에 참여할 수도 있을 것이다. 이 밖에도 문학 동아리 또는 그림 동아리 등에서 성서를 주제로 작품 활동을 함으로써 심미적 감각과 문학적 상상력을 키울 수 있을 것이다. 따라서 이러한 활동에 대한 학교 차원의 적극적 지원이 필요하다.

## 6 ——— 결론

대다수의 중등 및 고등교육기관에서는 종교교육이 이루어지지 않는 것이 우리의 현실이다. 그 결과, 종교 문해력의 상실로 타종교에 대한 막연한 편견이 쌓이고, 이러한 현상은 특정 종교와 다른 종교 사이의 갈등, 더 나아가 비종교인들과 종교인들의 갈등으로 이어지기 마련이다. 이러한 상황에서 요구되는 것이 적절한 종교교육이다. 특정 종교의 교리를 가르치는 신앙교육이나 신앙훈련 중심의 전통적 종교교육에서 탈피하여, 영성 도야에 중점을 두는 종교성교육이나 종교현상의 이해에 중점을 두는 종교학교육은 교양교육이 지향하는 목적과 목표들에 기여할 수 있을 것으로 기대된다.[29] 종교성 교육으로 학습자는 가치와 윤리를 배우며, 종교학 교육으로 세계와 역사를 이해하는 데에 도움을 받을 것이다. 특별히 교양교육으로서의 성서교육은 이러한 종교교육의 좋은 대안이 될 것이다. 인류의 위대한 고전으로서의 성서를 문학적으로 가르치려는 시도는 이미 우리 학계에서도 '성서문예학'이라는 이름으로 진전을 이루고 있다(차정식 외, 2020). 성서와 미술, 성서와 음악, 성서와 건축, 성서와 과학, 성서와 세계(인간, 사회, 자연 등)에 대한 교육은 파편화된 신학적 지식의 한계를 극복하는 데에 기여할 것으로 기대된다.

기독교라는 종교에서는 성서가 모든 가치의 기준이며, 심지어는 시사적 문제에 대한 윤리적 판단의 기준이기도 하다. 그러나 교양교육으로서의 성서교육은 이러한 속박에서 자유롭다. 문자적으로 본문을 이해하려는 폭력적 성서 해석에서 벗어나 자유로운 탐구를 가능하게 하는 비판적, 창조적 성서 읽기는 교양교육으로서 매우 적합하고 필요한 교과목이다.

29 종교교육은 세 가지 범주로 구분할 수 있다. 첫째로는 선교적 관점에서 이루어지는 전통적인 종교교육이 있으며, 둘째로는 영성 도야에 중점을 두는 종교성 교육, 셋째로는 종교현상을 이해하는 데에 중점을 두는 종교학 교육이다. 물론 이러한 범주는 매우 자의적일 수 있으며, 여러 가지 기준에 따라 다양한 제안이 시도될 수 있다. 가령, 존 실리(1992)는 종교교육을 네 가지 차원으로 구분한다. (1) 고백적 종교교육, (2) 신(新)고백적 종교교육, (3) 숨겨진 고백적 종교교육, (4) 암시적 종교교육. 한편, 게르트 타이쎈(2010)은 성서가 어떤 책인가를 질문하며, 세 가지 가능성을 제시하는데, 첫째는 "고백의 책", 둘째는 "명상의 책", 셋째는 "교육의 책"이라고 한다(21–22). 이 세 가지 가능성은 각각 (전통적) 신앙교육, 종교성교육, 종교학교육과 맥락을 같이 한다.

# 4차 산업혁명시대의 도래와 종교윤리의 과제 -기독교를 중심으로

이병성 | 연세대학교

## 1 —— 들어가는 글

20세기 중반 이후 디지털 기술은 우리 사회와 경제에 전례 없는 새로운 변화를 가져왔다. 에릭 브린욜프슨(Erik Brynjolfsson)과 앤드류 맥아피(Andrew McAfee)는 디지털 기술이 사회경제의 변화를 이끌어 가는 시대를 가리켜 "제2의 기계 시대"(the second machine age) 라고 부른다(브린욜프슨, 2014). 세계경제포럼(World Economic Forum)의 창립자이자 회장인 클라우스 슈밥(Klaus Schwab)은 이 디지털 혁명을 토대로 하여 물리학 기술, 디지털 기술, 그리고 생물학 기술 사이에 놓인 경계가 허물어지는 기술적 융합이 이루어지고 있다고 진단하면서 이 변화를 '4차 산업혁명'이라고 부른다.[1] 그는 4차 산업혁명의 물리학 기술에는 무인운송수단, 3D 프린팅, 첨단 로봇공학, 신소재 등이 포함되고, 디지털 기술에는 사물인터넷, 블럭체인 , 페이스북 같은 디지털 플랫폼 등이 포함되며, 생물학 기술에는 인간게놈프로젝트 같은 유전학, 합성 생물학, 유전자 가위 기술, 바이오프린팅(생체조직 프린팅) 기술 등이 포함된다고 설명하고 있다(슈밥, 2016a: 36-50). 슈밥은 4차 산업혁명의 기술융합으로 인해 우리 사회는 모든 것이 연결되는 '초연결사회'(hyper-connected society)로 진입하고 있다고 분석하면서, 인공지능, 나노기술, 생명공학 등 첨단 과학과 신기술은 수십 년 안에 우리가 사는 세상을 극적으로 바꿀 것이라고 예상한다(슈밥, 2016a: 51). 4차 산업혁명의 변화는 피할 수 없는 흐름이지만 미래를 정확히 예측하는 것은 불가능하다. 유발 하라리가 지적한 것처럼, "우리가 유일하게 아는 것은 지금 상태에 머무르는 게 더 이상 불가능하다는 사실뿐"이다(마루야마, 2019: 34).

4차 산업혁명이 가져오는 전 지구적 변화는 과학기술 발전과 자본의 이익에 의해 추동 되는 변화이다. 정부나 기업은 이러한 변화에 대하여 어떻게 생존하고 우위를 점할 것인가라는 경쟁력이라는 관점에서 접근한다. 하지만 이러한 경제적 구조의 변화는 실업을 양산하고 부의 양극화의 문제를 심화시킬 것이라는 불길한 예상과 전망을 많은 논자들이 주장하고 있다. 예를 들어 인공지능 로봇이 인간의 노동력을 대체하여 수많은 실업자가 양산될 것이라는 예측, 디지털 격차가 한 국가내의 양극화 문제와 세계적 차원의 양극화 문제를 심화시킬 것이라는 분석, 빅데이터 오용에 의한 프라

1 슈밥은 1-4차 산업혁명을 다음과 같이 설명한다. 1차 산업혁명은 1760-1840년경에 이루어진 사회경제적 변화로 이 변화는 철도 건설과 증기기관의 발명을 토대로 하였다. 2차 산업혁명은 19세기말부터 20세기 초에 이루어진 변화로 그 변화의 핵심은 전기와 생산 조립 라인의 출현으로 대량 생산이 가능해 졌다. 3차 산업혁명은 1960년대에 시작된 산업혁명으로 반도체, 컴퓨터, 인터넷의 발달이 그 변화를 주도 했다(슈밥, 2016a: 18).

이버시 침해의 문제, 생명공학이 신의 영역에 도전할 것이라는 우려, 인간 참여가 배제된 치명적인 완전 자율형 로봇의 문제 등이 있다(슈밥 외, 2016b; 캐머런, 2018).

슈밥은 4차 산업혁명에 대하여 "실용적 낙관론"을 견지하고 있다. 그는 4차 산업혁명은 경제적 측면에서 성장 가능성이 무궁무진한 시장을 창출할 것이고, 4차 산업혁명의 기술융합은 "자원의 활용과 효율을 크게 높일 수 있는 다양한 기회를 제공"할 것이라고 본다. 그렇지만 그도 4차 산업혁명이 가져올 부정적 영향에 대하여도 지적한다. 그 부정적 요소에는 불평등, 실업문제, 노동시장에 관련된 문제들이 있다(슈밥, 2016a: 63; 64; 109). 그러나 슈밥은 이러한 문제들에 대하여 대처만 제대로 한다면 부정적인 면을 극복하고 4차 산업혁명이 가져다 줄 혜택과 유익을 극대화 할 수 있다고 주장한다. 그러므로 그는 다음과 같이 주장한다: "[내가] 지속적으로 말해온 것처럼, 선택은 우리의 몫이다. 모든 것은 우리의 정책과 제도적 결정에 달려 있다. 하지만 규제에 대한 반발은 항상 존재할 수 있기 때문에 정책을 결정하는 과정 속에서 정책입안자들에게는 힘을 실어주고, 구성원 모두 복잡한 시스템에 대한적응력을 높일 수 있도록 힘써야 한다"(슈밥, 2016a: 84 ). 슈밥은 이 4차 산업혁명에서 성공하기 위하여 기업이나 국가가 어떤 변화가 필요한지 제시한다.

우리는 4차 산업혁명을 맞이하면서 이것을 순기능/역기능, 혜택/위험이라는 관점에서 벗어나서 조금 더 근본적인 가치의 변화, 규범의 변화라는 관점에서 바라보아야 한다. 4차 산업혁명은 산업 분야의 변화이고 경제적 패러다임의 변화를 촉발하는데 이것은 또한 윤리적 담론의 변화를 필연적으로 수반한다.

4차 산업혁명의 변화를 윤리적 담론을 중심으로 검토하는데 대하여 비판적인 입장은 분명하다. 이러한 관점은 생산성, 효율성, 유용성이라는 가치를 강조하는 혁신 성장주의자들에게서 두드러진다. 이들은 4차 산업혁명 기술로 인한 사회경제적 위험이 명백하게 드러나 있지도 않고, 더 나아가 기술 발전의 방향성도 명확하게 정해지지 않은 상황에서 윤리적 규범만을 앞세울 경우 오히려 기술 발전만 저해하게 되고 이로 인해 기업이나 국가의 경쟁력 확보, 세계경제 주도권을 확보하는데 걸림돌이 될 것이라고 우려하고 있다(박종보, 2017: 57).

한국 정부도 4차 산업혁명을 국가적 경쟁력의 관점에서 접근한다. 예를 들어 한국 정부가 인공지능에 대한 국가 대책을 발표할 때 이러한 경향이 잘 나타났다. 정부가 2019년 12월에 발표한 〈인공지능 국가전략〉은 인공지능 문제를 "국가전략"이란 관점에서 접근하고 있음을 잘 보여 준다(관계부처합동, 2019). "국가전략"의 핵심적 내용에는 AI 반도체 1위를 달성하고, 국민에게 AI교육을 실시하여 "AI인재"를 양성하고, 정부를 "차세대 지능형 정부"로 대전환하여 "국민 체감도"를 향상시키고, "AI윤리 정립"으로 "사람 중심의 AI실현" 하는 것 등이 포함된다(과학기술정보통신, 2019). 이 국가전략적 관점도 인공지능 윤리에 대한 논의가 필요함을 언급하고 있다. 그러나 이 보고서의 전체적인 방점은 "종합적인 규제 혁신" 과 "AI 시대를 뒷받침하는 미래지향적 법제도를 조속히 정립"하는 것에 맞추어져 있다(관계부처합동, 2019: 19, 44).

'대통령직속 4차 산업혁명위원회'가 의뢰하고 정보통신정책연구원에서 수행한 인공지능 윤리에 대한 연구도 정부의 정책적 관점에서 윤리문제가 논의되고 있음을 잘 보여준다. 이 보고서는 인공지능 시대에 윤리 규범의 확립이 필요하다고 하지만 그 필요성은 항상 혁신 성장이라는 목표를 침해해서는 안 된다고 보고 있다.

인공지능 윤리 이슈에 대한 선행적 · 사전적 논의의 필요성에도 불구하고

> 윤리 논의의 과잉 자체가 심리적 규제 효과로 작용하여 인공지능 개발 및 산업 분야의 이해당사자들이 인공지능 윤리 문제에 자발적, 적극적인 관심과 참여를 위축시킨다는 점이다. 이 때문에 정부, 의회가 인공지능 윤리 규제 담론을 주도하는 상황을 초래하게 되고 인공지능 윤리 문제의 제기가 잠재적인 규제 갈등 이슈로 전환될 가능성도 내포한다는 것이다(정보통신정책연구원, 2018: 10).

이 보고서는 경제적 이해관계나 국가전략적 입장에서 윤리 규범을 바라보고 있다. 정부 보고서는 4차 산업혁명에 의해 촉발된 윤리적 문제에 대한 논의가 필요하다는 점을 인정한다. 그러나 기본적으로 이 보고서는 윤리 규범을 "심리적 규제"나 "잠재적인 규제 갈등 이슈"로 이해하고 있다. "윤리적 대응이 산업적 성장을 위축시키지 말아야"(정보통신정책연구원, 2018: 227)한다는 지적은 경제적 관점에 서 있는 주체들이 어떻게 윤리 문제를 바라보고 있는지를 압축적으로 표현해 주고 있다.

4차 산업혁명이 경제 패러다임을 중심으로 이끌어가는 위험성은 명백하다. 시장경제의 엔진은 4차 산업혁명 시대를 이익과 효율을 중심으로 이끌어가게 된다. 이러한 경제 패러다임은 여러 가지 윤리적 문제를 촉발시키지만, 많은 경우에 도덕적 판단이 유보되고, 윤리적 담론이 괄호 쳐지곤 한다. 경제 성장과 윤리적 규범이 서로 상충하는 가치로 받아들여지는 경우가 많이 있다. 그러나 윤리 규범에 대한 논의를 경제 성장이나 기술발전의 저해 요인으로만 보는 것은 바람직하지 않다. 윤리적 질문은 인간의 궁극적 질문에 뿌리를 두고 있다. 이것은 인간이란 누구인가, 우리의 사회가 좋은 사회가 되려면, 바람직한 사회가 되려면 어떻게 해야 하는가에 대한 본질적인 질문에 뿌리를 두고 있다. 또 윤리적 질문은 어떻게 행동하는 것이 바람직하고 의미 있는 삶인가에 대한 궁극적 물음과 깊게 연결 되어 있다.

삶의 목적과 사회에 주는 의미에 대한 담론이 기술적 가능성과 사회적 유용성 그리고 경제적 효율성과 함께 제기되어야 한다. 무엇을 어떻게 할 수 있는가라는 질문은 왜 그것을 해야 하는가라는 질문과 함께 제기 되어야 한다. 기독교적 가치와 세계관은 이러한 윤리적 질문의 방향을 결정한다. 세상은 창조주인 하나님에 의해 창조되었고, 인간은 하나님의 형상으로 만들어진 고귀한 존재이며, 하나님은 정의와 평화가 이루어지는 세상을 원하시며, 우리 인간이 그러한 사회를 이루기 위해 애쓰는 것은 우리들의 마땅한 도리라는 믿음은 기독교 윤리의 근간을 형성한다.

## 2 —— 인공지능의 윤리적 문제

### 2.1 인공지능과 인공적 도덕 행위자

로봇 기술은 4차 산업혁명의 핵심적 요소이다. 로봇의 응용분야는 아주 광범위하다. 로봇이 인공지능과 연결되면서 즉 인공지능 로봇의 발전은 여러 가지 윤리적 문제를 제기하였다. 아이작 아시모프(Isaac Asimov)가 1942년에 발표한 '로봇 3원칙'(Three Laws of Robotics)은 현대 로봇 윤리 형성에 큰 영향을 주었다. 이 '로봇 3원칙 '은 다음과 같다.

1) 로봇은 인간에게 해를 입혀서는 안 되며, 위험에 처한 인간이 해를 입도록 방관해서도 안 된다.
2) 첫번째 원칙에 위배가 되지 않는 한, 로봇은 인간이 내린 명령에 복종해야만 한다
3) 첫번째와 두번째 원칙에 위배가 되지 않는 한, 로봇은 자신의 존재를 보

호해야만 한다 (Asimov, 2004: 37).

이 로봇 규칙은 로봇 윤리의 시발점을 제시하였다. 인공지능과 관련된 윤리적 규범 논의 중 대표적인 것은 2017년에 발표된 '아실로마 인공지능 원칙'(Asilomar AI Principles)이다. 이 원칙은 23개의 조항으로 구성되어 있는데 그 중에는 "인류의 이익"을 위해서만 개발되어야 한다는 공동선(common good)의 원칙, "목표와 행동이 인간의 가치와 잘 어우러지도록 설계"되어야 한다는 "가치 정렬"의 원칙, "인공지능 시스템은 인간의 존엄, 권리, 자유 및 문화적 다양성의 이상에 적합하도록 설계되고 운용"되어야 한다는 "인간의 가치" 원칙 등이 포함되어 있다.[2)]

한국정보화진흥원에서 2018년 6월에 '지능정보사회 윤리헌장'을 발표하였다. 이 윤리 헌장은 여섯 가지의 결의를 다지고 있다.

1) 지능정보사회는 인간의 존엄과 안전을 지키고 인류의 보편적 가치를 실현하는 방향으로 발전해야 한다.
2) 지능정보사회에서 이루어지는 성과와 혜택은 소수에게 편중되기 보다는 모두에게 공유 되어야 한다.
3) 지능정보사회에서 기술, 제품 및 서비스를 개발·공급하는 경우, 오동작과 위험상황에 대한 제어기능을 제공해야 하고 그 사회적 책임을 다해야 한다.
4) 지능정보기술을 활용하여 이루어지는 자동화된 결정과 처리 과정은 필요시 설명 가능해야 하고, 사회적 편견과 차별 및 숨겨진 기능이 없어야 한다.
5) 지능정보사회의 가치를 논의하고 문제를 해결하기 위하여 우리는 공론의

2 "ASILOMAR AI PRINCIPLES," https://futureoflife.org/ai-principles/ (2020년 1월 10일 접속).

장에 참여하여 열린 마음으로 협의하는 문화를 조성해야 한다.

6) 지능정보사회의 지속가능한 발전을 위하여 우리는 사회변화에 따른 디지털 시민성을 갖추고 역량을 강화하도록 노력해야 한다(한국정보화진흥원, 2018: 23).

인공지능이 발전하면서 여러 윤리 헌장과 원칙이 제시되고 있다. 공통적인 특징은 인공지능이 인간의 생명을 존중하고, '인류의 이익'을 위해 봉사해야 하며, 인류의 보편적 가치를 향상하는데 공헌해야 한다는 인간중심적 윤리관을 제시하고 있다는 점이다. 그런데 여기서 중요한 문제는 인간의 가치, 존엄성, 권리, 자유, 문화적 다양성에 대한 현대인들의 이해가 아주 다양하다는 점이다. 문화마다 다르고 종교마다 다를 수 있다. 그리고 추상적으로 제시된 윤리의 원칙이 구체적으로 어떠한 모습을 가져야 하는지 다양한 논의가 진행되고 있다.

인공지능 로봇은 인간의 창조물로 인간에게 도구적 존재이지만, 그 도구적 존재가 자율성을 획득하면서 인간의 인간됨을 새롭게 규정하게 된다. 인공지능 로봇이 인간에게 온전히 통제된다면 로봇의 행동으로 인한 윤리적 책임은 온전히 인간에게 귀속된다. 그러나 그 로봇이 판단의 자율성을 갖고 있다면 이것은 전혀 다른 문제를 제기한다. 로봇이 도덕적 판단과 행동의 주체가 되는가의 문제가 발생한다. 이러한 인공지능의 윤리성에 대한 논의는 '인공적 도덕 행위자'(artificial moral agent)라는 개념을 중심으로 진행되고 있다(월러치, 2014: 129-141, 295-321; 최현철, 2016).

로봇의 자율적 측면은 로봇에게 의무와 권리의 주체로서의 법적 지위를 부여하는 것이 타당한가의 문제로 연결된다. 예를 들어 정교한 인공지능에게 '전자 인격'(electronic persons)의 지위를 부여하는 것이 타당한가의 논쟁이다. 2017년 유럽의회는 인공지능 로봇의 작위 또는 부작위의 사회적 책임을 지우기 위해 로봇에게 법적 지위를 부여하는 것이 가능한지 논의를 하였다. 이러한 논의 속에서 '전자인격'은 "로봇이 일으킨 손해나 로봇의 자동화된 의사결정 또는 제3자와 독립적으로 상호작용하는데 적용하는 것을 포함하여, 특정한 권리, 의무를 가질 수 있는 정교한 자율형 로봇의(잠재적)법적 지위로 묘사"되었다(박종보, 2017: 51–52; 이인곤, 2018:26–7).

여기서 자율이라는 개념은 인공적 도덕 행위자를 이해하는데 있어서 핵심적인 요소이다. 인공지능 로봇의 자율성을 인정하고 '전자 인격'까지 인정하게 될 때, 우리는 '인공지능 로봇은 무엇인가'라는 존재론적 물음에 직면하게 된다. 인공지능은 말 그대로 인공적인 존재이다. 인공적인 존재가 자연으로부터 태어나고 기독교적인 입장에서 신의 형상으로 태어난 존재와 윤리적으로 책임에 있어서 대등할 수는 없다. 자유의지를 가진 자율적인 존재로서의 인간에 비해 인공지능이 가진 자율성은 '준 자율성' 이거나 '유사 자율성' 일 뿐이다(변순용, 2019:38). 인공지능의 기술적 자율성이 철학적 의미, 특히 칸트적 의미의 자율성, 즉 스스로에 규범을 부여한다는 의미에서의 자율성을 가지기는 어렵다. 자율(autonomy)과 자동(automation)은 구분해야 한다. 자율은 자기 스스로에게 규범을 제시하는 것이고, 자동은 인간의 개입 없이도 기계가 알고리즘에 따라 결과를 산출하는 것을 의미한다. 칸트적 의미에서 자율은 스스로 목적을 결정할 수 있어야 하고, 그 목적에 따라 정언명령을 산출하는 것이다(칸트, 2014; 박종보, 2017: 41). 철학적 의미 뿐 아니라 신학적 의미의 자율성도 가지기 어렵다. 인공 지능은 하나님의 형상을 지닌 존재가 아니기에 자유의지를 가진 도덕적으로 책임 있는 존재로서의 지위도 지니기 어렵다.

인공 지능이 인공적 도덕 행위자는 될 수 있을지라도 인공적 도덕 주체가 될 수는 없다. 인공지능이 알고리즘과 계산적 추론을 통하여 윤리적 행위를 할 수 있지만, 자유의지를 갖고 자기 행위에 책임을 지는 그런 주체가 될 수는 없다. 인공적 도덕 행위자가 도덕 주체가 될 수 없다면 인공 지능이 선하게 작동하느냐 악하게 작동 하느냐는 결국 전적으로 인간의 책임이 된다(슈미트, 2013: 9). 인공지능에게 설계된 윤리체계는 결정적으로 그 지능을 설계한 인간의 윤리 체계에 영향을 받기 때문이다.

하나님의 형상으로 지음 받은 인간이 존엄하다는 기독교의 입장에서 인공 로봇에게 '전자 인격'을 인정할 수 있을지라도 하나님의 형상으로 지음 받은 인간 같은 신성함과 존엄함을 가질 수 있을지 의심스럽다. 더욱이 이웃을 사랑하라는 예수의 가르침을 어떻게 알고리즘으로 만들 수 있으며, 예수의 십자가의 희생, 용서의 복음, 선한 사마리아인의 윤리, 지극히 작은 자를 돌보는 윤리를 어떻게 프로그램화 할 수 있을까 하는 질문이 제기된다.

## 2.2 인공지능 로봇의 윤리적 문제

인공지능 로봇이 촉발한 윤리적 문제는 매우 많이 있다. 기독교 윤리와 관련하여 세 가지 점을 중심으로 논의하겠다.

첫째, 알고리즘의 편향성 문제이다. 알고리즘(algorithm)은 수학과 컴퓨터 과학 분야에서 주어진 문제를 해결하기 위하여 일련의 정해진 절차나 과정을 의미한다. 그러나 공식화된 이 절차나 과정이 반드시 객관적이고 공정하며 합리적으로 진행되는 것은 아니다. 여기에는 한 사회가 가지고 있는 편견과 차별 그리고 불의한 태도가 구조화되어 그 과정 속에서 알고리즘이 작동하곤 한다. 수학자인 캐시 오닐(Cathy O'Neil)은 편견과 차별에 근거한 알고리즘이 특정 집단을 낙인찍고 소외 계층을 더욱 고립 시킬 수 있다고 경고한다(오닐, 2017: 35-62). 인공지능이 갖는 알고리즘 편향성의 문제를 잘 보여주는 예 중의 하나는 사진에 태그를 자동으로 설정해 주는

'구글 포토'(Google Photos) 서비스이다. 태그를 자동으로 작성하다가 흑인들을 고릴라로 인식하는 심각한 오류를 범하였다(Barr, 2015). 또 하나의 예는 2016년 마이크로소프트사 만든 인공지능 챗봇인 '테이'(Tay)이다. 성차별적이며 인종차별적인 발언을 하면서 문제가 되었고 얼마 되지 않아 테이에 대한 서비스는 중단되었다(Dobuzinskis, 2016). 2021년 한국 스타트업 '스캐터랩'이 내놓은 인공지능 챗봇 '이루다'가 인종차별, 성차별, 성소수자 혐오의 응답을 내놓았다가 결국 서비스가 중단되었다(최민영, 2021; 이효석, 2021). 이러한 차별적 태도는 인공지능이 설계될 때 개발자나 이용자가 자신들의 차별적 가치에 근거한 정보를 주입하기 때문에 발생하는 것이다. 알고리즘이 차별적이고 편견에 근거한 정보에 기초하여 결정을 내린다면 이것은 기존의 사회적 차별, 편견, 혐오를 반영 하는 것일 뿐 아니라 그 차별과 혐오를 더욱 더 심화시키는 것이다. 인간에 대하여 차별적 알고리즘 모형은 데이터를 왜곡하는 "허위상관에 의해 작동하고, 제도적 불균형에 의해 강화되며, 확증편향에 의해 오염 된다." 이러한 문제는 인공지능의 문제이기 이전에 인간이 가지는 차별적이고 편견에 사로잡힌 태도에 대한 문제이다. 왜냐하면 이러한 불공정하고 차별적인 알고리즘은 "인간의 편견, 오해, 편향성을 코드화"하기 때문이다(오일, 2016: 16, 48).

둘째, 인공지능으로 인한 인명 살상의 문제이다. 인공지능 로봇의 역할이 사회 곳곳으로 확대되면서 여러 가지 규범적 문제가 발생하고 있다. 그 중의 하나는 로봇에 의한 인간 살해의 문제이다. 인공지능 로봇에게서 가장 큰 논란이 되는 것은 인공지능이 프로그램화 되어 '자율적'으로 작동하면서 인간에게 해를 줄 때의 문제이다. 인공지능을 기반으로 자율주행하는 자동차가 좋은 예가 된다. 2012년 자동차의 자율 시스템이 인간에게 해를 가한 사건이 독일에서 일어났다. 60세의 운전자가 운전 중 갑자기 뇌졸중이 일어나 의식을 잃게 되었다. 그는 자신도 모르게 핸들을 오른쪽으로 돌렸고, 통상적인 경우라면 자동차는 마을 입구 밖 덤불에서 멈추게 되었을 것이다. 그러나 차선유지 장치라는 자율 시스템은 자동차를 다시 도로로 운행하게 하였고, 자동차는 고속으로 달려 한 마을에 진입하여 한 가족 세 사람을 치었다. 이로 인해 엄마와 딸이 사망하고 딸의 아버지는 부상하는 사건이 발생하였다. 자율시스템은 인간에게 편리함을 주기 위해 만들어진 기능이지만 이러한 경우에는 상황에 맞는 적절한 행동을 하지 못하면서 인명을 해치는 비극적 결과를 가져오고 말았다. 이 사건에서 책임이 누구에게 있는가 하는 것이 논쟁 거리가 되었다. 운전자는 가해자라기보다는 피해자이기 때문이다(힐겐도르프, 2019: 29-30).

자율주행차와 관련된 윤리적 논란은 '트롤리 딜레마'(Trolley Dilemma)를 통하여 종종 설명된다. 전차가 운행 중인데, 철로 위에 다섯 명의 노동자가 철로 보수 작업을 하고 있다고 하자. 기관사가 전차를 멈추려 하지만 갑자기 브레이크가 작동하지 않는다. 이 속도로 계속 달리면 다섯 명의 작업자 모두가 죽을 수밖에 없다. 그런데 오른쪽으로 갈라진 측선 철로에 작업자 한명이 작업을 하고 있다. 이런 경우 어떤 선택을 해야 하는가의 문제이다. 대부분의 경우는 다섯 명을 살리기 위해 한사람이 희생되어야 한다는 입장이다(샌델, 2014: 43-47).[3]

트롤리 딜레마는 특정한 윤리론을 전제하고 있다. 트롤리 딜레마 상황에서 대부분은 다섯 명을 구하는 것이 한 명을 구하는 것보다 바람직하다고 주장한다. 이러한 입장에서 판단을 내리는 대표적인 윤리론은 공리주의이다. 공리주의는 최대 다수의 최대 행복이라는 원칙을 최고의 도덕원리로

3 현실의 문제에서는 자율주행자동차가 선택 할 수 있는 선택지가 이외에도 무수히 많다. 예를 들어 다수의 보행자와 소수의 탑승자 사이에서 생명을 살려야 할 선택의 문제가 발생한다고 보자. 긴급한 상황이 발생하였을 때 다수의 보행자를 위해 소수의 탑승자를 희생하는 알고리즘에 많은 사람들이 찬성하지만, 탑승자가 될 응답자들은 그러한 자동차는 구매하지 않을 것이라는 반응을 보였다 (김진영, 2018: 139; 정진규, 2020:150).

받아들이고 있는데(밀, 2020), 도덕 판단으로서 공리주의가 지닌 문제는 많다. 가장 큰 공리주의적 문제는 인간 생명의 수량화이다. 존귀한 인간의 생명을 수량화해서 판단하는 것이 옳은 가의 문제이다. 또 최대 다수의 최대 행복이라는 원칙은 소수자를 억압하는데 많이 이용 되곤 한다. 다수의 이익을 위해 소수가 희생당하는 상황을 정당화 하는 윤리적 결정은 바람직하지 않다(샌델, 2014: 66-67).

셋째, 인공지능에 프로그램화 된 알고리즘과 정보는 결코 가치중립적이지 않다. 인공 지능은 가치 지향적이고 가치를 근거로 프로그램화 되어 있다. 그런데 문제는 어떠한 가치에 근거한 알고리즘이냐의 문제이다. 개인의 자율성을 중심으로 하는 가치도 있고, 공동체의 공공선을 중심으로 하는 가치도 있고, 자유 민주적 가치를 중심으로 할 수 도 있고, 사회 민주적 가치를 중심으로 할 수도 있다. 개인주의적 가치일 수도 있고 가족이나 공동체를 중요시하는 유교의 가치일 수도 있다.[4)]

웬델 월러치(Wendell Wallach)가 잘 지적한 것처럼 인공지능에 프로그램화 된 윤리는 누구의 윤리이고 어떠한 윤리인가는 중요한 문제이다. 그는 이렇게 쓰고 있다. "누구의 도덕적 기준을 구현하는가? 어떤 윤리적 서브루틴인가. 공학자는 명확히 규정된 과제에 대한 시스템 제작에는 매우 능하지만 도덕적 행동에는 명확한 과제 설정이 없다. 도덕적 기준에 관한 논의는 행위에 관한 허용된 규정을 의미할 수 있을 것인데, 사람들은 도덕적 문제에 대해서는 의견 불일치가 심하다"(월러치, 2014: 136). 이러한 불일치

4 AI 윤리를 중점적으로 다루는 연구소 중 하나인 스탠퍼드 대학교의 '인간 중심의 인공 지능'(Human Centered Artificial Intelligence) 연구소는 연구소의 이름처럼 인간 중심적 인공 지능을 개발을 위해 힘을 쏟고 있다. 대부분의 사람들은 인공지능이 인간중심적이어야 한다는 점에 동의할 것이다. 그러나 여기서 논의가 필요한 부분은 인간 중심적이라고 말 할 때 그 인간은 누구 인가의 문제이다. 칸트가 생각하는 인간인가, 공리주의가 생각하는 인간인가, 기독교적 인간인가, 세속에서 상정하는 인간 인가의 문제이다. Stanford University, "Human-Centered Artificial Intelligence," https://hai.stanford.edu/ (2021년 1월 11일 접속).

문제를 해소하는 방법 중 하나는 이미 잘 알려지고 받아들여진 윤리론으로 로봇 윤리를 설정하는 것이다. 이것을 월러치는 “하향식” 접근법이라고 부른다. 하향식 접근법은 어떤 행동이 허용 가능하고 어떤 행동이 허용되지 않는지를 결정해 주는 포괄적인 규칙이 정해진 후 이에 따라 윤리적 결정을 하는 것이다. 이러한 포괄적인 규칙의 대표적인 윤리체계는 칸트주의와 공리주의이다(월러치, 2014: 145-169). 최대 다수의 최대 행복을 윤리의 최고의 규범으로 받아들이는 공리주의와 달리 칸트주의 윤리는 정언명령을 윤리적 규범으로 제시 한다. 대표적인 정언 명령은 ‘당신의 의지의 준칙을 보편화 하라’와 ‘인간을 수단으로 대하지 말고 목적으로 대하라’이다(칸트, 2014). 이 두 현대의 윤리론은 기독교 윤리론에도 깊은 영향을 주고 있다. 공리주의적 관점은 조셉 플레처에 의해 상황윤리로 재구성 되었고, 칸트주의는 폴 램지에 의해 ‘이웃을 사랑하라’는 예수의 계명을 의무론적으로 해석하는 입장으로 받아들여졌다(메서, 2006: 125-127, 136-139).

공리주의와 칸트주의 윤리론의 특징이자 문제점 중의 하나는 이 윤리론이 서구적 개인주의에 기반하고 있다는 점이다. 이 두 현대 윤리관은 자율적 개인을 전제하고 있고, 개인의 자유와 권리를 절대화 하려는 경향이 있다. 이러한 도덕적 개인에 기초한 자아를 가리켜 마이클 샌델은 “얽매이지 않는 자아”(unencumbered self)라는 불렀다(샌델, 2012: 19, 26-28).[5] ‘얽매이지 않는 자아’는 공리주의나 칸트주의 같은 도덕적 개인주의를 정당화 한다. ‘얽매이지 않는 자아’는 칸트적으로 자신에게 규범을 부여하는 것이고, 공리주의적으로는 한 개인의 내면에 있는 쾌락과 고통이라는 두 주인의 명령에 따라 윤리적 결정을 내린다. 이러한 자아는 외부의 권위에 ‘얽매이지’

5 “얽매이지 않는 자아”는 필자의 번역이다. 한국어 번역본은 unencumbered self를 “무속박적 자아”라고 번역하였다.

않는 자아이다. 이 자아는 정치적 자유주의를 구성하는 토대를 형성한다. 이 자유주의적 자아는 공동체의 전통, 종교적 신념, 함께 공유하는 역사적 문화적 경험 등에 얽매이지 않는다. 자신이 속한 공동체에 어떤 식으로든 속박되지 않고 구속되지 않는 자유로운 존재이다. "얽매이지 않는 자아"는 공동체적 가치를 드러내기 어렵다. 그러나 한 개인은 공동체 속에서 태어나고 공동체의 가치로 훈련 받고 더불어 살아간다. 기독교는 분명 이러한 "얽매이지 않는 자아"에 동의할 수 없다. 기독교인은 우리가 사는 공동체에 대한 책임을 다하는 '책임적 자아'를 배양할 것을 요구한다. 기독교인은 공공선과 정의를 위해서 공동체에 자신을 스스로 얽매는 존재가 되기를 지향한다.

월러치는 하향식 접근법과 반대의 접근법을 "상향식" 접근법이라고 부른다. 상향식 접근법은 도덕적 행위자의 내재적인 가치를 함양하는데 초점을 둔다. 인공지능이 스스로 학습하면서 윤리적 규범을 내재화하는 것이다(월러치, 2014: 173-200). 월러치는 이 두 접근법에는 한계가 있기 때문에 '혼합형'(hybrid) 모델이 바람직하다고 조언한다. 혼합형은 상향식 접근과 하향식 접근이 상호작용하는 윤리론이다(월러치, 2014: 203-213). 혼합형의 좋은 예로 덕 윤리가 제시된다. 덕 윤리는 규칙의 결과에 초점을 맞추기 보다는 좋은 습관과 태도를 배양하는 데 주목한다(월러치, 2014: 205).

덕 윤리는 칸트주의나 공리주의와 다른 윤리 체계를 제시한다. 칸트주의 윤리나 공리주의는 규칙을 강조한다. 인간의 행동에서 동기와 결과를 각각 강조한다. 그러나 규칙만으로 윤리문제를 해결 할 수 없는 경우가 많다. 인간 행동의 동기나 결과보다 인간의 덕성이나 품성을 강조하는 윤리론이다. 좋은 행위 즉 도덕적 행위는 좋은 품성 즉 덕스러운 품성에서 비롯된다고 본다. 그러므로 덕 윤리는 덕성을 강조한다. 인공지능 윤리로 덕 윤리를 설정할 때 문제는 문화 마다 강조하는 덕에 차이가 있다는 점이다. 그리스 철학에서는 지혜, 용기, 절제, 정의를 강조하고, 유교에서는 인, 의, 예, 지, 신을 강조하고, 기독교에서는 믿음, 소망, 사랑을 강조한다.

문화적 가치는 로봇 윤리를 구성하는데 아주 중요한 요소이다. 한 조사는 이 점을 잘 보여주고 있다. 미국 매사추세츠공대(MIT) 이야드 라흐완(Iyad Rahwan) 교수 연구진이 전 세계 230여만 명을 대상으로 다양한 사고 상황에서 인공지능 자율주행차가 먼저 살려야 할 사람을 조사한 결과를 발표했다. 대부분의 사람들은 소수보다는 다수를 살려야 하고, 애완동물보다 사람을 우선시해야 한다고 보았다. 그러나 조금 더 구체적인 문제로 들어가면 문화권마다 의견이 달라진다. 서구 국가에서는 어린이를 살리기 위해 노인이 희생해야 한다는 답변이 많았지만, 유교적 영향이 강한 동아시아와 인도네시아 같은 이슬람 문화권에서는 노인이 어린이보다 우선시해야 한다는 응답이 강하게 나왔다. 이 연구가 보여주는 것은 모든 문화에 통용되는 보편적 인공 지능 윤리를 만들어 내기는 어렵다는 것이다(Awad, 2018).

4차 산업혁명의 시대에 새로운 규범과 윤리적 기준은 일국적 관점에서만 이루어져서는 안 된다. 국제적 차원의 협력이 아주 중요하다. 공동의 윤리 규범을 마련하고 국제 규범을 만드는 것은 중요하다. 그러나 이러한 국제 협력에서 문화권마다 윤리규범의 특수한 차원이 존재한다는 것을 인정하는 것도 또한 중요하다.

## 3 ——— 자율 무기 체계의 윤리적 문제

근대 산업혁명 이후로 군사 기술과 민간 기술은 밀접한 관련 속에서 발전해 왔다. 냉전기에 '민군겸용기술'을 둘러싼 군수산업 경쟁은 이러한 측면을 잘 보여주고 있다(김상배, 2020: 88). 현대사회에서 산업 기술의 발전은 방위산업이나 무기체계에 근본적인 변화를 가져다준다. 4차 산업혁명 기술은 작전 수행 패러다임이나 무기체계 플랫폼에 근본적인 변화를 가져다주는 '게임체인저'로 받아들여진다(김상배, 2020: 100). 특히 인공지능을 활용한 '자율 무기 체계'(Autonomous Weapon System) 또는 '치명적 자율 무기'(Lethal Autonomous Weapon)는 전쟁 수행 방식을 근본적으로 변화시키고 있다. 치명적 자율 무기는 인간의 개입 없이 목표물을 감지하고, 스스로 판단하여, 전투 행위를 수행한다(신성호, 2019: 5; 한희원, 2018: 326). 이 자율 무기 체계에는 로봇 병사, 군용 드론, 킬러 로봇, 무인 탱크, 무인 공격기, 무인 잠수정, 드론 공격기 등이 포함된다. 이러한 무기들은 인간의 개입과 조정 없이도 목표물을 찾아 공격하는 능력을 갖게 된다. 이러한 새로운 무기체계는 작전 수행의 패러다임만 바꾸는 것이 아니라 인명 살상과 관련된 윤리문제를 촉발시킨다. 기독교윤리적 관점에서 두 가지 문제를 제기할 수 있다.

첫째, 전쟁윤리와 관련된 문제이다. 전쟁이 정의로운 전쟁이 되기 위해서는 지켜야 할 전쟁 윤리 규범이 있다. 이것을 보통 정당한 전쟁의 원칙들이라고 한다. 이 정당한 전쟁의 원칙은 기독교 전통에 깊이 뿌리를 내리고 있다. 정당한 전쟁의 전쟁 규범 중 특히 두 가지가 중요하다. 하나는 전투원과 비전투원을 구분해야 하고, 비전투원을 직접적으로 공격하지 말아야 한다는 '구별의 원칙'이고, 다른 하나는 전쟁을 수행하는 데 사용되는 수단은 목표에 비례해야 한다는 '비례의 원칙'이다 (메서, 2006: 101-104). 인공지능과 로봇 기술을 융합한 기술은 이러한 전쟁윤리 규범을 위반할 가능성이 아주 높다. 전투형 로봇이나 드론 공격기처럼 자율 살상 기능을 갖춘 기계가 참여하는 전쟁에서 이 구별의 원칙이나 비례의 원칙이 제대로 지켜지지 않고, 기계가 무고한 민간인을 무참하게 살상할 우려가 제기된다(Simpson, 2016).

둘째, 인간의 존엄성과 관련된 문제이다. 킬러 로봇 같은 기계가 존엄한 존재인 인간을 살상한다는 행위 자체가 타당한가라는 근본적인 문제가 제기된다. 로봇 병사나 드론 공격기 같은 '치명적 자율 무기'는 그들에게 장착된 자율 무기 시스템에 따라 인간의 통제를 받지 않고 자율적으로 목표를 색출하여 살상할 능력을 갖고 있다(신성호, 2019: 9). 자율 무기 체계의 가장 큰 문제는 킬러 로봇이나 드론 공격기를 운용하는 군인들이 전쟁을 비디오 게임처럼 대하고 있다는 점이다(싱어, 2011: 461). 일반 국민들도 전쟁을 인류의 잔인함과 비참함이 목격되는 현장이 아니라 스포츠 중계나 오락거리로 소비할 가능성도 점점 커지고 있다. 이것은 인간의 생명을 경시하는 반인륜적 행위이다.[6]

5세기에 활동한 성직자 아우구스티누스(354–430)는 정당한 전쟁에 대한 기독교 교리를 최초로 표명한 신학자 중의 한사람이다. 그에게 전쟁은 도덕적으로 예외적인 상황이며, "오직 침략자의 불의에 의해서만 정당화 된다." 그는 전쟁에 임하는 기독교인의 자세는 승리주의적인 태도가 되어서는 안 된다고 주장하면서 다음과 같이 말한다. "선한 통치자는 전쟁의 이유가 정의로운 경우에만 전쟁을 치를 것이며, 정의로운 전쟁들을 수행해야 할 필연성에 처했을 때에도 애통함으로써 시작할 것이다"(워거만, 2000: 106). 전쟁에 임하는 사람들은 그 전쟁이 피할 수 없는 상황이라는 점과 그 전쟁에서 인명을 살상 할 수밖에 없는 상황에 대하여 "애통"하는 태도가

6 이러한 자율 살상 무기의 확산이 인류에게 가져올 위험성에 대한 우려의 목소리가 높아지고 있다. 이에 대하여 '킬러 로봇 중단'이나 '완전 자율 무기' (fully automated weapons) 반대 등의 목소리가 시민사회나 국제기구를 통하여 제기 되고 있다 (김상배, 2020: 122; 정보통신정책연구원, 2018: 182–183). 한국에서도 이러한 논란이 2018년에 일어났다. 한화와 카이스트가 공동으로 추진한 인공지능을 활용한 자율살상무기 개발에 대하여 전 세계 인공지능 분야 학자 50여명이 이것은 인간의 존엄성을 훼손하는 행위라는 비판 성명을 발표하였다. 이에 대하여 카이스트는 연구 목적이 "살상용 무기나 공격용 무기 개발이 아니다"라는 내용의 해명 서한을 보냈다. 이것은 인공지능을 활용한 무기 생산에 대한 한국 사회에서 발생한 논쟁의 한 예이다. (이근영, 2018; 신성호, 2019: 22).

아주 절실하다고 그는 강조한다. 그러나 4차 산업혁명 시대의 인공지능 로봇이 행하는 전쟁은 이러한 "애통"함의 태도와는 너무나 거리가 멀다. 완전 자율 무기는 전투 현장에서 전쟁이 주는 참상을 직접 목격하게 될 기회를 배제하고, 전쟁을 추상적이고 통계적인 차원으로 인식하게 해준다(한희원, 2018: 341). 이것은 전쟁을 비인간화시키는 것이다. 애통한 전투 현장이 아니라 비디오로 목격하게 된 추상화된 전장이 되는 것이다. 인간은 비디오 게임기에서 공격당해야 할 목표물이 될 뿐이다. 로봇 군인이나 무인공격기 등을 통한 원격 전쟁이 벌어지면 아군에게는 사상자가 나오지 않아 전쟁에 '애통'한 마음을 갖지 않게 된다. 전쟁의 참상에 대한 애통함이나 죄책감 비애감 등이 사라져 버린다. 이것은 생명을 경시하는 위험하고 반인륜적인 태도이다.

## 4 —— 4차 산업혁명 경제주의의 윤리적 문제

대부분의 사람들은 유발 하라리가 "기계 학습과 로봇이 거의 모든 분야의 일을 바꿔놓을 것이라는"(하라리, 2018: 44) 전망에 동의 할 것이다. 여러 비평가들은 이러한 변화는 불평등과 대규모 실업이라는 사회경제적 문제를 일으킬 것이고, 자본의 '혁신적인' 탐욕 속에 인간은 더욱 비인간화되고, 노동은 더욱 주변화 되는 위험에 빠져들 것이라고 경고한다(캐머린, 2018). 슈밥도 이러한 가능성을 인정한다. 그러나 그는 낙관적 전망을 버리지 않는다. 그는 기술혁신이 일자리에 대하여 부정적이고 파괴적인 결과를 일시적으로 가져 올 수 있지만 "결국 생산성을 높이고 부를 창출하여 재화와 서비스의 수요를 증대시켜 이를 충족시키기 위한 새로운 일자리를 창출" 할 것이라고 주장한다(슈밥, 2016a: 67–68, 148–149). 한국의 한 논자도 비슷한 낙관론을 제기한다. “저도 낙관론입니다. 일자리가 줄어든다고 생각하는데, 저는 그렇게 생각하지 않고요. 왜냐하면, 사람들이 하는 것보다 생산성(productivity)이 너무 높기 때문에 종래에 없던 직업, 생각지도 않았던 직업들이 많이 생길 겁니다. 물론 기계화가 되면 일자리가 조금 줄어들 수는 있습니다. 하지만 실질적으로는 그에 상응되는 직업들이 많이 생겨서 사람들은 다 일하면서 살 수 있을 것으로 봅니다”(백종현, 2017: 120).

이러한 낙관적 전망을 하는 이들도 4차 산업혁명이 몰고올 위험성을 무시하지는 않는다. 예를 들어 슈밥은 4차 산업혁명이 일으킬 고용시장의 위험으로 ‘프레카리아트’(precariat)가 등장할 가능성이 높다는 점을 인정한다(슈밥, 2016a: 83). 프레카리아트는 불안정함을 뜻하는 ‘precarious’와 프로레타리아 즉 무산계급을 뜻하는 ‘proletariat’를 합성한 조어로, 불안정한 고용조건 속에 놓인 비정규직, 하청 직원, 실업자 등을 통칭하는 표현이다. 프레카리아트는 신자유주의적 자본의 질서가 등장하면서 급격하게 증가하였다. 비용의 최소화를 위해서 노동 시장의 유연성이 강조되어 노동자는 해고되기 쉬워졌다. 그런데 이러한 과정이 4차 산업혁명의 도래와 함께 더욱 강화될 양상을 보이고 있다. 기계화와 자동화, 산업 로봇의 등장, 인공지능의 확대로 인해 많은 사람의 노동이 더욱 불완전해 지고 있고, 이로 인해 프레카리아트는 더욱 확대되고 있다.

그럼에도 불구하고 슈밥 같은 4차 산업혁명 낙관론자들은 프레카리아트의 문제는 4차 산업혁명의 틀 속에서 해결 될 수 있다는 낙관적 전망을 제시한다. 4차 산업혁명 시대에 “인터넷 연결만 가능하다면 누구나 기회를 얻을 수 있고, 전문 인력의 부족 현상을 해결 할 수 있는 새롭고 유연한 직업 혁명의 시초”가 될 수 있다고 슈밥은 조언한다. 슈밥은 프레카리아트가 증가할 가능성과 “직업 혁명”이 이루어질 가능성 두가지 모두 우리 미래 앞에 놓여 있다고 전제하면서, “선택은 우리의 몫이다”라고 강조한다. 한 사회의 정책과 제도를 혁신 성장에 맞게 변화시키고, "구성원 모두가 복잡한 시스템에 대한 적응력을 높일 수 있도록 힘'" 쓴다면, 새로운 변화에 "적응"해서 성공한 일꾼, 성공한 기업, 성공한 국가가 될 수 있다고 희망적 메세지를 전달한다(슈밥, 2016a: 83-84 ). 슈밥의 이러한 관점은 4차 산업혁명이 가져올 노동시장의 구조적 문제를 보지 못하고, 개인, 기업, 국가의 "선택"에 의해 해결이 가능하다는 주장을 하고 있는 것이다.

4차 산업혁명 낙관론자들은 프레카리아트의 증대를 산업의 혁명적 변화로 인한 "부수적 피해"(collateral damage)로 보려는 경향이 강하다. 군사용어인 '부수적 피해'는 정당한 군사 목표가 아닌 무고한 민간인이나 민간 시설에 주는 피해를 의미한다. 사회학자인 지그문트 바우만은 이 개념을 사용하여 한 사회의 구조적 피해의 희생자들을 어쩔 수 없고 불가피한 피해자로 보는 관점을 비판한다.(바우만, 2013). 이러한 바우만의 비판은 4차 산업혁명으로 인한 프레카리아트 현상의 확산에도 적용된다. 부수적 피해로 보는 관점은 부수적 피해를 최소화 하기 위해서는 개인, 기업, 국가가 4차 산업혁명 기술변화에 따라 스스로 변화하고 준비해야 함을 강조한다. 그러나 그들은 그 변화가 가져올 구조적 문제를 보지 못하고 프레카리아트가 구조적 희생자들임을 보지 못한다.

4차 산업혁명 낙관론자들은 경제 혁명이 혁신 성장을 통해 더 풍요로운 사회를 만들어 줄 것이라고 주장한다. 그러나 혁신성장이라는 관점도 중요하지만 이러한 변화로 만들어 지는 사회가 정의로운 사회인지, 또 공정한 사회인지 질문해야 한다. 기독교 윤리적 관점에서 한 사회가 정의로운지 여부는 그 사회가 프레카리아트 같은 피해자, 희생자들을 어떻게 대응하느냐에 달려 있다. 프레카리아트가 변화된 경제패러다임에 살아남기 위해서 그것에 적응해야 한다는 강요된 "선택"은 정의롭지 않은 태도이다. 한 변화된 경제체제가 구조적으로 프레카리아트를 만들어 내고 있다면 그 사회

경제 구조를 문제 삼아야 한다. 혁신 성장이라는 경제 패러다임에 의해 4차 산업혁명을 바라보는 것이 아니라 정의라는 규범적 관점에서 변화를 이해하고 비평하는 것이 필요하다.

경제성장이 사회경제적 문제를 해결해 주던 시대는 종말을 고하였다. 문제는 프레카리아트 증대로 인한 사회적 불평의 문제를 어떻게 해결하느냐이다. 리처드 윌킨스와 케이드 피킷은 경제사회적 불평등이 공동체에 극히 부정적 영향을 주고 있음을 여러 가지 사례를 통하여 잘 밝혀 주고 있다. 그들은 불평등이 폭력과 살인 등의 범죄율, 사회 전체의 신뢰수준, 사회 계층의 이동성, 그리고 신체적이고 정신적인 건강 등에 광범위하게 부정적인 영향을 주고 있음을 잘 논증하고 있다(윌킨슨, 2012). 이러한 그들의 지적은 4차 산업혁명 낙관론자들에게 경종을 울려준다. 낙관론자 입장에서 4차 산업혁명은 파괴적인 혁신을 통해 생산성을 높이고 혁신성장을 견인하면서 조금 더 희망적 사회를 가져 올 것이라고 예측하고 있다. 그러나 성장과 혁신이 반드시 바람직한 사회를 가져다주는 것은 아니다. 오히려 프레카리아트의 증대로 사회적 불평등을 구조화 할 수 있다. 4차 산업혁명이 가져올 불평등의 문제를 공정과 정의라는 관점에서 보아야 한다. 4차 산업혁명을 경제주의적 관점에서 보는 이들은 4차 산업혁명의 본질을 잘 파악하여 개인, 기업, 국가가 성공한 자들이 되어야 함을 역설하고 있다. 이것은 결국 능력주의로 귀결이 된다. 그러나 마이클 샌델이 잘 지적하고 있는 것처럼 능력주의가 공정하다고 생각하는 것은 "착각"일 뿐이다(샌델, 2020). 4차 산업혁명을 공정과 정의라는 관점에서 보려고 하는 노력은 우리 사회를 공정하고 바람직한 사회를 만드는 데 있어서 필수적인 질문이다.

기독교 윤리학자인 라인홀드 니버가 말한 것처럼, 한 사회의 최고의 정치적, 도덕적 이상은 정의이다(니버, 1992:271). 성서의 하나님은 정의의 하나님이다. 그러므로 성서의 하나님을 믿는 이들은 정의라는 관점에서 사회의 변화를 보려는 관점을 견지해야 한다. 이 세상에서 정의를 이루는 것은 정치적 차원을 갖는다. 정치적 차원은 기독교 신앙에서 중요하다. 성서의 개념들은 정치적 개념으로 가득하다. 신약성서는 예수 그리스도에 의한 새 창조의 질서들을 종교적이 아닌 정치적 개념으로 묘사하고 있다. 예를 들어 '하나님의 나라'(basileia), '하늘의 도성'(polis), '천국 시민'(politeuma) 등이다(몰트만 2017: 216). 교회를 의미하는 그리스어 에클레시아(ecclesia)는 그 자체가 이미 정치적의미를 가지고 있다. 고대 그리스에서 에클레시아는 민주적 토론을 하는 모임인 민회(民會)를 의미하였다. 물론 교회 그 자체는 정치 공동체는 아니다. 교회 그 자체는 인민을 위한, 인민의, 인민에 의한 공동체가 아니다. 교회는 하나님의 뜻을 이루기 위해 존재하는 신앙인들의 공동체이고 예수 그리스도를 그 공동체의 머리로 하고 있다. 그러나 우리가 살아가는 이 땅의 현실에서 '하나님의 정의'를 이루는 것은 하나님의 뜻이다. 몰트만의 지적처럼, 우리는 "어떤 기준에서 어떤 방향에서 그리스도를 정치적으로 뒤따를 것인가"(몰트만 2017: 216) 에 대한 진지한 자세가 필요하다. 성서의 핵심적 주제인 의로운 사회를 이루어 나가도록 하는 관점이 요청된다. 이러한 관점에서 4차 산업혁명의 구조적 문제를 보는 시각이 필요하다.

## 5 —— 나가는 글

4차 산업혁명은 노동조건을 포함한 인간 삶의 조건과 인간이 서로 관계를 맺는 방식 등에 근본적인 변화를 가져온다. 이 변화는 또한 윤리적 문제를 야기하며 새로운 윤리적 관점의 구성을 요청한다. 4차 산업혁명 시대는 새로운 윤리적 공감 능력과 윤리적 판단력을 필요로 하고 있다. 4차 산업혁명이 가져올 변화에 대처하기 위하여 최신 기술을 이해하고 활용할 줄 아는 '디지털 문해력'(digital literacy) 배양이 중요함을 강조하는 이들이 많이 있다 (이용육, 2018: 118). 윤리 규범에 대한 이해는 이 디지털 문해력의 핵심적 요소가 되어야 한다. 디지털 환경을 이해하고 활용할 수 있는 능력을 이해하는 만큼이나 그 기술이 인간의 가치 규범에 어떤 의미를 가지는지 판단하는 능력이 중요하다.

4차 산업혁명을 디스토피아적 관점에서 바라보는 것은 바람직하지는 않다. 그러나 그렇다고 테크노-유토피아적 관점에서 바라보는 것은 더욱 바람직하지 않다. 4차 산업혁명 기술이 인류에게 가져다 줄 혜택이 무제한적이라는 희망은 위험하다. 이러한 기술들이 더 효과적으로 기능하도록 개발하기 전에, 이러한 기술들이 모든 것을 할 수 없음을 인정해야 한다. 특히 인간에게 중요한 가치들 즉 정의, 생명, 자유라는 가치에 어떤 영향을 주는지를 검토해야 한다. 이럼 점에서 4차 산업혁명이 가져올 여러 가지 변화에 대하여 기독교 윤리적 판단은 중요한 의의를 가진다.

# 이미지와 종교, 종교적 시각 문해력 서론
## -선사시대부터 종교개혁까지

김학철 | 연세대학교

## 1 —— 서언

계몽주의 이후 학자들은 종교의[1] 쇠락 혹은 몰락을 예언했다. 니체 이후 '신의 죽음'의 시대가 열린 듯 보였고, 이 '예언 행위'는 실제 통계와는 상관없이 계속해서 이어지다가 1960–70년대에 절정을 이루었다. 가령 하비 콕스(Harvey Cox)는 1965년 종교가 세속 도시에서 사라지리라고 전망하였다(1966). 그러나 그로부터 30년 후 그는 자신의 예견이 틀렸고, 기독교가 도리어 부흥하는 현상과 21세기 종교의 재편을 말해야 했다(1995). 이제 종교에 대한 전망은 극적으로 바뀌었다. "2050년까지도 기독교인과 이슬람교도의 비율은 3대 2 정도일 것으로 예상한다. 이때 세계 인구의 34% 정

1 특별한 언급이 없는 한 이 글에서 '종교'는 주로 서양 종교인 기독교를, '신학'은 기독교 신학으로 한정한다.

도가 기독교인일 것이고, 이 비율은 유럽이 세계를 제패하던 1900년과 대략 비슷할 것이다"(젠킨스, 2009: 26). 이에 이른바 '종교 문맹'(religious illiteracy)을 극복하는 과제가 한층 더 중요해졌다(Moore, 2007).[2)]

종교 문맹이란 세계 종교 전통에 대한 기본적인 이해가 부족하고, 사회적/역사적 맥락에서 융합하고 전개된 전통의 표현과 신앙의 다양성을 충분히 인지하지 못하며, 종교가 동시대와 역사에 걸쳐 인간 사회, 문화, 정치 영역에서 수행한 중요한 역할을 파악하지 못하는 것을 뜻한다. 여러 이유에서 확대되는 종교 문맹은 다원주의, 평화로운 공존과 지역, 국가, 세계 여러 영역에서 협력을 방해하는 편견과 갈등을 극심하게 조장한다.[3)] 따라서 중등 및 고등 교육에서 종교 문해력(religious literacy)을 기르는 일이 시급하고 중요하다는 주장이 힘을 얻는다. 나아가 종교 문해력은 인간 이해라는 여러 학문의 궁극적 목표에 도달하기 위해 필수적으로 갖추어야 할 능력이라고 할 수 있다. 호모 사피엔스(Homo Sapiens)는 호모 렐리기오수스(Homo Religiosus)와 다르지 않기 때문이다.

'종교적 시각 문해력'은 시각적 문해력(visual literacy)을[4)] 종교[5)]적 혹은 영적 전망에서 이해하려는 시도다. 간략히 정의하면 시각적 문해력은 이미

2 이에 대한 간략한 이해를 위해서는 "Overcoming Religious Illiteracy: A Cultural Studies Approach," http://worldhistoryconnected.press.uillinois.edu/4.1/moore.html.

3 Moore, "Overcoming Religious Illiteracy,"를 보라.

4 국제 시각적 문해력 협회(International Visual Literacy Association)가 소개하는 존 뎁스(John Debes)의 시각적 문해력 정의를 보라. http://ivla.org/new/what-is-visual-literacy-2/ 나는 뎁스의 정의를 비판적으로 수용하면서 종교 시각적 문해력을 정의하고자 했다.

5 이 연구는 종교를 게르트 타이센(Gerd Theissen)의 주장을 수용하여 다음과 같이 정의한다. "종교는 궁극적 실재와의 만남 혹은 연합을 통해 삶을 실현할 수 있다고 약속하는 문화적 기호 체계다. 종교는 이 체계를 수용하고 실행하고 확장하는 공동체와 그 체계를 상징적으로 수행하는 제의를 구성 요소로 한다." 한편 '영적'이라는 말은 일상 세계와는 구별되는 비일상 세계, 엘리아데(Mircea Eliade)의 구분으로는 속(俗)과 다른 성(聖)의 영역에 속한 것들을 뜻한다.

지[6]를 만들고, 이해하고, 내면화하고, 그것을 의사소통하는 능력을 뜻하는데, 종교적 시각 문해력은 시각적 문해력에 종교적 전망을 추가하는 것이다. 종교적 전망은 이미지의 창조, 이해, 수용, 소통 과정에 이바지한다. 이것은 종교 문해력의 필수적인 부분일 뿐만 아니라 인류의 역사와 문화사의 차원에서 보아도 진지하게 고려해야 할 사항이다. 그러나 이에 관한 연구가 부족했던 것은 사실이다.[7] 이 글은 종교 이미지와 종교적 시각 문해력에 관한 이해와 학문적 관심을 촉구하는 것을 목적으로 한다. 이를 위해 종교 이미지의 역사를 제시하려 한다. 종교 이미지의 시원, 종교 이미지와 관련된 논쟁, 종교개혁과 이후 전개된 시각예술이 종교적 메시지를 담아내는 방식을 살핀다. 이는 종교적 시각 문해력의 서론적 시도다.

## 2 —— 종교와 이미지의 시원 - 이미지의 존재론적 성격

1990년대 중반부터 터키 남동부에 자리한 아나톨리아(Anatolia) 지역을 연구하던 독일의 고고학자 클라우스 슈미트(Klaus Schmidt) 연구진은 인류 문명에 관한 기존 통념에 도전하는 고고학 유적지를 발굴했다. 그곳은 높

6 이 논문은 상징, 기호 등을 포함하는 이미지에 대한 넓은 정의를 받아들인다. 곧 이미지란 실재 혹은 대상을 재현하(고자 하)는 시각적 물체다. 이 물체는 인공물일 수도 있고 자연물일 수도 있다. 곧 "인간의 정신 활동과 표현 활동에 광범위하게 작용되고 적용된 재현Representation의 결과"라고 할 수 있다. 오근재, 『인문학으로 기독교 이미지 읽기』(서울: 홍성사, 2012), 323.

7 가령 1988년부터 발행된 국제 시각적 문해력 협회(International Visual Literacy Association)의 학술지 *Journal of Visual Literacy*에서 종교와 관련된 논문은 2편 정도에 불과하다. Amy L. Heebner "Aesthetic Experience and Religious Painting," *Journal of Visual Literacy* 19(1999/1), 1-20; Tomi S. Melka, "On a 20th Century Codex: The Flight into Egypt," Journal of Visual Literacy 33(2014/2), 75-96. 우리나라의 『조형교육』에서는 안혜리, "인공지능(AI) 시대에 왜 영성(spirituality) 탐구를 위한 미술교육이 필요한가?: 포스트휴먼 신학에 기초한 이론적 고찰," 『조형교육』 66(2018), 217-243가 있다.

이 15m, 지름 300m에 달하는 언덕으로 괴베클리 테페(Göbekli Tepe)8라고 불린다. 그곳은 몇 개의 고고학층으로 구성되어 있는데, 가장 오래된 층은 기원전 10,000~8,000년에 형성되었다. 그 시기는 고고학적으로 '토기 이전 신석기 A '(Pre-Pottery Neolithic A) 시대다. 말 그대로 인류가 토기를 만들어 사용하기 전 수렵채집의 시대다. 현재 그곳에는 높이 3~6m, 무게 40~60t에 달하는 200개 이상의 T자 모양의 거석들이 있는데, 대략 10개의 거석이 하나의 원을 이루는 무리 원이 20여 개가 발굴되었다. 두 번째 층인 대략 기원전 7,600~6,000년 전 '토기 없는 신석기 B'(PPNB) 시대 층에는 이전 것보다 작고 사각형 형태로 거석이 늘어져 있다. 이곳은 여전히 발굴 중이다.

클라우스 슈미트는 괴베클리 테페를 방문한 사람들이 최대 150km 밖에서 왔다고 추정한다. 연구에 따르면 이곳은 도시나 시장이 아니라 신전이었다. 슈미트는 인류의 문명사에서 "신전이 탄생하고 다음에 도시가 왔다."라고 이 유적의 역사적 중요성을 강조했다. 신전, 곧 신을 예배하기 위해 사람들이 먼 곳으로부터 찾아와서 그곳에 모여 제사를 지냈다. 그리고 모인 사람들의 편의를 위해 도시의 최초 형태가 생겨나고 이후로 정착 문명이 발생한 것이다. 이러한 고고학적 사실은 사회가 종교를 필요로 한다는 프랑스 사회학자 에밀 뒤르켐(Emile Durkheim) 주장의 정반대 증거다.

종교적 욕망, 그러니까 제의를 하고자 하는 욕망이 조형물을 만들었고, 조형물을 통해 사람들이 더욱 모였으며, 모인 사람들의 먹고 자는 것을 위해 주거 터와 주거 양식이 생겨난 것이다. 공동체와 통합 이념은, 괴베클리 테페에 모인 수렵 채집인들이 기둥을 만들고 그곳에 들어갈 이미지를 생각

8 괴베클리 테페의 공식 소개 홈페이지가 있다. http://gobeklitepe.info. 또 개략적인 정보를 얻기 위해서는 Avi Bachenheimer, *Gobekli Tepe: An Introduction to the World's Oldest Temple* (San Francisco: Blurb, Incorporated, 2018).

하며 실제로 조소하는 과정에서 축제를 벌일 때 탄생했다(Dietrich et al., 2012: 674-675). 이것은 종교가 인간 문명의 이미지 탄생에 결정적인 영향을 미쳤다는 매우 오래된 주장을 강력히 뒷받침하는 증거다(아나티, 2008). 그런데 이러한 고고학적 결론에 이르게 된 과정에서 중요한 능력은 종교적 시각 문해력이다.

그림 1 | 엔클로저 C의 기둥 27(Pillar 27 in Enclosure C).

괴베클리 테페의 여러 조형물은 해석을 요구한다. T 모양의 거석은 무엇을 뜻하는가? 그것들은 왜 원을 그리게 배치되었고, 원 가운데 두 개의 기둥은 무엇인가? 왜 특정한 이미지들은 T 모양의 거석에 새겨진 것인가?(Dietrich et al., 2012: 691)[9)]

괴베클리 테페의 이미지에 대한 이전의 주요 해석은 인간의 생존과 관련되어 경제적 혹은 진화적 시각에서 이루어졌다. 곧 이미지들은 인간과 동물 사이에 폭력 주제로 해석되었다. 실제로 고고학계의 이미지 해석에서 폭력은 주요한 해석 틀이었다.[10)] 가령 '그림 1'을 보자. 이 기둥 옆면에는

9 이러한 질문들에 대한 대답은 대체로 T 모양의 거석은 사람을 뜻하고, 원을 그리고 배치된 것은 실제로 그곳에 모인 사람들이 원을 그리며 앉도록 하기 위해서라는 것이다. 사람들은 거석에 그려진 이미지와 자신이 어울리거나 어울리고 싶은 자리에 앉을 때 앉았을 수 있다.

10 괴베클리 테페의 이미지들에 대한 기존의 남성 중심적이고 폭력적인 함의가 담긴 해석에 도전하는 좋은 본보기로는 Gesualdo Busacca, "Places of Encounter: Relational Ontologies, Animal Depiction and Ritual Performance at Gobekli Tepe," *Cambridge Archaeological Journal* 27(2017/2), 313 - 330

포식자(표범 혹은 사자)가 높게 부조되어 있고, 부조된 포식자 바로 아래 먹잇감(멧돼지)이 낮은 부조로 새겨 있다. 이것은 쉽게 포식자의 사냥 장면을 보여주고, 따라서 포식자의 위계와 힘을 상징하는 것이라고 해석되었다(Benz & Bauer, 2013: 11–24). 또 이것은 당시 인간과 인간 사이의 계급(포식자/지배자와 피포식자/피지배자)이 탄생하는 것으로 이해되기도 했다.

그러나 종교적 차원에서 설명하려는 연구자들은 그것들을 제의, 인간과 동물 사이의 (영적) 연계 개념, 애니미즘적 존재관, 샤머니즘의 차원에서 해석할 것을 제안했고, 이후 대체의 경향은 그러한 해석이 적합하다는 결론에 이르게 되었다(Busacca, 2017: 313).

나는 종교적 전망에서 '그림 1'의 부조가 힘보다는 세상에 대한 그들의 감각, 다시 말해 존재의 질서에 대한 이해를 반영한다고 생각한다. 포식자와 피포식자 부조가 새겨진 기둥은 다른 거석들과 함께 원을 이루는데, 그 원은 제의 참가자들이 살아가는 세상과 생명의 원동력을 형상화한다(이정구, 2012: 137).[11] '그림 1'의 기둥은 세상 질서의 한 부분을 은유한다. 그 기둥은 포식자와 피포식자의 먹고 먹힘이 일어나는 세상이 무엇을 의미하는지 알려

그림 2 | 이것은 신석기 시대의 다른 곳에서 나온 그릇에 새겨진 춤추는 형상이다. 양 옆에는 인간이 춤을 추고, 가운데는 거북이가 등장한다. 두 사람은 맥주를 마시고 춤을 추면서 거북이로 의식이 변환되는 경험을 하는 것으로 보인다.

이 있다.

11 "원은 생명의 원동력이며 궁극적인 완전성의 상징"으로 오랜 시간 동안 종교적 힘을 가졌다. PPNA의 '원'이 PPNB의 '사각형'으로 바뀐 것은 우연이 아니다. 원이 공간적으로 '하늘'을 상징한다면 사각형은 '땅'을 상징한다.

준다.

샤먼은 포식자를 대행하여 제물로 바쳐진 피포식자를 죽이고 해체한다. 이후 그것을 제의 참가자들과 함께 먹으면서 먹고 먹히는 세상을 포식자의 위치에서 재현한다. 이후 포식자의 대리인인 샤먼은 자신이 먹은 피포식자를 기억 혹은 기념하게 한다. 우리에게 먹힌 것은 우리의 피와 살이 되어 다름 아닌 우리가 된다. 이때 피포식자의 희생으로 그 자리에서 함께 제물을 나누어 먹은 사람들은 피포식자에 대한 고마움을 느끼고, 또 피포식자를 함께 먹으면서 일체감을 형성한다.[12] 원을 구성하는 다른 거석들에는 당시 그 지역의 생태를 구성하는 여러 동물과 기하학적 문양이 그려져 있다. 그것들 역시 기둥마다 제의 참가자들에게 세상과 그것의 질서, 또 그 안에서 인간이 마땅히 생각하고 느끼는 감정을 조형한다. 동물들이 그려진 거석의 원 안에 앉아서 사람들은 포식자로 피포식자를 먹을 뿐 아니라 다른 동물들의 현존을 경험하며 혹은 다른 동물이 된다(그림 2). '원'의 공간에서 중심과 주변과 테두리가 생기고, 그러한 '좌표'에서 제의 참가자들은 자신의 위치를 확인하고 세상에 안착한다. 나아가 제의 참가자들은 제물을 허락해 준 신적 존재에 대한 경의와 감사를 표한다.

이미지의 창조는 먹고 먹히는 힘의 관계보다 더 근원적인 존재론적 차원에서 비롯되었다. 수집 채집인들은 이미지로 세상을 재현하고, 그 이미지는 독립하여 객관화되고, 이후 제의 참가자들에게 내면화되어 참가자들은 그것으로 소통한다. 이것은 인간이 이미지를 만들려고 했던 존재론적 출발점과 그것의 심리적 기능과 사회적 수행 방식을 알려준다. 이미지의 탄생 시원에 종교가 있었다는 사실은 종교적 시각 문해력이 이미지 이해에 필수적인 능력임을 확인해 준다.

12 이 일체감은 생명을 죽인 데에 대한 죄책감에서 비롯된 것일 수 있다.

종교의 신화는 문학으로, 제의는 극(劇)으로, 제의 음악은 일반 음악으로, 제단이나 신전 건축은 일반 시각 예술과 건축으로 파생되었을 것이고, 사제 혹은 샤먼은 이야기 구술자, 가수, 행위예술가를 겸하였을 것이다(엘리아데, 1998). 괴베클리 테페의 조형물들은 이러한 주장의 근거를 보여주며, 이미지의 탄생이 종교, 공동체, 공동의 이념의 역학 관계 속에서 이루어졌다는 것의 증거라고 할 수 있다.

## 3 ——— 이미지의 실재 재현 가능성과 종교-정치학

이미지의 탄생이 종교적 근원에서 비롯되었다는 점을 생각하면, 이미지에 대한 가장 강렬한 반대가 종교 영역에서 일어났다는 사실은 역설적이다. 고고학과 역사에서 확인할 수 있는 가장 오래된 성상 파괴는 고대 이집트 역사에서 아케나텐(Akhenaten, 재위 기원전 1350~1334년)이 주도했다. 아케나텐은 태양의 신 아톤 외에 다른 신의 신상을 파괴했다. 그것은 종교적 신앙과 정치적 주도권을 둘러싼 그의 계획에서 비롯되었다. 그러나 아케나텐이 죽고 나서 상황은 역전되었다. 그의 후임 파라오들은 전통적인 이집트의 여러 신상을 다시 제작하여 숭배했고, 반대로 아케나텐의 상(像)을 훼손하고, 그를 파라오의 명단에서 삭제하기도 하였다. 후임자들이 아케나톤상의 전부가 아니라 일부를 절단한 이유가 흥미로운데, 이것은 그가 사후 부활하여 자신을 대적한 이들에게 복수하지 못하도록 하기 위해서였다(O' Rourke, 2012: 48).

아케나텐과 이미지가 얽힌 역동적인 관계는 이미 청동기 시대 이전에 이미지가 종교, 정치, 그리고 주술적 사고와 한 데 얽혀 있었다는 점을 시사한다. 이미지는 정치, 종교, 사회의 '힘' 및 '실재'와 뗄 수 없게 연결되었고,

지배자들은 이것을 다룰 줄 알아야 했다. 이미지와 관련하여 가장 격렬한 논쟁을 벌인 종교는 기독교와 이슬람이다. 가령 기독교의 경전인 성서에는 이미지에 대한 최대의 긍정과 최대의 부정이 동시에 있다.

성서의 전반부인 구약에서 이미지에 대한 최대의 긍정은 신이 인간을 자신의 형상(εἰκών, imago)과 모양(ὁμοίωσις, similitudo)으로 만들었다고 반복해서 강조하는 데에 있다(창세기 1:26–27). 인간이 신의 형상/모양으로 창조되었다는 선언은 인간이 곧 신상(神像)이라는 뜻이고, 인간이 거주하는 곳이 신전이라는 의미다. 신전에 신상을 모시던 당시 고대 근동의 주변 종교들과 비교하면 이것은 대단히 혁명적인 발상이었다. 당시 신상은 신 자체였다.[13] 하여 신전에 머무는 제사장들은 신상을 신처럼 모셨으며, 남신의 경우 여사제는 밤을 거기서 지내며 시중을 들어야 했다. 제사는 신들의 밥상 차림이었다. 그런데 기독교 경전은 인간 자체가 신상이라고 선언한다. 이 선언은 인간의 본질이나 존엄성에 관한 것으로 이해되었고, 인간이라는 신의 이미지가 긍정된 것으로 볼 수도 있다.

신약에서는 예수라는 한 인간이 신을 보여준다. "아직 아무도 신을 보지 못하였다. 아버지의 품 안에 있는 홀로 태어난 신이 그를 나타내었다."(요한복음 1:18) "주목해 보세요. 처녀가 아이를 갖고 아들을 낳을 것입니다. 사람들은 그를 임마누엘이라고 부를 것입니다. 그 뜻은 '신이 우리와 함께 한다.'입니다."(마태복음 1:23)[14] 인간이 신의 형상이라는 것은 구약에서도 이미 선언된 것이지만, 예수는 신을 온전히 보여준 참 인간으로 칭송된다. 그는 신의 참된 이미지이기에 그가 함께하면 신이 함께하는 것과 같다. 그가 그렇게 된 이유는 그가 보이지 않는 것, 곧 비물질인 로고스가 물질인

13 이것은 제임스 프레이저(James George Fraze)가 설명한 이미지와 그에 상응하는 실재에 대한 유감주술적 사고일 수 있다. 또 누군가에게는 이미지와 실재를 혼동한 결과일 수 있다.

14 인용되는 성서 본문은 모두 나의 번역이다.

육/살로 '조형'된 존재이기 때문이다(요한복음 1:14). 기독교는 이것을 '성육신' 혹은 '도성인신(道成人身)'이라고 부른다. 예수는 신의 이미지고, 이미지인 예수가 바로 신과 다르지 않다. 이는 이미지에 대한 최대의 긍정이다. 어떤 의미에서 이미지가 도달할 수 있는 최대치에 대한 표현일 수 있다. 궁극적 존재인 신이 구체적인 이미지가 된다는 것이기 때문이다.[15]

신의 이미지이자, 신–이미지인 예수는 성만찬 제의를 제정한다. 거기서 예수는 빵을 들고, 그것을 부수어 제자들에게 나누어 주면서 이렇게 말한다. "받아서 먹어요. 이것은 나의 몸입니다."(마태복음 26:26) 이후 그는 잔을 들고 역시 제자들에게 주면서 말한다. "모두 이 잔에서 마시세요. 이것은 나의 피입니다."(마태복음 26:28) 신인 로고스가 육/살로 조형되고, 그렇게 조형된 인간 예수가 빵과 포도주를 자신의 몸과 피라고 선언한다. "이것은 나의 몸/피 '입니다'." 이 때 '~이다'가 무슨 뜻인지를 두고 벌인 성만찬 제의 논쟁은 종교개혁의 핵심 쟁점이었다.

당시 로마 가톨릭의 견해에 따르면 성만찬 제의에서 몸과 피로 선언된 빵과 포도주는 실제 예수의 몸/피'이다.' 예수가 신'이듯' 그렇게 빵과 포도주가 예수의 살과 피'이다.' 이것을 흔히 성변화(聖變化, transubstantiation)라고 부른다. 다른 한 편에는 상징설이 있다. 이에 따르면 빵과 포도주는 예수의 몸과 피를 '상징한다(significat).' 이 두 사이에 루터의 공재설과 칼빈의 영적 임재설 등이 제안되었다. 이것은 모두 실재와 그것을 가리키는 상징적 이미지 사이의 관계에 관한 토론이었다. 종교개혁가들 사이에 벌어진 토론은 단지 지적인 차원이 아니라 개인의 목숨과 공동체의 운명을 결정하

15 기독교는 신이 세 위격(persona)을 가진다고 하는데, 아들 예수가 아버지 신의 물질적 형상이고, 아버지 신의 영 역시 신약 성서에서 '비둘기'(peristera,, 마 3:16) 혹은 '불같은 혀'(glw/ssai wsei. puro.j, 사도행전 2:3)와 같은 시각적 대상으로 사람들에게 나타난다. 신의 영을 가리키는 히브리어 'x;Wr'(루아흐)나 그리스어 'pneu/ma'(프뉴마)는 모두 일차적으로는 청각 및 촉각과 관련 있는 '바람'이다.

는 수준에서 벌어진 것[16]이었다. 이 회담은 마르부르크 영주가 주최자 격이었다. 이것은 종교적 문제가 정치와 분리될 수 없는 당시의 현실을 반영한다.[17] 그러나 어떤 이론이 옳든 예수가 만든 가장 중요한 제의는 이미지를 사용한 것이었다. 이로써 기독교는 신과 신의 이미지인 인간, 그중에서도 신의 참된 이미지인 예수, 그리고 그 예수의 살과 피인 빵과 포도주, 곧 비인격적 물질 사이를 단단하고 뗄 수 없게 연결한다. 성육신과 성만찬 제의 제정은 기독교가 이미지에 매우 긍정적이라고 생각하게 한다. 누가복음서의 저자로 간주되는 '누가'는 화가의 수호성인이기도 하다.

기독교가 로마 제국의 국교가 된 이후 이미지에 대한 긍정은 단지 종교적 이유에서만 비롯되지 않았다. 황제는 종교 이미지의 정치적 힘을 알고 있었다. 예를 들어 기독교 내에 이미지에 대한 부정적 견해가 뚜렷이 나타날 때 기독교를 국교로 삼은 콘스탄티누스 1세(Flavius Valerius Aurelius Constantinus, 272년 2월 27일 – 337년 5월 22일)는 모든 이교적 이미지를 제거하는 데에 동의했지만, 황제의 이미지만은 영광을 받을 수 있도록 보존했다(Besançon, 2000: 3).

12세기에 터키 하기아 소피아 벽면에 제작된 프레스코화 〈성모자상과 요하네스 2세 콤네노스 황제와 에이레네 황후〉(그림 3)는 서양 중세 시대의 이미지가 수행하던 종교-정치 기능을 압축적으로 보여준다. 이 그림에는 4명의 인물이 등장한다. 가운데 있는 여인은 신의 어머니( Θεοτόκος)인 마리아이다. 그는 거룩한 아이인 예수를 안고 있다. 예수는 어린아이지만 왼손에는 말씀을 상징하는 두루마리를 들고(요한계시록 5:1-14), 오른손으로

16 종교개혁가 사이의 논란을 정리하기 위해 열린 마르부르크 회담에 대한 간략한 정보를 보려면 https://www.britannica.com/event/Colloquy-of-Marburg.

17 종교적 교리와 정치의 불가분 관계는 로마 제국이 기독교를 국교로 받아들인 후부터 변하지 않은 역사적 사실이었다. 지극히 신학적인 문제로 보이는 예수와 신의 관계 및 예수의 본질에 관한 문제를 해결하기 위해 소집된 제1차 에큐메니칼 공의회부터(325년) 소집 주체는 다름 아닌 로마 황제였다.

는 복을 내리는 자세를 하고 있다. 이것은 전형적인 판토크라토르(Παντοκράτωρ), 곧 "모든 것을 다스리는 주님"의 자세다. 예수의 왼편에서 그와 같이 두루마리를 들고 있는 여인은 에이레네 황후다. 에이레네는 황후이면서 동시에 성인(聖人)으로 추앙받았던 인물이다. 예수의 오른손으로부터 복을 받는 사람은 요한네스 2세 콤네노스 황제다. 예수의 강복(降福) 손짓에 대응하는 것은 황제가 들고 있는 (돈 혹은 보물) 주머니다. 이 장면은 여러 해석이 가능하다. 황제와 황후가 예수로부터 복과 말씀을 받아든 장면인지 아니면, 황제는 돈을, 황후는 기독교인들의 기도나 찬양이 적힌 두루마리를 예수에게 주는 장면인지, 그것도 아니면 황제는 돈을 드리고 황후는 예수로부터 비밀스러운 말씀을 받는 것인지 혹은 그 반대인지는 확실하지 않다. 그러나 마리아와 예수, 그리고 황제와 황후 사이에 매우 긴밀한 관계가 형성되었다는 점만은 분명해 보인다. 흥미로운 것은 황제와 황후가 마리아와 거의 같은 높이로 그려졌다는 것이다. 둘은 신의 어머니보

그림 3 | 성모자상과 요한네스 2세 콤네노스 황제와 에이레네 황후(하기아 소피아(Hagia Sophia), 터키.

다 조금 낮을 뿐이다. 또 황제는 고개를 살짝 돌리고 황후도 눈을 돌려 마리아와 예수를 보지만, 성모자는 정면을 응시한다. 이것은 근본적인 권위가 성모자에게 있다는 것을 알려주지만, 예수를 품에 안고 있는 마리아와 황제 및 황후는 뗄 수 없이 가까운 관계로 재현된다. 정치권력이 곧바로 종교적 권위로부터 정당성을 확보하려는 것이다.

다른 한 편, 성서 전반에는 이미지에 대한 강력한 부정이 있다. 널리 알려진 대로 유대-기독교-이슬람 종교, 곧 아브라함 계통의 종교에는 이미지 제작을 강력히 금지하는 계명이 있다. "너는 너를 위하여 위로 하늘에 있는 것이나 아래로 땅에 있는 것이나 땅 밑 물에 있는 어떤 형상으로도 우상을 만들지 말아라"(출애굽기 20:4).[18] 이 금지 명령은 어떤 상으로도 신을 재현할 수 없다는 것이다. 유대교는 이 계명을 급진적으로 이해했다. 가령 기독교는 "우상은 배격하고 성상은 숭배하되 형상을 허용할 것이다"(줄리어스, 2003: 55). 그러나 "유대교는 우상, 성상, 형상을 특별히 구분하지 않고 싸잡아 금지한다. 다시 말해서 이는 유대교가 성상과 형상 개념을 우상 개념에 포함시키고 있음을 뜻한다"(줄리어스, 2003: 54-55). 다만, 유대교든 기독교든 이 금지 계명이 신을 이미지로 나타내는 것의 위험성과 불가능성을 의미한다는 데에는 의견을 함께한다. 이러한 생각은 주변 종교에서 유래를 찾아볼 수 없는 독특한 것이다.[19]

종교-정치가 종교-정치 이미지를 생산해 내는 와중에 이미지 금지와

18 신명기 4:15-24에서 이 계명은 설명이 부가되어 소개된다. "주께서 호렙산에서 불 가운데서 네게 말씀하실 때 너는 아무런 형상(hn"WmT., o moi,wma, similitudo)도 보지 못했다. 그러니 삼가 조심하라." (4:16) "삼가 조심하여 주인이신 너의 신이 너와 맺은 언약을 잊지 말고, 너 자신을 위한다고 주인이신 너의 신이 금지하신 바, 어떤 형상(hn"muT., o moi,wma, similitudo)으로도 우상(ls,P., glupto,j, facies)을 만들지 말아라."(4:23)

19 소크라테스 이전 철학자들, 소크라테스, 플라톤, 아리스토텔레스, 스토아 철학이 신의 재현 가능성을 두고 벌인 논의를 보려면 Besançon, *The Forbidden Image*, 11-62.

관련된 가장 뚜렷한 역사적 사건은 8-9세기를 걸쳐 일어난 이른바 성상파괴(iconoclast) 논쟁이다. 길고 첨예한 이 논쟁은 비잔틴 제국의 종교, 정치, 사회의 격변을 낳았다. 이 논쟁은 종교가 이미지를 사용하는 것은 참 신을 외면하게 하고, 거짓 신인 이미지 자체에, 곧 우상숭배에 이르게 한다고 주장하는 이들의 주장에서 비롯되었다. 이미지를 금지하는 성서 계명에 의지하여 이들은 이미지 자체에 특정한 힘이 있다고 믿고, 그것 자체를 소중히 다루는 '미신적'인 행태에 분노했다. 그들은 당시 많은 이미지는 이러한 주술적이고 우상숭배적인 환경을 조성한다고 생각했다. 이미지는 실재를 나타내는 도구일 뿐이고, 만약 그 도구에 필요 이상의 의미가 부여된다면 그것은 파괴되는 것이 적절하다는 것이다. 이런 주장은 '신의 심판'을 통해 강화되었다. 레오 3세(재위 717-741년)는 신이 성상을 그리지 않는 이슬람인들을 통해 성상숭배를 일삼는 기독교 제국을 심판하고 있다고 생각했다. 그래서 그는 성상파괴를 명령했다(로덴, 2003: 155-156). 이것이 함의하는 바는 성상제작만큼이나, 아니 그 이상으로 성상파괴 역시 종교-정치의 역학 속에서 일어났다는 것이다(Noyes, 2013).[20] 레오 3세는 이미지와 종교-정치가 분리할 수 없이 엉켜있다는 당시의 인식을 반영한다. 다만 성상옹호론자와는 달리 그것이 파괴되어야 한다는 점에서만 달랐을 뿐이다.

로마 제국이 국교가 된 이후 서양의 시각 예술은 결국 이미지에 대한 긍정적 성서 본문과 금지 계명 사이의 긴장 관계 속에서 전개되었다. 성상파괴주의의 신학과 열정을 모두 제거할 수 없었지만, 전체적으로 보면 이미지에 우호적인 세력이 우위에 있었다. 우호적인 세력의 한 편은 이미지를 교육과 목회의 목적으로 사용할 수 있다고 주장하였다. 교황 그레고리우스 1세(Gregorius Ⅰ, 590-604년 재위)가 대표적인 인물이다. 그는 이미지 사용

20 기독교와 이슬람 세계에서 성상파괴주의의 종교-정치적 정치학과 역사적 사례를 소개한다.

에 반대하고 파괴하는 마르세유의 주교 세레누스에게 이렇게 써 보냈다. "그림을 숭배하는 것과 그림의 이야기를 통해 숭배되어야 할 것을 배우는 일은 서로 다릅니다. 그림은 문맹자들에게 책을 읽을 수 있는 사람이 얻는 것을 줍니다. … 이미지와 그림은 무식한 사람들의 교화를 위해 만들어진 것입니다. 이를 통해 문맹자들도 그림을 통해 배울 수 있습니다."(600년 10월의 두 번째 편지)[21)]

이미지에 우호적인 다른 한 편은 이미지를 보다 적극적으로 옹호한다. 그들에게 이미지는 단지 교육을 위한 보조도구가 아니다. "성화는 그것이 상징하는 실재에 참여하는 상징이기 때문에, 그것은 그 자체로 경배 받을 만한 가치가 있다. 그것은 참된 현전성의 대리이다. 성화는 바라보아야 할 그림이 아니라 보이지 않는 세계가 그것을 통해 우리의 세계를 들여다보는 창이다."[22)]

서양 중세 시대는 신의 재현가능성과 이미지의 종교-정치학이 여실히 드러난 시대였고, 그것을 둘러싼 섬세하고 격렬한 논쟁이 사회적 결과로도 나타난 시대였다. 이 주제를 이해하는 것, 다시 말해 당시의 종교적 이미지를 이해하는 문해력은 이미지의 본질과 그것의 이면을 들여다보고, 이미지가 가져오는 힘의 긍정적이고 부 정적인 특징을 통찰할 수 있게 한다.

21 Celia M. Chazelle, "Pictures, Books, and the Illiterate," *Word & Image* 6(1990/2), 138-153. 139-140에서 재인용.

22 Graham Howes, "Religious Art and Religious Belief," *Arts* 5(1992/1), 11. 리차드 해리스/김혜련 옮김, 『현대인을 위한 신학적 미학』(서울: 살림, 2003), 152-153에서 재인용.

## 4 ——— 이미지의 세 갈래 길

시각예술/이미지와 관련하여 또 하나의 갈림길은 종교개혁에서 비롯되었다. 이때 다시 성상파괴주의가 등장했다. 8-9세기 비잔틴 제국에서 벌어진 이미지 논쟁 이후 가장 큰 수준이었고, 종교와 예술의 관계 변화는 역사의 흐름에 따라 비잔틴 제국 때보다 훨씬 더 심대했다. 종교개혁과 이후 일어났던 세 가지 흐름은 오늘날까지 지속한다.

**4.1** 마르틴 루터(Martin Luther)가 교황의 위협으로부터 몸을 피하고 있을 때 그의 동료인 칼슈타트(Karlstadt)는 급진적인 성상파괴운동을 이끌었다. 그는 이미지를 제작하는 것 자체가 우상숭배라고 주장하면서 도시 곳곳에 가득한 이미지를 파괴하는 사람들을 지도했다. 이것은 물론 종교적 동기에서 비롯된 것이지만, 이미지가 세워진 곳이 교회와 공공건물이라는 것을 고려하면 이 성상파괴 행동은 성난 군중들의 폭동으로 간주할 수도 있었다. 숨어 있던 루터가 다시 공개적인 활동을 재개한 것은 성상을 파괴운동이 정치적 혁명으로 이어지고, 이것이 결국 종교개혁을 방해할 것이라는 걱정에서였다. 그는 자신이 이전에 이미지를 파괴하는 데에 헌신했던 것을 언급하면서 이미지에 대해 이렇게 가르쳤다.

> "나는 신의 말씀을 통하여, 또 이미지들을 무가치하고 경멸받을 것으로 만들면서 먼저 **마음으로부터**(강조는 나의 것) 그것들을 찢어버리면서 이미지를 파괴하는 일에 착수했습니다. … 왜냐하면 그것들이 더 이상 **마음에** 없을 때라야 우리가 눈으로 볼 때도 그것들이 우리에게 해를 끼칠 수 없기 때문입니

다. 그러나 칼슈타트 박사는 **마음의 문제에**는 관심을 두지 않고, 그것들을 시야에서는 제거하면서도 마음에는 남겨두는 식으로 순서를 바꾸어 버렸습니다. … 이미지를 없애는 두 가지 형태 중 어느 것이 최선인지는 여러분 각자가 스스로 판단하기를 바랍니다."(AE 40, 85).

물질보다 마음과 정신을 강조하는 것은 성상파괴주의의 전형적인 논리였다. 루터는 이를 살짝 변형한다. 물질 이미지를 파괴하는 방식이 아니라 마음속에서 물질이 정도 이상의 힘을 발휘하지 못하게 하라는 것이다. 따라서 만약 마음에 문제가 없고, 이미지를 사용하여 복음을 참되게 전하는 데에 도움이 된다면 이미지 사용은 아무런 문제가 없을 뿐 아니라 도리어 권장할만하다는 것이다. 이러한 태도는 '말씀' 곧 성서와 그것의 메시지를 전하는 범위 내에 이미지를 놓게 하였다.

한스 홀바인(Hans Holbein the younger, 1497~1543)은 16세기 가장 유명한 초상화가였고, 프로테스탄트 이념을 표현하던 화가였다. 루터의 초상화가로도 유명한 홀바인의 '그림 4'는 말씀, 곧 '성서(진리)를 설명하기 위한 이미지'라는 루터의 이미지 이해를 받아들이고 반영한 작품이다. 중세 가톨릭 미술이 '가난한 자들의 성서'로서 문맹자들에게 성서 내용을 가르치는 기능을 담당했듯이 홀바인은 자신의 작품을 통해 종교개혁의 성서 이해를 대중들에게 알리고자 하였다. 〈구약과 신약의 법의 알레고리〉는 바로 이러한 의도를 담은 작품이다. 이 작품은 루카스 크라나흐(Lucas Cranach)를 비롯한 화가들이 종교개혁의 이념을 해설하는 그림을 제작한 것과 같은 맥락에 있다고 하겠다.

이 작품의 구도는 크게 둘로 나뉘어 있음을 쉽게 알 수 있다. 가운데 '큰 나무'는 시대를 구분한다. 그 나무 밑에는 'HOMO' 곧 인류가 앉아 있다. 그는 정확하게 나무 밑에 앉아 두 시대 혹은 두 영역 사이에서 자신의 삶이

그림 4 | 한스 홀바인(아들), 〈구약과 신약의 법의 알레고리〉, 1530대 초반, 스코틀랜드 에딘버러 내셔널 갤러리, 판넬에 유화, 50x60cm.

어디로 향해야 하는지를 결정해야 한다. 결정은 어렵지 않다. 두 명의 인물이 인류의 선택을 돕는다. 화면 왼쪽의 인물은 선지자 이사야이고, 오른쪽의 인물은 세례자 요한이다. 둘 다 화면 오른편의 세계를 손으로 가리킨다. 그 세계가 어떠하기에 두 위대한 예언자가 사람에게 그곳을 향하라고 독려하는가. 홀바인은 화면 왼쪽과 오른쪽 끝 위에 두 장면을 극적으로 대조한다. 왼쪽에는 'LEX' 곧 '율법'이 하늘로부터 내려온다. 반대편에는 한 천사가 십자가를 들고 마리아로 보이는 한 여성에게 임한다. 그리고 그곳에는 'GRATIA', 곧 은혜라고 쓰여 있다.

'율법'의 세계 밑에는 아담과 하와의 'PECCATVM'(죄)과 'MORS'(죽음)가 있고, 신약의 십자가를 예표하는 뱀이 올라간 십자가가 있다. 그곳에는 'MYSTERIVM IVSTIFICATIONIS' 칭의의 신비가 있으나 그것의 분명한 성취는 신약에 가서야 이루어질 것이다. '은혜'의 세계 밑에는 아담과 하와의 죄를 짊어지는 'AGNUS DEI' 곧 '하나님의 어린양'인 예수가 있다. 그는 십자가를 향하여 가며 의로움을 성취한다. '죽음'이 있던 자리에는 죽음을 밟고 승리하는 그리스도가 그려져 있다. 그 승리는 그리스도 혼자만의 승리가 아니라 'VICTORIA NOSTRA' 곧 '우리의 승리'이다. 이 세계는 죽음을 이기는 부활의 생명 세계이다. 그리하여 구약의 세계인 율법의 세계가 먹구름이 깔린 곳이라면, 신약의 세계인 은혜의 세계는 환한 빛이 사람들에게 생명을 준다.

이 작품은 루터파의 성서 이해뿐 아니라 루터의 이미지 이해도 반영한 작품이다. 그러나 이러한 경향의 작품이 유의미하게 계속되리라고 기대할 수는 없다. 크게 두 가지 이유에서이다. 첫째, 예술가들은 결코 자신의 작품이 '말씀'을 도와주는 역할에 머물기 원하지 않기 때문이다. 둘째, 이미지보다 '문자'가 훨씬 더 그 역할을 하는 데에 적합하기 때문이다. 종교개혁의 성공은 구텐베르크의 인쇄술 발전에 힘입은 바 크다. 대량 생산이 가능한 문자, 곧 책은 이미지보다 고정적이고 확정적으로 성서를 풀이하는 데에 유리하다고 평가받았다. 이것은 이후 종교나 철학이 더는 예술을 필요하다고 여기지 않는다는 이른바 헤겔(Georg Wilhelm Friedrich Hegel)의 '예술의 종언'으로 이어진다(Besançon, 2000: 215–221).[23] 루터 정통주의 신앙을 고백하던 헤겔은 노년에 이르러 예술·종교·철학이라는 절대 정신의 표현 양식 중에 철학적 개념과 사유가 가장 우월하다고 주장한다. 헤겔에 따르면 예술가들은 그림을 그리고, 조각할 것이다. 그러나 예술의 원초적 사명으로서 "신성한 신을 예배하는 사명"은 끝났다. 신을 예배하는 데 더 우월한 개념과 사유(문자)가 있는데, 이미지가 더는 유의미하게 공헌할 것이 없다는 의미다.

**4.2** 같은 종교개혁파였지만 칼뱅(J. Calvin)의 개혁교회(장로교회)와 쯔빙글리(Zwingli)를 필두로 한 개혁파는 이미지에 관해서 루터파와 다른 길을

23 이른바 예술의 종말에 관한 헤겔, 단토, 아도르노의 주장을 소개하고 비교하는 연구로는 Owen Hulatt, "Hegel, Danto, Adorno, and the End and after of Art," *British Journal for the History of Philosophy* 24(2016/4), 742–763이 있다.

걸었다. 이들은 기본적으로 이미지 사용에 엄격했다. 그러면서도 동시에 모든 문화가 그리스도의 통치와 은혜 아래 있다고 주장했다. 가령 칼뱅은 모든 종류의 재현이 신의 뜻에 어긋난다고 생각하지 않는다. 대신 그는 이렇게 주장한다. “내가 주장하는 것은 조각과 회화는 신이 주신 재능으로, 이 두 재능은 모두 순수하고 신의 법에 맞게 사용될 수 있다. … 우리가 보이는 신의 형상을 만드는 것은 법에 어긋나는 것이다.”(『기독교 강요』, I, xi, 12) 이것은 성상파괴주의라고 할 수는 없지만, 이전과 같은 신과 예수를 직접 그리는 예술을 제한하는 것이다. 이에 화가들은 기존과 같이 신과 예수를 직접적으로 그리는 방식을 굳이 택할 위험을 감수할 필요 없이 종교적 메시지를 전할 길을 찾을 수 있었다. 이 중 16, 17세기 칼뱅주의의 나라 네덜란드에서 정물화가 특정한 장르로 발전하게 되었다. 곧 ‘바니타스’(Vanitas) 장르화는 ‘눈으로 보이는 사물’로 보이지 않는 종교적/영적 메시지를 담아냈다. 곧 종교화를 직접 그리기보다는 특정 장르를 통해 메시지를 전한 것이다(정영한, 2013: 287–295).[24]

바니타스는 몇 가지 특정한 소재를 통해 인간과 삶의 유한성을 드러내는 장르화다. 그 특정한 소재란 해골, 모래시계, 책, 화구, 보석, 화려한 옷, 거울, 악기, 꽃병, 부패한 꽃, 벌레, 깨지거나 넘어진 술잔, 조개껍데기, 카펫, 왕관, 무기 등이다. 이것들 중 일부는 삶의 화려함 및 풍요로움을 드러내는 소재로 쓰일 수도 있지만 무상성과 유한성을 가리키는 것들과 한 화면에 등장해 현재에 세속적 쾌락과 성취에 빠져 있는 이들의 경각심을 깨운다(표 1을 참조)(정영한, 2013: 289). 오래된 석상이나 반짝이는 귀금속은 낡고 부패하는 다른 것들과 대조를 이루어 삶의 상실감을 더해준다. ‘바니

24 바니타스 정물화의 사회 경제적 배경도 있다. 종교 개혁으로 인한 전쟁과 정신적 혼란, 전염병 확산, 경제 위기 등이다. 정영한 역시 바니타스 정물화의 종교적 배경으로 칼뱅주의를 꼽는다.

타스'란 말은 잘 알려진 대로, 전도서 1장 2절의 'הֲבָל הֲבָלִים'의 라틴어 번역 'vanitas vanitatum'에서 온 것이다. 히브리어 '헤벨'은 증기가 일거나 숨 쉬는 것을 형용하는 단어다.

미술사에서 바티타스화는 이전의 '죽음의 춤'(danse macabre) 및 '메멘토 모리' 주제화의 연속선상에서 파악되기도 한다. 중세 시대의 종교적 영역에서 죽음의 두려움을 자아내던 메멘토 모리 주제화는 종교개혁 이후 죽음보다 삶의 무의미함과 그러기에 역설적으로 감각적 쾌락의 화려함에 주목하게 하였다.25 물론 감각적 쾌락은 '덧없다.' 이것은 이른바 이미지의 '존

| 구성요소 | 내용 | 알레고리 |
|---|---|---|
| 깨끗하게 썩은 해골(Skull) | 인간의 물리적 죽음 이미지 | 죽음을 기억하라 (Memento Mori) |
| 시계 또는 모래시계 (Watch or hourglass) | 시간의 한정과 소멸을 상징 | 인생무상 (Vanitas vanitatis) |
| 서책(Books), 예술가의 도구(Artist's instrument: palette, brushes, easel) | 인간의 지적 한계 및 예술적 탐닉의 덧없음 | |
| 보석, 의복, 거울(Jewelery, clothes or mirrors) | 부귀영화의 덧없음 | |
| 악기(Musical instruments) | 쾌락의 덧없음 | |
| 도자기로 된 병(Jars) | 흘러가는 인생의 덧없음 | |
| 벌레와 시든 꽃 (Insects and decaying flowers) | 영원하지 않은 삶을 비유 | 모든 것의 결론으로서의 죽음 (Mors omnia vinvit) |
| 깨지거나 넘어진 술잔(Broken or tipped over glassware) | 찰나적 인생을 상징 | |
| 조개껍데기, 오리엔탈 무늬 카펫 (Shell, Oriental carpets) | 진귀한 물건에 관한 집착 | |
| 왕관과 왕권의 상징물, 무기 (crowns, soeptres, weapons) | 부와 권력의 한계 | |

25 메멘토 모리에서 바니타스로 이어지는 미술사의 흐름에 관해서는 정헌이, "죽음의 미학,"『현대미술사연구』30(2011), 67–98를 보라.

재론적 개입'이다(Grootenboer, 2004: 5.).

에버트 콜리에(Evert Collier)의 '그림 5'는 1660년대 말에 그린 전형적인 그의 유화 바니타스 작품이다. 바니타스 정물화는 '글'을 써넣는 특징이 있는데, 이 작품도 마찬가지다. 화면 오른쪽 위 빨간 책 위에 걸친 종이에는 "pulvis et umbra sumus"(우리는 먼지와 그림자다)가, 화면 중앙 아래쪽에는 전도서 1:2인 "vanitas vanitatum et omnia vanitas"가 써 있다. 책은 인간의 지식, 서류는 인간의 성취와 그것의 기록을 가리킨다. 악기는 쾌락을, 화려한 식탁보는 사치스러운 풍요를 나타내지만 그것은 모두 해골을 중심에 두고 생각해야 할 것들이다. 그것은 화면 맨 위에 있는 향로도 마찬가지다.

그림 5 |

**4.3** 종교개혁에 대한 반동으로 일어난 가톨릭교회의 이른바 반종교개혁 운동은 여전히 중세 시대의 이미지에 대한 생각을 고수했지만, 종교개혁은 각 분야가 자신만의 독립성과 자율성을 가지고 세속화하는 길을 터주었다. 세속화란 본래 교회나 수도원 소유의 토지가 비종교적 개인이나 단체에 팔리는 것을 가리키는 말이었다. 교회 혹은 신앙의 지배 아래 있던 각 분야가 자신을 형성하는 '자신'(auto)만의 '율'(norm)을 주장했고, 그 '자율'이 '독립'을 가능하도록 했다. 정치는 정치의 율과 독립된 영역이 있다고 천명했고, 학문도 그렇게 하였다. 예술 역시 자신의 율과 독립된 공간이 따로 있다는 주장은 자연스러웠다. 예술이 하는 일은 종교적 체험이 아

니라 미적 체험이라는 것이다.

또 종교개혁은 전체와 구분된 개체, 곧 독립된 개인과 개인이 지니는 독특성으로 개성, 그 개성의 근저에 있는 정신을 강화하도록 도왔다. 요컨대, '개인'과 '정신성'이 중요한 틀이었다. 시각예술에서도 명시적으로 종교적 주제나 소재, 종교적임을 알리는 '글'도 없이 오로지 이미지만으로 관람객에게 일상을 떠난 비일상의 세계, 초월적 통찰, 존재론적 각성, 신성한 감정 등을 불러일으키는 것이 중요해졌다. 예를 들어 '바니타스'는 그것이 종교적 주제를 전하고 있다는 '글'과 장르를 통해 이 그림이 종교적임을 알린다. 그러나 그러한 글과 특정한 장르 없이 종교적 주제가 그림 속에 스며들게 되는데, 나는 이것을 '종교적 주제의 인코딩'으로 부를 수 있다고 생각한다(Howes, 2016: 117-129.[26]) 이런 흐름을 가장 잘 대변한 화가는 렘브란트다.

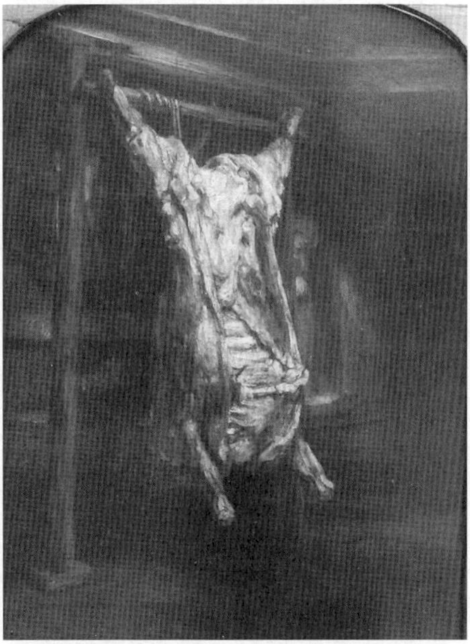

그림 7 | 렘브란트, 도살된 소, 1655, 유화, 95.5x68.8cm, 루브르 박물관.

렘브란트는 약 100여 점에 달하는 자화상으로 '개인'에 대한 관심과 탐구를 보여주었고, 미완성으로 보이는 그림도 화가의 의도(정신)가 완성되었으면 이미 완성된 것이라고 주장

26 이런 흐름이 현대 작가들이 이른바 암묵적으로 신성성 혹은 초월성을 드러내는데 더 적합할 뿐만 아니라 기독교인이나 포스트 기독교인에게 영적인 메시지를 잘 전달하게 한다고 주장한다.

했다. 개신교 국가 네덜란드에서는 그에게 종교화를 주문하는 교회도 없었는데, 1642년 파산한 이후로도 그는 주문받지 않은 채 계속해서 종교적 주제로 그림을 그렸다. 그것은 '개인'의 '정신'적인 내면의 탐구였다. 1655년 작 〈도살된 소〉(그림 6)도 종교적 주제가 인코딩된 작품으로 꼽을 수 있다.

〈도살된 소〉는 표면적으로 신앙과 전혀 관계가 없어 보인다.[27] 이것이 일정한 종교적 감상을 불러일으킨다는 것은 자명하다. 수소는 살아 있을 때 거대한 몸집과 그에 상응하는 힘으로 상대를 압도한다. 그러나 이 소가 도살된 이후에는 그저 '고깃덩어리'일 뿐이다. 도살된 소의 각 신체를 바라보는 감상자는 생명력이 거세되고 수치를 당한 인간 존재의 마지막을 떠오르게 한다. 가령 질 들뢰즈(Geilles Deleuze)는 이 정물화에서 십자가에 달린 예수를 떠올린다. 이전의 영광과 명예와 기적적 힘이 모두 어떠하든 간에 죽음은 모든 것을 앗아가고, 인간의 운명은 동물의 그것과 다를 바 없다.

이렇게 인코딩된 종교적 메시지를 디코딩하는 능력을 종교적 시각 문해력이라고 할 수 있다. 종교개혁이 만든 이 세 번째 길은 신성한 이미지와 세속 이미지의 구분을 무너뜨렸다. 현실을 그대로 그리는 것은 세속 이미지만이 아니다. 그 현실에서 무엇을 읽어낼 수 있는지가 관건이 된 셈이다. 곧 화가가 무엇을 그렸는지가 아니라 현실을 읽는 능력과 그것을 해석하는 능력이 결정적인 사항이다. 이것은 한편으로는 만물을 신의 창조물로 보고, 그것들에서 신을 감지하는 방향으로 전개되기도 했지만, 다른 한편으로는 종교(적 소재 및 주제) 없는 예술로 이끌었다.

서양의 종교개혁 이후 이미지의 권위는 진리인 성서를 해명하거나, 기독교적 정신을 강화하는 선에서 허용되었다. 그리고 예술은 세속화에 따라

27 〈도살된 소〉에 관한 논의는 김학철, 『렘브란트, 성서를 그리다. - 렘브란트의 성서화 미학』(서울: 대한기독교서회, 2010), 125-126를 참조하라.

종교와 관련 없는 독자적인 길을 갈 수 있게 되었다. 세속화가 심화하고 이성을 강조하는 계몽주의 이후 오늘날까지 예술과 종교의 관계는 분리의 성공과 실패의 역사라고 할 수 있다.[28]

## 5 결어

이미지를 종교의 차원에서 역사적으로 조망하여 종교적 시각 문해력의 주요한 능력을 밝히려 한 이 글은 이미지의 시원과 존재론적 차원, 정치·사회적 기능, 종교개혁 이후 종교와 이미지의 세 유형까지의 흐름을 간략하게 일별하였다. 종교 이미지는 세상과 그것의 질서를 설명하고 삶에 자리를 잡아주는 것으로부터 시작하여, 정치 및 사회의 권력과 뗄 수 없는 관계를 형성했다. 신/실재를 재현하는 이미지를 만들고, 수용하고, 유통하는 이들과 그에 맞서서 신/실재의 재현불가능성을 주장하는 이들의 긴장 관계가 종교, 정치, 사회, 문화의 역사 속에서 (종교) 이미지의 흥망성쇠를 좌우했다. 종교개혁 이후 종교 이미지는 직접적인 방식과 더불어 종교적 주제를 일반 이미지에 녹아들게 하는 형태로 적지 않게 전환하였다. 이러한 관찰을 통해 우리는 이미지와 종교 사이의 핵심적 고리와 주제, 기능에 관한 문해력을 얻을 수 있었다.

이른바 인공지능과 과학기술을 통한 인간 향상과 쾌락의 증대를 말하는

28 분리와는 달리 '대체'를 기획한 이들이 있었다. 종교를 예술로, 신전을 미술관으로, 종교적/초월적 경험을 미적 경험으로 대체하자는 움직임이다. 예술의 종교 대체론으로 불릴 수 있는데, 손호현은 이를 '예술 구원론'으로 명명한다. 손호현, 『인문학으로 읽는 기독교 이야기』(서울: 동연, 2015), 309-312를 보라. 이것은 특히 니체부터 제1차 세계대전까지 중요하게 부상한 생각이기도 했다. 피터 왓슨/정지인 옮김, 『무신론자의 시대』(서울: 책과 함께, 2016)의 "1부 세계대전 이전: 예술이 중요했던 시절"을 참조하라. 물론 이러한 움직임은 1차 세계대전과 함께 끝난 것이 아니다. 대체의 움직임도 중요한 운동이었지만, 전체적으로 보면 현대 이후의 경향은 분리가 더 적실한 파악이다.

오늘날, 지능 이상의 지성, 인간 향상을 넘어서는 인간 성숙, 쾌락을 조절하는 향유의 힘이 더욱 필요해졌다. 이미지와 더불어 존재를 성찰하고, 세상과의 관계를 증진하며, 초월성을 표현하고 수용하는 종교적 시각 문해력은 이미지가 우리 삶에 불러일으키는 긍정적이고 부정적인 효과를 알아볼 수 있고, 그것을 우리 삶의 통전성과 질서감, 안정감과 삶의 의미 추구를 위해 활용할 수 있게 돕는다. 또한, 이미지에 얽힌 권력 관계를 비판적으로 성찰하고, 때로는 그 관계를 해체하거나 그것에 도전하는 통찰력을 배양하는 능력도 함양하는 데에 이바지할 수 있다. 이 논문은 종교 개혁 이후, 곧 근대와 현대에 이르는 시기의 이미지와 종교의 관계가 어떻게 전개되었는지를 추후 과제로 남긴다.

제 3 장

# 기독교교양의 시대 의제

# 포스트휴먼 시대 생태학과 기독교교양교육 - 멀티버시티 구현의 토대 구성

신익상 | 성공회대학교

## 1 ——— 들어가는 말

신기후체제의 시대에 들어섰다. 법적 강제력을 갖지 않는 체제가 어떤 효력을 가질 것인지는 미지수지만, 법적 강제력을 압도하는 급박함이 이 체제를 생각보다 강고하게 할지도 모르겠다. 하지만, 일반적으로 인간의 두려움은 근시안이다. 기후 위기와 생명 대멸종에 비하면 코로나19라는 전염병 자체와 당장의 경제적 어려움이 더 시급하고 심각한 문제이자 관심사일 수밖에 없다. 이 모든 것이 사실은 긴밀하게 서로 연결된 문제들임에도 불구하고 말이다.

실제로, 2020년 여름에 시행된 한 설문조사에서 '현재 우리 사회를 위협하는 가장 큰 문제'는 무엇이라고 생각하는지를 한국 개신교인들에게 물었는데, 코로나19 바이러스와 경제 침체 문제를 가장 많이 꼽았다. 게다가 기후 위기는 가장 적게 꼽았다. (지앤컴리서치, 2020: 88–89) 더더욱 놀라운 것은, 같은 설문조사의 다른 문항들에서는 코로나19의 원인이 인간의 생태계 파괴 때문이며, 코로나19와 같은 전염병의 증가가 지구온난화의 영향을 받았다고 생각한다는 답변이 대다수였다는 사실이다. (지앤컴리서치, 2020: 58–61) 모든 것이 연결되어 있다는 사실을 알고 있어도, 눈앞에 보이는 것에 더 관심이 집중된다. 심지어, 눈앞에 보이지 않는 사실이 눈앞에 보이는 문제를 해결하기 위한 가장 발본적인 문제임에도 불구하고 말이다.

아마도 "경기 순환처럼 충격이 간격을 두고 나타나는 경우, 가용성 편향으로 인해 사람들은 가장 최근의 사건에 집중하는 반면 장기적 추세는 놓치게 된다"(조지 마셜, 2018: 93)는 심리학적 이유 때문일지도 모르겠다. 이런 이유로, 장기적 추세와 최근의 사건 사이의 명백한 연관성을 놓치지 않고, 이에 따라 대책을 마련하거나 현재의 삶과 사회를 당장 변혁하도록 하기 위해서는, 반복해서 사실 사이의 연관성을 이야기하는 수밖에 없다.

여기에 교육의 새로운 책무가 생긴다. 대학 교육에 있어서 교양교육은 어떤 전공에 관심을 두고 있는 학생이든 기후 위기와 생명 대멸종 위기를 접할 수 있는 좋은 학문의 공간을 만들기 용이하다. 게다가, 교양교육 공간은 다양한 학문 영역의 융복합 속에서 이러한 일을 도모할 수 있다. 신기후체제의 시대에 기후 위기와 생명 대멸종이라는 주제는 대학 교양교육 공간에서 융복합 학문으로 다루어질 필요가 있다.

그런데, 여기에는 포스트휴먼 상황이라는 또 하나의 시대 인식이 덧붙여져야 한다.

> 계산 체제를 받아들이는 '새로운 종류의 과학'이 세계와 동떨어져 있기보다는 세계 안에 있다는 것, 지배자이기보다는 공동 창조자가 된다는 것, '우

리가 만드는 것'과 '(우리가 생각하기에) 우리가 무엇인지'를 연결하는 복잡한 역학 관계의 참여자가 된다는 것이 가지는 의미 (N. 캐서린 헤일즈, 2016: 364)

를 깊게 이해해야 하는 시대를 우리는 살고 있다. 인간이 창조한 기계 문명과 밀접한 관련이 있는 포스트휴먼 상황은 인간 개념을 더욱 낙관적인 확실함으로 인도하기보다는, 오히려 비판적으로 성찰할 수 있는 계기를 제공한다. 이는 물론 오늘날 인류가 지구 행성의 모든 다른 비인간 거주민과 함께 겪는, 그러나 대부분 인류 자신이 초래한 지구적 위기들과 맞물리면서 점점 부각한다. 포스트휴먼 상황은 기후 위기와 생명 대멸종 위기를 별도로 놓고 생각할 수 없는 그런 상황이라 하겠다.

포스트휴먼 상황과 생태적 위기 상황의 맞물림은 대학 교양교육의 생태적 주제가 포스트휴먼 시대를 전제로 해서 구성되어야 한다는 사실을 상기시킨다. 나는 포스트휴먼 시대와 생태적 대학 교양교육을 연결하는 이론적 매개를 기독교 탄생의 정신에서 찾을 수 있다고 생각한다. 이 글은 이러한 나의 생각을 논하는 장으로 전개될 것이다.

이어지는 다음 장에서는 신기후체제 시대에 생태적 사유의 핵심을 기독교 탄생의 정신 속에서 찾는다. 그 핵심을 여기서는 "새로운 생태신학의 초점"이라고 부르겠다. 그다음 장에서는 생태신학의 초점이 포스트휴먼 시대에 어떻게 대학 교양교육으로 자리매김할 수 있겠는가를 이론적으로 구성하고자 시도한다. 이를 통해 유니버시티로서의 고등교육에서 포스트휴먼 지구행성적 책임과 밀접하게 연관된 멀티버시티로서의 고등교육으로 전환을 모색하고자 한다. 요컨대, 생태적 기독교교양교육을 통해 멀티버시티의 도래를 부분적으로 긍정할 한 귀퉁이를 마련하려는 것이다.

# 2 ——— 신기후체제 시대, 새로운 생태신학의 초점[1)]

## 2.1 늦어진 약속, 신기후체제

미국의 대선 다음 날인 2020년 11월 4일은 미국의 파리기후변화협약 탈퇴가 공식적으로 효력을 발생하기 시작한 날이다. 하지만 바로 그날, 바이든은 자신의 트위터에 "정확히 77일 안에 바이든 행정부는 파리기후협약에 다시 가입하겠다"라는 공약을 올렸다. 77일 이후면 미국의 대통령 취임식이 예정된 2021년 1월 20일로, 자신이 대통령이 되어 가장 먼저 착수하려는 일이 바로 파리기후협약에 재가입하는 것이라고 선언한 셈이다. 정말로 바이든은 이날 파리기후협약 재가입에 서명했다. 이는 파리기후협약을 근거로 2021년에 공식 발효되는 신기후체제의 성공적 순항에 있어서 희소식이 아닐 수 없다.

하지만, 이 희소식은 기후위기 문제를 풀어가기 위한 노력의 아주 작은 진전에 불과하다. 아니, 어쩌면 1992년 이후 지금까지 열려온 숱한 기후회의와 그 결과물들에도 불구하고, 기후위기를 해결하기 위한 지구 단위 인류의 진정성 있는 실천은 아직 구경도 해보지 못한 것일지도 모른다. 기후협약의 역사와 자유무역협상(FTA)의 역사가 각국의 정부 대표라는, 같지 않은 듯 같은 주체에 의해 쓰여왔기 때문이다.

기후협약의 역사 스스로가 이 사실을 간접적으로 예증한다. 1979년 제1차 기후회의가 열린 후 13년이 지난 1992년, 국제연합 환경개발회의

1 이 장은 졸고(2021), "신기후체제와 새로운 생태 영성의 초점," 코로나 팬데믹과 기후위기시대, 생물다양성에 주목하다: 기후위기와 생물다양성 상실에 직면한 신학의 논의, 오충현 외, 논산: 대장간, 39-47.의 원문을 발췌, 수정, 보완한 글이다.

(UNCED)가 개최되면서 처음으로 기후변화협약(UNFCCC)과 생물다양성협약이 국제사회에서 채택된 이래 기후협약의 역사를 잠시 되돌아보자.

1992년 채택된 기후변화협약을 구체적으로 이행하기 위해 만들어진 국가 간 이행 협약이 1997년 일본 교토에서 열린 유엔기후변화협약 제3차 당사국 총회에서 채택됐는데, 그것이 바로 교토 의정서(Kyoto Protocol)다. 하지만 이 협약이 공식적으로 발효된 것은 이 의정서가 채택된 지 8년이 지난 2005년 2월의 일이었으며, 그나마 미국과 호주는 비준을 거부했다. 강제력 없는 이 협약은 본격적 출발부터 반쪽짜리 약속이었다. 이 이행 협약에는 이행의 구체적 시기와 단계도 명시되어 있었는데, 1단계는 공식발효 시점에서 3년 후인 2008년, 2단계 확대 이행은 1단계 시행 5년 후인 2013년이었다. 물론, 이 로드맵은 계획대로 진행되지 않았다. 실제로 2단계는 이제야 겨우 시작되었는데, 그것이 바로 2015년 파리기후변화협약의 결과물, 미국도 극적으로 참여하게 된 2021년 신기후체제다. 다행인 일이라면, 어쨌든 국제사회가 기후위기에 대응하려는 책임 있는 실천을 모색하고 있다는 사실이다. 불행스러운 일이라면, 이 모색은 언제나 다른 국제적 모색보다 느리게 진행되고 있고, 보통은 우선순위에서 밀려나기 일쑤였다는 사실이다. 적어도 지금까지는 그렇다.

단적인 예로, 1992년의 기후변화협약과 그 이행을 위한 실무 협약인 1997년 교토 의정서에는 문구는 좀 달라도 같은 의미의 조항이 명시되어 있다. "기후변화를 저지하는 방안으로 채택된 모든 수단은 국제 무역에 대한 제약 조건이 되어서는 안 된다."라는 조항이다. 기후변화의 원인은 인간의 과도한 개발이 조장하는 과소비와 이러한 과소비를 지탱하고 있는 거대한 에너지-생산 구조, 간단히 말해서 현재의 인류문명이다. 신자유주의적 자본주의 체제는 여기에 자유무역협정을 근간으로 하는 지구적 연결망을 덧붙였고, 이 연결망을 바탕으로 과도한 개발과 과소비를 연결하고 촉진한다. 따라서, 기후변화의 핵심적인 요인 중 하나는 신자유주의 체제하에서의 국제 무역이다. 그러니, 국제 무역에는 손대지 말고 기후위기를 막자는 얘기는 사실 막지 말자는 얘기나 마찬가지다. 도대체 왜 이런 문구가 기후위기 대응을 위한 논의 한복판에 버젓이 들어가게 된 것일까?

기후변화협약이 채택되던 1992년으로 다시 돌아가 보자. 그때 무슨 일이 있었는가? 북미자유무역협정이 체결되었다. 1995년에는 세계무역기구(WTO)가 탄생했고, 그 2년 후인 1997년에 교토 의정서가 채택되었다. 그 4년 후인 2001년에는 중국이 세계무역기구 정회원에 가입한다. 기후변화 1단계 논의가 힘겹게 진행되는 동안, 무역장벽 철폐를 근간으로 하는 신자유주의적 경제체제는 착실하게 인류문명 곳곳으로 스며들고 있었다. 문제는 기후변화협약의 주체와 자유무역협정의 주체가 같은 국가를 대표해서 서로 모순된 협약과 협정 테이블에 앉는다는 사실에 있다. 자유무역협정을 주도하는 국가들은 대부분 충분히 개발된 국가들이고, 기후변화에 대한 부채감이 가장 큰 국가들이기도 하다. 이들은 이 부채감을 짊어지고 기후변화협약 테이블에 앉기는 하지만, 그 부채감을 근본적으로 해결하려 하기보다는 기후변화협약 테이블에 앉았다는 사실을 이용해서 자신들의 부채감을 덜기 위해 노력하고 있다는 인상을 주는 데 더 열심인 듯하다.

애초에 온실기체 감축을 추진하는 기후협상과 무역장벽을 철폐하는 무역협상은 서로 모순 관계에 있을 수밖에 없는 것이었다. 무역장벽이 철폐되면 원거리 물류 이동이 빈번해지고, 이러한 물류 이동이 확대될수록 생산, 운반, 소비의 순환 속도는 빨라지며 상품의 물량이 유례없이 증가함으로써 에너지소비가 가속화된다. 그 결과는 이산화탄소 배출량 증가이며, 지구온난화 심화다. 무역협상이 진전될수록 기후협상의 목표 달성은 현실에서 멀어진다. 더욱이, 무역협상의 결과물은 강력한 제재와 분쟁 해결 제도를 통해 강제력을 가지고 국제사회에 통용되지만, 기후협상의 결과물은 전적으로 각국의 자율시행제도에 의지한다. 이러한 상황에서 무엇이 촉진되고 무엇이 지지부진한 진전을 이룰지는 불 보듯 뻔하다. 현재까지, 무역협상은 갑이고 기후협상은 을이다.

그러니, 애초의 로드맵과 달리, 신기후체제 시행이 8년이나 지체된 이유는 분명하다. 미국과 호주를 중심으로 한 개발국과 그러한 개발국에 동조하고 있는 신흥개발국, 개발도상국들의 외면, 그리고 여기에 다국적기업의 로비 등이 가세해서 기후변화의 급박한 위기 상황에 국제사회가 원활하게 대응할 수 없도록 방해해 왔기 때문이다. 그들은 국제 무역을 기반으로 하여 시장을 확대함으로써 자신들의 이익을 극대화하려고 한다. 그들의 이러한 강력한 의지가 인류와 지구생태계의 생존을 지켜야 한다는 더 근원적인 문제의식을 무시하고, 왜곡하며, 외면하도록 사람들을 호도하는 것이다. 인류는 지금 욕망과 가치를 '돈' 하나로 획일화하는 끔찍한 시장사회(market society)를 살고 있다.

각국의 단일한 정부가 자기 분열하여 낳은 두 개의 서로 모순인 협상단은 '기울어진 운동장'의 양 끝에 서 있다. 높은 쪽에서 무역협상 측이 약진하는 동안, 낮은 쪽에서 기후협상 측은 서툴고 힘든 발걸음을 이어간다.

단적인 예로, 무역협상 측은 에너지 집약적 산업형 농업 모델을 세계화하는 무역시스템을 확립하였다. 이들은 카길(Cargill)이나 몬샌토(Monsanto)와 같은 다국적 농산물 기업에 유리한 정책을 보장함으로써, 이들 다국적기업이 규제 없이 시장에 진입할 수 있도록 했고, 공격적인 특허를 보호했고, 각국의 세금으로 막대한 정부 보조금을 유치할 수 있도록 했다. 그 결과로 푸드마일(food miles)[2] 논의는 위축됐고, 식품 생산 및 공급 시스템의

2 푸드마일(food miles)이란, 농산물이 생산자에게서 소비자에게 전달되기까지의 이동 거리를 말한다. 이를 통해 수입농산물과 지역농산물의 이동 거리를 비교하여 환경에 미치는 영향을 측정할 수 있다.

온실기체 배출량은 전체 온실기체 배출량의 19~29%를 차지하게 됐다.

게다가 무역협상에서 기후 논의를 노골적으로 배제하는 관행이 계속되고 있다. 예를 들어, 2014년에 체결된 환태평양 경제 동반자 협정의 경우를 살펴보자. 이 협정문의 초안에는 UN 기후변화협약 이행의 중요성을 강조하는 내용이 포함되어 있었다. 하지만, 미국 협상 대표들의 반대로 최종안에서는 이러한 내용이 삭제되고 말았다. 국제관계가 논의될 때, 언제나 무역이 기후보다 우위에 있었다.

그럼, 기후협상 측은 어땠을까? 1990년대 초, 최초의 기후변화협약 초안을 작성하던 협상자들은 각국의 탄소 배출량 측정이나 감시 방안을 구체적이고 현실적으로 구현하는 일에 무관심했다고 할 수 있다. 결정적인 문제는 온실기체 측정 시스템에 국가 간 교역 과정에서 발생하는 탄소를 배제하였다는 점에 있는데, 그 결과로 각국은 자국 내 생산에서 발생하는 오염과 탄소 배출에 대해서만 책임을 지면 되었다. 그렇게 되면, 수입되는 상품이 제조되는 과정에서 발생하는 탄소가 전적으로 생산국의 책임이 되고 만다. 또한, 국가 간 운송 과정에서 배출되는 탄소에 대해서 책임질 주체를 정할 수 없게 된다.

결과적으로, 이러한 온실기체 측정 시스템은 전 지구적인 탄소 배출의 주원인을 왜곡해서 평가하게 만든다. 다시 말해, 탈산업화 과정을 밟은 개발국가들, 한마디로 말해 부자 국가들의 과소비에 면죄부를 주게 되는 것이다. 그러나, 개발도상국이 생산하여 개발국에서 소비되는 상품이 만들어내는 탄소의 양은 개발국이 탈산업화함으로써 감축한 탄소의 양보다 6배 많다는 연구 결과도 있다. 생산과 소비는 시장을 형성하며 서로 강하게 연결되어 있다는 사실을 고려하면, 탈산업화한 개발국가들의 소비는 산업화한 개발도상국가들의 생산과 '더불어서' 온실기체를 양산하고 있는 주범임을 알 수 있다.

따라서, 온실기체 측정 시스템은 생산뿐만 아니라 소비가 가져오는 온실기체 유발 효과를 반영해야 하며, 자유무역주의가 가져온 국가 간 교역의 증대로 인해 발생하는 온실기체 유발 효과 또한 반영해야 한다. 성장주의로 무장한 자본주의가 세계적 연결망을 가지고 있듯, 온실기체 유발의 원인도 세계적 연결망을 가지고 있다.

## 2.2 오늘날 자본주의의 문제들

사실, 기후변화는 인류를 비롯한 수많은 생명의 위기일 수는 있어도 지구생태계의 위기일 수는 없다. 지구생태계는 지구를 이루고 있는 권역들의 변화에 적응하여 새로운 조화와 균형의 상태를 역동적으로 찾아갈 뿐이다. 인류가 책임져야 할 것은 지구생태계가 아니라 인류 자신이며, 인류 때문에 무고하게 고통받고 착취당하며 생존마저 심대하게 위협받는 인간 아닌 생명이다. 기후위기는 인간의 위기이며 인간이 초래한 위기라는 점에서 전적으로 인간의 문제다. 물론, 그 파급효과는 인간을 넘어 지구생태계 전반에 미치므로, 인간이 책임져야 할 지구생태계의 문제이기도 하다. 그래서 더더욱 기후위기라는 인간의 문제에 걸려있는 인간의 책임이 무거운 것이다.

인간의 문제는 자본주의를 축으로 한다. 산업화를 잉태하고 성장시킨 태반으로서 자본주의는 오늘날 신자유주의적 자본주의라는 이름으로 계속되고 있다. 이 경제체제는 무엇보다 자유무역 시스템을 확립하는 것에서 출발한다. 그런데 이 시스템의 확립과정은 개발국가의 탈산업화와 맞물려 지구 단위에서 생산지와 소비지가 분리되는 과정과 유기적으로 연동되었다. 그 결과로 대량 물류의 원거리 이동이 빈번하게 되었고, 이를 토대로 국제적 시장이 활발하게 돌아가면서 다국적기업과 다국적 금융자본, 그리고 탈

산업화한 개발국가의 이익이 증대하게 된다.

온실기체의 관점에서 볼 때, 생산지와 소비지의 분리는 탄소 배출원의 이동으로 나타난다. 여기에 국제적 시장의 활성화가 더해지면 탄소 배출량은 증가할 수밖에 없게 된다. 실제로 1960년대 탄소배출량 증가율이 1960년대에는 연간 약 4.5%에 달하다가 1990년대에는 연간 약 1%대로 주춤했으나, 2010년에 이르면 5.9%로 급격하게 증가한다. 1990년대면 공산주의 체제가 붕괴하여 자본주의 체제에 편입되던 시기로, 이 시기에는 자본주의의 팽창으로 인해 전열을 가다듬느라 성장세가 주춤했던 것이라고 볼 수 있다. 하지만 공산주의 국가의 자본주의 편입이 거의 완료되고 중국과 동남아 등 새로운 생산지가 등장하는 2000년대에 이르면서 탄소배출량은 증가하기 시작하여 2010년이 되자 최고 증가율을 찍은 것이다.(IPCC, 2014)

자유무역 시스템은 수출 주도 발전 모델을 제시한다. 따라서, 인위적 온실기체 증가를 야기한 주요 원인으로 수출 주도 발전 모델을 빼놓을 수 없다. 국가 간에 이루어지는 수많은 자유무역 협상들, 국제통화기금과 세계은행이 개발도상국을 상대로 지원하는 개발 금융의 단서 조항들은 모두 수출 주도 발전 모델을 추구한다. 게다가 세계 전역에서 몰려든 미국 유학생들은 미국식 신자유주의 경제 이론이 세계로 확산하는 데 일조해 왔는데, 이 경제 이론 역시 수출 주도 발전 모델을 제시한다.

워싱턴 컨센서스(Washington Consensus)도 미국식 신자유주의가 확산하는 데 크게 한몫했다. 1990년 미국 국제 경제 연구소가 원래 남미 국가들의 경제위기 해법으로 제시한 시장 경제체제인 워싱턴 컨센서스는 남미는 물론 세계 대부분 개발도상국이 주로 채택하는 경제체제가 되었다. 이 경제체제는 다음의 10가지를 실행 방안으로 제시한다: 1) 사유재산권 보호, 2) 정부 규제 축소, 3) 국가 기간산업 민영화, 4) 외국자본에 대한 제한 철폐, 5) 무역 자유화와 시장 개방, 6) 경쟁력 있는 환율 제도의 채용, 7) 자본시장 자유화, 8) 관세 인하와 과세 영역 확대, 9) 정부예산 삭감, 10) 경제 효율화.

기업과 금융자본을 중심으로 시장 자유화를 추구하는 이상과 같은 정책과 이론의 세계적 확산은 경제적 흐름을 더욱 빠르고 광범위하게 만들었고, 그 결과는 온실기체 배출 증가로 나타났다. 신자유주의 경제 이데올로기를 토대로 작동하는 자유무역 시스템의 결과는 탄소 배출 증가 촉진이다.

오늘날 자본주의의 문제는 기후위기로만 끝나지 않으며, 기후위기와 깊은 관련을 맺으면서 경제정의 문제를 심화한다. 세계화된 다국적 기업의 노동력 착취 문제는 어제오늘만의 문제가 아니다. 1990년대 말, 세계의 공장이 중국으로 몰려들었다. 값싼 인건비와 노동조합 활동이 봉쇄된 중국의 환경은 이익을 극대화하려는 기업의 목적을 실현하기에 가장 최적의 조건을 제공하였기 때문이다. 여기에 더하여 오염물질 관리 시설을 갖추지 않더라도 법적 책임이 없는 환경은 또 하나의 유리한 조건이 되었다. 값싸고 숙련된 노동력을 착취할 수 있고 오염물질을 마구 배출하더라도 특별한 법적 처벌을 받지 않고 마음껏 화석에너지를 사용할 수 있는 환경을 제공함으로써 중국은 세계의 공장이 몰려들게 하였고, 이를 기반으로 경제 대국으로 성장할 수 있었다.

중국으로 몰려든 공장이 노동력 착취를 통해 이익을 배가하는 동안, 제한 없이 사용되는 화석에너지의 양 또한 엄청나게 증가하였고, 그 결과로 탄소 배출량이 유례없이 늘어나게 되었다. 오늘날 경제 대국인 중국은 또한 온실기체 배출 1위 국가이기도 하다. 물론, 이는 단순하게 생산과정 자체에서 배출되는 온실기체의 양만을 고려했을 때의 일이다. 어쨌든 중국의 경제 성장과 지구적인 이산화탄소 증가율 상승 시기는 거의 일치한다.

이러한 결과는 생산지와 소비지를 분리하는 자유무역 시스템에서 연유하는데, 결국 신자유주의 경제 이데올로기를 등에 업고 세계를 지배하게 된 자유무역 시스템이 유일하게 추구하는 비용 최소화의 논리, 이를 통한 이윤 극대화의 논리는 저임금을 통한 노동력 착취와 인위적 온실기체의 양 증가를 동시에 가져오는 원인이 된다고 할 수 있다. 경제정의와 기후정의는 하나의 원인을 공유한다 — 신자유주의적 경제 이데올로기를 기반으로 성장하는 자유무역 시스템, 이윤의 극대화를 위해 수단을 가리지 않는 자유시장 근본주의.

오늘날의 자본주의가 갖는 문제를 공간적 확장과 시간적 확장의 문제로 분석해 볼 수 있다. 이를 통해 기후위기와 관련해 자본주의가 갖는 이념적 욕망을 들추어낼 수 있다.

자본주의의 공간적 확장은 시장경제(market economy)를 가진 시대에서 시장사회(market society)인 시대로의 전환을 통해 발생한다. 마이클 샌델(Michael Sandel)이 『돈으로 살 수 없는 것들: 무엇이 가치를 결정하는가』라는 책에서 통찰하는 이러한 전환은 신자유주의적 자본주의가 가져온 상황이 무엇인가를 명확하게 보여준다. 여기서 시장경제란 시장이 생산활동을 조직하는 효과적인 수단으로 사용되는 경우를 말한다면, 시장사회란 시장가치가 인간 활동의 모든 영역에 스며든 일종의 생활방식을 말한다. 우리는 지금 시장가치가 모든 가치를 판단하는 거의 유일한 기준인 시대를 살고 있다.(마이클 센델, 2012: 서론)

우리는 물질적 가치는 물론, 대부분의 추상적 가치도 돈으로 환산되는 시대를 산다. 인도의 뱅갈로(Bangalore)에 있는 시바 사원에서 신전의 가장 앞자리에 가장 빨리 도달하는 방법은 단 하나, 더 많은 돈을 지불하고 패스트트랙을 타는 것이다. 이때 신전은 하나의 종교시장이 된다. 기독교사회문제연구원과 크리스챤아카데미, 그리고 대한기독교서회가 공동으로 참여한 "2020년 한국 사회 주요 현안에 대한 개신교인 인식 조사"에서 드러난

설문조사 결과 중 하나에 의하면, 한국 개신교인의 70.6%(오차범위 ±3.1%)가 장로가 되기 위해서는 헌금을 많이 해야 한다고 생각하는 것으로 나타났고, 교회에 직분을 가진 사람들일수록 이러한 사실을 더욱 실감하는 것으로 나타났다.(지앤컴리서치, 2020: 26-27)

종교뿐만 아니라, 교육도 시장이고, 예술도 시장이고, 문학도 시장이다. 우리 삶의 도처에 시장이 있다. 이제 시장은 우리의 삶을 영원히 신선하고 번영하는 형태로 존속시켜줄 것처럼 우리 삶의 핵심을 차지하고 있다. 물질적 공간은 물론 추상적 공간에 이르기까지 우리가 겪는 일은 가치가 교환되는 시장이다. 시장에 진입하지 못하는 모든 것은 가치 없는 것으로 평가되며 밀려난다. 그러함에도 불구하고, 시장사회에 진열된 각종 상품은 모든 것이 싱싱하고 신선하게, 가장 최신의 것으로 계속 업그레이드되며 영원할 것처럼 버티고 들어서 있다.

오늘날의 자본주의가 시장사회를 통해 물질적, 비물질적 공간을 모두 장악해나가고 있다면, 금융 시스템으로 대변되는 자본주의의 또 다른 일면은 미래의 삶을 당겨쓰는 식으로 시간적 확장을 꾀한다. 예를 들어, 당신이 은행에서 신용대출을 한다고 하자. 은행이 당신에게 돈을 지급한다면, 이유는 단 하나다. 당신의 미래 가치를 평가했기 때문이다. 현재 당신이 가지고 있는 신용은 전적으로 당신의 미래 가치가 평가되는 한에서 작동한다. 단적으로, 당신의 미래 노동이 산출하게 될 잉여가치가 현재의 당신이 갖는 신용 가치이며, 이를 기준으로 은행은 당신에게 돈을 빌려준다.

따라서, 금융자본이 하는 일은 미래의 삶을 당겨쓰도록 하는 것이다. 미래의 노동 가치는 현재의 신용이며, 따라서 신용 가치를 통해 실현하는 것은 미래를 현재에 소비하는 것이다. 이런 식으로 자본주의는 시간적 확장을 꾀한다. 자유로운 시장에서는 과거가 현재에 실현되는 것으로 끝나지 않는다. 미래까지 현재에 끌어들여 블랙홀처럼 빨아들인다. 우리가 현재

누리는 번영은 미래의 가치를 소비함으로써 가능한 것이다.

시장사회를 통한 공간적 확장과 미래 소비를 통한 시간적 확장이 추구하는 것은 한계 없는 성장이다. 자유시장 근본주의를 기반으로 모든 가치를 자본주의적 이익으로 환산하길 좋아하는 신자유주의는 이 세계에서 영원한 번영을 꿈꾸는 일종의 지속가능성 이데올로기다. 하지만, 이런 종류의 지속가능성 추구가 가져온 것은 오히려 인류문명과 지구생태계 내 대다수 생명의 지속불가능성으로서, 우리는 그것을 기후위기라고 부른다.

신자유주의가 일종의 이데올로기라는 의미는, 이것이 정치-경제적 헤게모니에 의해서 작동한다는 것이다. "공공부문 민영화와 기업에 대한 규제완화, 그리고 소득세 및 법인세 인하와 공공 지출 삭감"(나오미 클라인, 2017: 41)을 핵심 골자로 하는 이 경제 이데올로기는 세계무역기구(WTO), 세계은행(WB), 국제통화기금(IMF) 등의 국제기구와 다국적 기업들의 직간접적 활동을 통해, 그리고 각국 정부의 지원과 무역협상을 통해 시공간을 집어삼키며 확산해왔다. 이것은 지금도 진행 중이다. 이러한 상황에서 기후위기가 말 그대로 위기일 수밖에 없는 까닭은 명확하다. 기후위기에 대응할 기술적 가능성이 정치-경제적 헤게모니에 의해서 소외되고 있는 상황이 지속하고 있기 때문이다. 신자유주의의 지속가능성 신화가 기후위기의 지속불가능성 사실을 휘황찬란한 장밋빛 미래라는 그림 뒤에 감추고 있다.

## 2.3 새로운 생태신학의 초점

2021년 공식 발효되는 신기후체제는 개발국, 개발도상국, 저개발국 등 195개 모든 당사국에 구속력 있는 첫 합의인 파리기후변화협약을 토대로 한다. 아쉽게도 이 협약에서도 각국의 감축 목표에 국제법상의 구속력을 갖도록 하는 데는 실패했다. 하지만, 개발국뿐만 아니라 195개 모든 당사국이 온실기체 감축 목표를 수립하여 이행하도록 했다는 것에 의의가 있다. 신기후체제가 추구하는 단 하나의 목표는 명확하다. 2030년에 이르기까지 산업화 이전과 비교해서 평균기온 상승을 2℃보다 훨씬 낮게, 기왕이면 1.5℃ 이하로 제한하는 것이다.(IPCC, 2018) 2018년 10월에 인천 송도에서 발표된 IPCC의 1.5℃ 특별보고서는 신기후체제의 이러한 목표에 정당성을 부여하는 문서로 제출되어 만장일치로 승인되었으나, 사실 미국을 비롯한 몇몇 국가들 — 그러나 기후위기 해결에 가장 큰 열쇠를 거머쥐고 있기도 한 — 에 의해 난항을 겪어왔던 것이 사실이다.

그러던 것이, 미국의 48대 대통령으로 민주당의 바이든이 당선되면서 기후위기 대응 문제에 희망이 생겼다. 하지만, 이 희망은 어디까지나 결론이 아니라 하나의 작은 시작일 뿐이다. 인류는 스스로의 문명을 비판적으로 성찰하면서 거대한 변화를 감행해야 한다. 신자유주의 경제 이데올로기를 벗어날 새로운 상상력을 감행해야 한다. 신기후체제의 목표를 성취할 수 있는 새로운 생태 감수성이 인류문명에 깃들어야 한다.

기독교신학의 생태학적 비전들은 생태영성이라는 형태로 인류문명에 생태 감수성의 새로운 차원을 제공할 수 있다. 그러나 이를 위해서는 먼저 지금까지 통상적으로 이해되어 오던 생태영성의 초점들을 검토하고, 필요하면 재해석 내지는 수정을 해야 한다.

먼저, 생태영성이 말하는 "하느님 창조 세계의 보존"이라는 개념을 이해하는 방식이다. 여기서 핵심은 '보존'이라는 말을 어떻게 이해하느냐의 문제다. 원래 생태학(ecology)은 "한 닫힌계(closed system) 내부의 에너지 흐름을 연구하는 학문"(안나 브람웰, 2013: 15-16)으로 정의된다. 이러한 생물학적 정의를 기반으로 "한 닫힌계 내부에서 치명적이고 격렬한 변화가 일어나거나, 그 계 내의 어떤 생물 종이 피해를 볼 수 있는 실질적 변화가 일어나거나, 그 계를 교란하는 일이 일어나는 것은 잘못이기에, 그 계 특유의 에너지 흐름 유형을 보존해야 한다."(안나 브람웰, 2013:16)라는 규범적 정의가 나오게 되었다. 따라서, 생태영성이나 생태신학에서 말하는 "하느님 창조 세계의 보존" 개념은 생태학의 개념 정의 중에서 규범적 정의에 속한다고 할 수 있다.

문제는 "계 특유의 에너지 흐름 유형의 보존"과 "창조 세계의 보존" 개념이 어떻게 연결될 수 있느냐 하는 점이다. 지구라는 닫힌계 특유의 에너지 흐름 유형은 과학적으로 볼 때 고정된 것이 아니다. 역동적으로 변화하면서 그때그때 조화와 균형을 찾아가는 것이 지구의 에너지 흐름이다. 따라서, 이 에너지 흐름의 유형은 계기마다 새롭다. 변화의 와중에서 포착되는 조화와 균형이 있는 것이지, 고정 불변하는 하나의 완전한 체계가 있는 것이 아니다. 하지만 기독교의 일반적인 창조 교리는 역동적인 변화와 균형이라는 개념을 담아낼 수 있을 만큼의 유연성을 갖지 않은 것이 현실이다. 한편, 생태영성을 기반으로 하는 기독교 환경운동은 '창조 세계'의 성격을 명확하게 규정하지 않은 채 전제함으로써 기독교의 일반적인 창조 교리를 암묵적으로 따라간다. 이 경우 '보존' 개념은 어떤 원형이 있어서 그 원형 그대로를 유지하는 것으로 읽히게 된다.

물론, 과정신학(process theology)과 같이 진화론적 사유를 수용하는 신학이 있어서, 생태영성의 '보존' 개념을 역동적인 조화와 균형의 모색, 끊임없는 새로움의 연속으로서 읽을 수 있는 여지를 주기도 한다. 하지만, 이때에도 만물의 관계를 상호의존으로 파악하는 데에서 논의의 부정확함이 여전히 존재한다. 이는 여러 가지 생태학적 대안을 모색하는 규범적 생태학 본류의 논의에서도 마찬가지인데, 이는 신기후체제의 생태영성을 모색하기 위한 핵심적인 초점을 요청하게 하기에 좀 더 이야기해 보도록 하자.

단정적으로 말해서, 만물이 서로 연결되어 있고 상호의존하고 있다는 통전적이고 관계적인 세계관을 통해 신자유주의가 몰고 온 획일화된 시장가치의 확산, 곧 시장사회화에 대응할 수 있다는 생각은 재고해야 한다. 현재 기술과학과 결합하며 발전하고 있는 자본주의 경제 체제도 바로 만물의 연결과 상호의존을 화두로 삼고 있기 때문이다. 오히려 자본주의적 세계관과 생태학적 세계관의 구분이 모호해지는 것처럼 보이는 상호의존성 개념 앞에서 우리는 다음을 물어야 한다. 이 세계 내에 존재하는 것은 과연 상호의존성을 구현하는가? 그렇게 해서 서로 상생하고 있는가?

한 생명의 항상성이 유지되는 과정은 외부 세계와의 끊임없는 연결과 상호작용이 있어야 하는 것이 맞지만, 이 연결과 상호작용에는 상호성이 아니라 모종의 일방향성이 작동한다. 예컨대, 모든 생명을 가진 존재들은 자신의 항상성을 유지하기 위해서 무언가를 '먹는다.' 먹는 행위는 먹는 주체를 중심으로 에너지와 물질이 상호작용하는 과정이지만, 이 상호작용이 추구하는 목표는 상호적이지 않다. 일방적이다. 먹고 먹히는 과정이 어떻게 상호적일 수 있겠는가? 먹는 존재는 자신을 '새롭게' 유지하지만, 먹히는 존재는 단지 회복 불가능하게 소멸할 뿐이다. 이것을 상호의존이라고, 상생이라고 할 수 있을까? 생명의 계기는 연결과 관계를 매개로 하지만, 평등한 상호성을 전제로 하지는 않는다. 따라서, 생명의 살림-살이 과정은 상생이 아닌 희생이 더 어울리는 말이다.

이 지점에서 우리는 생태영성의 가장 발본적인 초점, 지속가능성의 문제로 넘어갈 수 있다. 규범적 생태학이 말하고자 하는 바는, 자본주의가 추구하는 지속가능성은 결국 이 세계를 지속불가능성으로, 다시 말해 파국으로 이끌 것이라는 경고이며, 자본주의와는 다른 방식의 생활 양식을 통해 지속가능성을 실현할 수 있다는 주장이다. 여기서 물어야 하는 것은, 지속가능성이라는 말로서 자본주의가 말하고자 하는 것과 생태학이 말하고자 하는 것이 어떻게 다르냐는 것이다.

자본주의는 시장을 통해 실현되는 경제적 성장을 통해 지속가능성이 실현될 수 있다는 이념을 전제한다. 더욱이 자본주의는 경제적 성장을 통한 지속가능성을 영원히 추구할 수 있으리라는 가정을 이 전제에 심어놓는다. 심지어는 기후위기 문제도 이러한 방식으로 대응할 수 있다고 믿게 한다. 다시 말해, 자본주의 체제에는 지속불가능성이 발 디딜 틈이 없다. 그런 것은 결함이 있는 것이거나 불완전한 것이기에 폐기되어야 한다. 시장에 남아야 하는 것은 지속가능한 것 뿐이다. 자본주의 체제는 하나의 종교성을 갖는 것처럼 보이는데, 영원을 추구하는 것은 본래 종교의 영역이기 때문이다. 다만, 자본주의는 영원(eternity)을 불멸(immortality)로 대체한다. 지속불가능성을 경험하지 않는 과정을 추구하는 것이다.

반면, 기독교적 생태영성은 지속불가능성을 말함으로써만 지속가능성을 비로소 말할 수 있는 영성이다. 십자가 없이 부활은 없다. 죽음 없이 생명은 없다. 멸하지 않고서 생하는 방법을 기독교는 말한 바 없다. 죽었던 자가 일어나는 것이지, 산 자가 일어나는 것이 아니다. 다시 말해, 기독교적 생태영성은 희생적 죽음에서 다시 사는 희망을 본다. 희생당하는 존재가 가진 잠재성(potentiality)이야말로 기독교 생태영성의 초점이다. 단절을 감행하지 않고서 연속을 말할 수는 없다는 진리를 기독교 영성은 말한다. 멈춤은 지속을 위한 가장 근원적인 진리 사건이다.

예수 생전 거의 유일한 복음이었던 "회개하여라. 하늘나라가 가까이 왔다."(마4:17)는 말씀은 기독교적 생태영성의 초점을 명확히 한다. 이 말씀에서 하늘나라는 천상에 고정되어 지상에 있는 존재들을 기다리는 것이 아니라, 지상으로 직접 움직여 '온다.' 하늘나라는 영원의 가능성이 변화하고 생멸하는 이 세계에 내재하는 과정이다. 지속불가능한 것에 지속가능한 것이 섞여서 들어오는 것이다. 이렇게 해서 하늘나라는 이 세계로부터 떼어내서 생각할 수 없는 잠재성이 된다.

예수의 '회개하라'는 외침은 하늘나라가 이 세계에로 임한다는 잠재적 성격을 전제로 할 때에라야만 이해 가능한 요구다. 헬라어 메타노이아(metanoia)에 해당하는 '회개'라는 말은 마음의 변화를 말한다. 따라서, 회개하라는 요구는 마음의 변화를 통해 새로운 살림살이를 하라는 요구와 다르지 않다. 네 안에 있는 마음의 잠재성을 실현하라는 요구인 것이다. 삶과 죽음이 함께 있는 우리의 살림살이 속에 영원한 살림살이로 이끄는 힘이 있다. 우리의 마음에 하늘나라가 있다. 단절하는 삶 속에 영원한 삶이 있다. 이것이 신기후체제를 맞이하는 새로운 생태신학의 초점이다. 자본주의적 허상으로서의 지속가능성을 뚫고서 단절을 통한 지속을 설파하는 생태신학의 초점이다.

## 3 ——— 기독교교양교육으로서의 생태신학[3)]

### 3.1 비판적 포스트휴머니즘: 철학적 토대

생태신학의 초점은 현대 기술과학을 비판적으로 성찰하는 움직임인 포스트휴머니즘과 접속함으로써 그 철학적 토대를 다질 수 있다. 기술과학과 자본주의의 밀접함을 생각할 때, 포스트휴머니즘의 어떤 경향은 기술과학을 성찰함으로써 자본주의, 더 나아가 서구 모더니즘의 한계를 해체하며 넘어설 수 있는 철학적 사유 수단을 제공한다. 더군다나,

근대 휴머니즘이 명확히 그어놓았던 철학적 · 사회적 · 문화적 경계가 의

3 이 장은 2020년 하반기 성공회대학교 대학혁신지원사업의 지원을 받아 수행한 연구의 결과 보고서, "생태와 환경 교양 교과목 개발 연구," (2021. 2. 1.)의 일부 내용을 발췌하여 대폭 수정, 보완한 것이다.

> 문시되고, 점차 인간과 비인간, 인간과 자연, 그리고 인간과 기계 사이의 경계가 허물어지고 있는 오늘날에 포스트휴머니즘이 우리들이 직면하고 있는 이러한 시대적 문제와 가장 진지하게 대결하고 있다는 점에서(임석원, 2014: 67)

포스트휴머니즘 논의가 생태신학과 같은 문제의식을 공유하고 있음을 확인하게 된다. 특히, '비판적 포스트휴머니즘'이 그렇다.

사실, 포스트휴머니즘 담론에는 적어도 2가지나 3가지 정도의 서로 다른 경향이 있다. 2가지로 나누는 경우는 '트랜스휴머니즘'과 '포스트휴머니즘'으로 구별하거나(토머스 필벡, 2014), '포스트-휴머니즘'과 '포스트휴먼-이즘'으로 구별하는(손화철, 2016: 11-12) 설명에서 발견할 수 있다. 3가지로 나누는 경우는 '반동적 포스트휴머니즘,' '분석적 포스트휴머니즘,' '비판적 포스트휴머니즘'으로 나누거나(로지 브라이도티, 2016: 52-68), '부정적 포스트휴머니즘,' '낙관적 포스트휴머니즘,' '비판적 포스트휴머니즘'으로 나누는(임석원, 2014: 67-73) 설명에서 발견할 수 있다. 이런 다양한 용어들의 난무에도 불구하고, 이들 각각의 구분이 다른 구분들과 특별한 차이가 나는 것은 아니다. 따라서, 향후 포스트휴머니즘 내 담론 논의에 사용되는 용어들은 하나로 통일될 필요가 있다. 여기서는 로지 브라이도티(rosi braidoti)의 분류법을 중심으로 설명하면서 생태신학의 초점인 희생당하는 존재의 잠재성과 지속불가능성의 철학적 토대를 향해 나아가고자 한다.

포스트휴머니즘 논의는 서구의 근대가 형성되면서 확립된 자유주의적 휴머니즘에 대한 이해를 중심으로 진행된다. 이 휴머니즘은 다음의 진술을 긍정한다.

> 몸 자체와 거주하는 환경이 인간임의 내재적 가치에 아무런 영향을 주지

> 않는다는 견해에 동반되는 정치적 · 윤리적 자유가 존재한다. 우리 모두는 그러한 주체로서 이러한 가치와 존엄성의 근거를 동등하게 공유하고 있다.(토머스 필벡, 2014: 30)

일견 모든 인류의 평등한 존엄성을 선언하는 듯한 이 진술은 그러나 두 가지 지점에서 잔인한 소외를 양산한다. 하나는, '몸 자체와 거주하는 환경'만을 인간의 배타적 고유영역으로 규정함으로써 그 몸 외부의 존재자들을 인간 아닌 존재로서 차별할 근거를 마련한다는 점이다. 이로 인해 개체 인간과 신체 동일성을 공유하는 것으로 간주되는 존재들 외의 다른 자연계 존재들은 가치와 존엄성으로부터 소외된다. 또 하나는, '내재적 가치와 존엄성'의 개념적 모호성이 이 가치와 존엄성을 보편적으로 규정하는 행위에서 간과되었다는 점이다. 결국 이 규정은 힘의 논리 속에서 더 내재적 가치와 존엄성을 갖춘 인간과 그렇지 못한 인간을 구분하는 수단이 되어왔다. 인간이 다른 인간을 소외하는 결과를 낳은 것이다.

그러함에도 불구하고, 반동적 포스트휴머니즘은 "주체에 대한 휴머니즘적 전망을 회복"(로지 브라이도티, 2016: 55)함으로써 포스트휴먼 상황 속에서 새로운 휴머니즘적 윤리학을 형성하고자 시도한다. 가장 휴머니즘적인 것이 가장 포스트휴머니즘적인 것이라는 주장이다. 분석적 포스트휴머니즘은 휴머니즘으로부터 소외되고 대상화된 자연과 (기계)문명을 인간중심주의로부터 구원하는 데는 적극적이지만, 인간 개념 자체에 대한, 따라서 주체 개념에 대한 성찰에는 미온적이다. 이렇게 되면 보편적 인간 개념이 어떻게 인간을 소외시키고 차별의 계열화를 만들어내는가에 대한 반성의 지점을 잃게 된다.

여기서 관건은 자유주의적 휴머니즘이 가진 이중적 차별, 즉 인간 아닌 존재에 대한 차별과 인간임에도 인간 취급을 받지 못하는 이들에 대한 차별의 문제에 대한 감수성이 얼마나 있는가이다. 브라이도티는 이 감수성을 극단까지 밀어붙이고자 한다. 자유주의적 휴머니즘은 물론, 일찍이 이 휴머니즘의 해체를 선언함으로써 인간 해방을 추구했음에도 결국 "진전된 포스트-모더니티의 분산된 많은 권력 중심의 하나에 거주하는"(브라이도티, 2016: 67) 포스트모더니즘 — 그리하여 반휴머니즘을 주장하면서도 결국 휴머니즘의 잔재를 내면화한 — 까지도 비판의 대상이다. 철저하게 휴머니즘을 넘어서야 하고, 따라서, "포스트휴먼 주체에 대한 긍정의 관점"(브라이도티, 2016: 63)을 급진적으로 발전시키는 것이 포스트휴머니즘의 목표여야 한다. 모더니즘과 포스트모더니즘 모두에게 성찰을 요구하는 것, 그것이 비판적 포스트휴머니즘이다. 그렇다면, 비판적 포스트휴머니즘이 제안하고자 하는 대안적 주체는 어떤 것일까?

비판적 포스트휴머니즘의 주체 이야기로 넘어가기 위해, 우선은 이 이념이 얼마나 자본주의에 투쟁적인지를 말해야만 하겠다. 자본주의야말로 자유주의적 휴머니즘을 성공적으로 제도화한 대표적이며, 유연하게 강고한 체제이기 때문에 비판적 포스트휴머니즘과 대척점에 놓일 수밖에 없다. 사실, 자본의 지지 속에서 꽃을 피워온 기술과학이기에, 현대 기술과학의 발전에 힘입어 전개되는 포스트휴먼적 상황은 자본주의가 요구하는 이익과 효율에 초점이 맞추어진다. 그리하여, 브라이도티가 '기회주의적 포스트휴먼 유형'(브라이도티, 2016: 62-63; 또한, 79-88. 참조)이라고 부르는 주체가 시장경제 안에서 발전하게 되는데, 그것은 말하자면 '자본주의 테크노크라트(technocrat)'다. "결국 자본과 테크놀로지에 소외된 타자들은 사이보그 혁명에서도 주동자가 될 수 없으며 그 주역은 오히려 자본주의 테크노크라트(technocrat)들인 것이다."(마정미, 2014: 87)

신상규의 말대로, 기술과학의 개입을 통한 인간 향상에서 정말 문제가 되는 것은 "인간 향상 자체가 아니라 시장 만능주의에 입각한 자본주의적 삶의 방식"(신상규, 2014: 241)이다. 자본주의는 자본주의의 모순을 드러내는 포스트휴먼조차도 시장 안으로 포획해버리는 놀라운 융통성을 지닌다. 비판적 포스트휴머니즘은 자본주의의 시장 획일성이야말로 자유주의적 휴머니즘이 최종적으로 귀결한 종착지임을 통찰한다. 기술과학의 발전이 인간 향상을 이끌어가는 방식은 시장 원리다. 인간 향상은 상품 가치를 지니는 범위에서 진행된다. 그런데, 상품화되는 기술과학이 인류를 개선할 것이라는 이 희망은 "계몽주의의 기획을 수용"(필벡, 2014: 28)한 결과다.

하지만, 비판적 포스트휴머니즘이 무너뜨리고자 하는 계몽주의의 기획은 생태신학이 비판적 포스트휴머니즘을 토대로 자신의 초점을 구체화하기 어렵게 하는 주된 장애물이다. 필벡이 지적하는 대로 "이러한 기획은 역사적으로 무한한 자원과 기회가 있는 것처럼 보이는 새로운 세계를 향한 기독교적 낙관주의와 함께 생겨"(필벡, 2014: 28)난 것이기 때문이다. 그는 포스트휴먼 주체를 휴머니즘의 연장으로 상상하는 포스트휴머니즘을 트랜스휴머니즘으로 정의하는 방식을 따르는 한편, 자연의 영역을 빼앗아 인간의 기획에 통합하려는 것에서 계몽주의 이후 기독교와 트랜스휴머니즘과의 유사성을 찾는다. 그리고 마침내는 "기술의 무한한 힘에 대한 트랜스휴머니즘적 비전에 의해 신학적 영역이 형이상학적으로 찬탈되고 있"(필벡, 2014: 28)다고 평가한다. 사실 플라톤의 이분법적 세계관을 수용하여 기독교적 이상향을 이데아의 세계와 비슷하게 그리고 있는 기독교 전통은 이러한 비판적 평가로부터 자유롭지 않은 게 사실이다. 역사적으로도 근대 기독교가 자유주의적 휴머니즘과 밀접하게 교류하면서 발전해왔다는 사실을 부인하기도 어렵다.

이러한 상황에서 생태신학의 초점이 설득력을 얻을 수 있을까? 생태신학의 초점이 기독교적 낙관주의 전통을 따르지 않는다는 사실은 이 질문에 맞서 돌파구를 찾게 한다. 생태신학의 초점인 '희생당하는 존재의 잠재성'

은 이 세계의 유한성을 이 세계 밖에 있는 무한성을 통해 극복한다는 기독교적 낙관주의의 이분법적 사유를 거부한다. 기독교적 낙관주의는 역사적으로 도래한 것이지 기독교 탄생의 정신에서 도래한 것은 아니기 때문이다. '희생당하는 존재의 잠재성' 개념에는 두 가지 주장이 전제되어 있다. 첫째, 인간에 의한 이중적 소외가 구조적으로 강제된 희생을 강요하게 된다는 사실이다. 둘째, 구조적으로 강제된 희생은 그 자체로 불의한 구조를 변혁할 가능성을 내장하고 있다는 사실이다. 이러한 전제에 따라 '희생당하는 존재의 잠재성'이라는 생태신학의 초점은 이 세계의 자기 초월성을 긍정하는 개념임을 말할 수 있다.

생태신학의 또 하나의 초점인 '지속불가능성'은 이 세계의 자기 초월이 작동하는 방식을 설명한다. 이 개념은 이 세계가 획일적인 시장가치를 통해 번영을 지속할 수 있으리라는 자본주의적 허상에 반대한다. 이 세계가 전개되는 방식은 한 가지 운동의 영원한 반복이 아니라, 다양한 운동의 지속과 멈춤 속에서 벌어지는 창발과 변화다. 다른 어떤 요소로 환원할 수 없는 독특성은 지속하지 않는다는 사실, 역동적으로 변화하며 생멸한다는 사실에서 나타난다. 따라서, 가치는 하나의 가치로 환원할 수 없다. 그렇다면, 모든 것을 시장가치로 환원하는 신자유주의적 자본주의 세계는 하나의 공상이다. 이렇듯 생태신학의 초점은 자본주의적 세계 이해와 결별함으로써, 이 세계와 연동하여 발전해온 역사적 기독교 낙관주의와도 결별한다.

이상의 이유로, 생태신학의 초점은 기독교적 낙관주의와 결별하며 비판적 포스트휴머니즘이 추구하는 철학적 사유의 길에 들어서 있다고 할 수 있다. 생태신학의 초점은 자유주의적 휴머니즘의 인간중심주의에 담겨 있는 이중적 소외를 비판적으로 성찰할 계기를 제공한다. 동시에, 자유주의적 휴머니즘을 체계로 실현한 자본주의 세계 속에서, 지속불가능성을 매개로 자기 초월하는 주체의 출현이 가능케 한다. 이러한 주체라면, 브라이도티가 정의하는 '비판적 포스트휴먼 주체'와 즐거이 어울릴 수 있을 것이다.

> 나는 비판적 포스트휴먼 주체를 다수의 소속을 허용하는 생태철학(eco-philosophy) 안에서 다양체로 구성된 관계적 주체로 정의한다. 차이들을 가로질러 작업하고 또 내적으로 구별되지만 그러면서도 여전히 현실에 근거를 두고 책임을 지는 주체로 정의한다. 포스트휴먼 주체성은 체현되고 환경 속에 놓여 있기 때문에 부분적인 그런 형태의 책임성을 표현하며, 집단성, 합리성, 공동체 건설에 대한 강력한 의식을 기반으로 하고 있다.(브라이도티, 2014: 67)

희생당하는 존재의 잠재성은 휴머니즘의 보편적 인간 개념으로부터 '어떤' 인간과 자연이 소외되는 상황(이중적 소외)을 변혁하여 '다양체로 구성된 관계적 주체'의 탄생이 가능케 한다. '환경 속에 놓여 있는 체현된 주체'는 포스트휴먼 주체가 생멸의 과정에서 지속불가능성을 경험하는 이 세계적 존재임을 명시적으로 표현한다. 이렇듯, 비판적 포스트휴먼 주체는 생태신학의 초점과 유기적으로 결합함으로써 생태신학의 초점을 설명하는 철학적 토대를 제공한다.

### 3.2 유니버시티에서 멀티버시티로

이제부터는 앞에서 논한 생태신학의 초점이 기독교교양교육으로 어떻게 구현될 수 있을까를 논구해보고자 한다. 이 논구는 필연적으로 비판적 포스트휴머니즘의 대학 교육 논의와 맞물려야 하겠다. 생태신학의 초점이 비판적 포스트휴먼 주체와 긴밀한 관계에 놓인다는 이유 외에도, 포스트휴먼 시대 자체의 요구에 응답해야 할 필요성이 있기 때문이다. 보통은 포스트휴먼 상황을 인문학의 곤경 상황으로 읽는 움직임이 대세다. 이 와중에 브라이도티의 비판적 포스트휴머니즘은 멀티버시티 개념을 포스트휴먼 시대에 옮겨와 새로운 형태로 제안함으로써 포스트휴먼 상황에 걸맞은 대학 교육을 전망한다.

'멀티버시티'라는 용어는 1963년 캘리포니아대학의 총장이었던 클라크 커(Clark Kerr)가 "멀티버시티의 개념(The Idea of a Multiversity)"이라는 글에서 처음 사용했다. 그는 "주요 대학에 부과되는 임무와 요구가 폭발적으로 많아진 것을 언급"(브라이도티, 2014: 228)하면서, 동시에 "미국 대학이 다양한 공동체와 다양한 유럽식 모델의 복합적 구성체로 구성되었음을 의미하기 위해서"(이경란, 2017: 107) 이 용어를 만들었다. 하지만 오늘날의 대학은 이 용어의 의미가 무색하리만치 신자유주의 경제 논리에 포섭되어 산업의 전초기지 역할을 하게 되었다. 이에 따라 "인문학은 그것의 토대가 되는 가치를 상실하고 일종의 사치스러운 지적 소비재가 되었다."(브라이도티, 2014: 228) 오늘날 인문학의 위기는 모든 가치를 시장가치로 환원하는 자본주의적 장치들로 인해 발생한다.

하지만, 어떤 연구자는 인문학의 위기 문제를 기술과학과의 대립 문제로 읽는다. 더욱이 인문학은 휴머니즘에, 과학기술은 포스트휴머니즘에 대응시키면서 양자의 상호 인정과 연결을 인문 교양교육이 나아갈 길로 제안한다.(김응준, 2020: 38-39) 하지만, "포스트휴머니즘 시대는 학제간 연구 내지는 전공영역의 지식의 벽이 완전히 허물어진 새로운 지식을 추구하는 것이 곧 총체적 삶을 구성하는 요인"(김응준, 2020: 39)이라는 연구자의 분석에 비하면, 이러한 제안은 비판적 포스트휴머니즘의 근본적 문제 제기, 즉 자유주의적 휴머니즘과 그 제도적 실현으로서의 자본주의에 대한 비판적 성찰을 지나치게 간과한 것이다. 인문학에게 포스트휴먼 상황이 심각한 곤경이라면, 그 발본적 이유는 단지 기술과학과의 충분한 교류와 연결이 없어서가 아니라, 시장 중심의 자본주의적 사회구조가 포스트휴먼 상황을 주도하고 있다는 사실 때문이다.

대학의 문제는 휴머니즘의 이상이 초래하는 이중적 소외의 문제와 밀접하다. 따라서, "포스트휴먼 곤경이 오늘날 대학의 시민적 책임과 같은 중요한 문제에도 영향을 준다"(브라이도티, 2014: 228)는 브라이도티의 주장을 주의 깊게 들어야 한다. 브라이도티에 의해 멀티버시티가 포스트휴먼 시대에 새롭게 재등장하는 이유는 포스트휴먼 주체가 마땅히 가져야 하는 책임성을 글로벌 스마트 시티 공간에서의 대학의 역할과 연관 지어 고민한 결과다. 브라이도티에 의해 재소환된 멀티버시티는 '글로벌 멀티-버시티'인데, 여기에서 기술과 형이상학이 만난다. 그러나, 이 만남은 단지 휴머니즘적 인문학의 재발견과 재부흥을 위한 것이 아니라, 우리 대학이 "그것이 위치한 글로벌 시티와 새롭게 만들어진 관계 속에서 대학의 포스트휴먼 지구행성적 임무를 재정의해야"(브라이도티, 2014: 230) 한다는 당위적 요청에 부응하기 위한 것이다. 이를 위해서 인문학은 재발견이 아니라 재형성되어야 한다. 물론, 재형성은 기왕의 역사적 결과물들을 폐기하기만 하지 않고 수용도 함으로써 만들어가는 다양한 연결과 탈-인간중심주의적 도약을 포함한다. 고정된 정체성이나 단일성이 이중적 소외를 정당화하지 않는 공동체로의 도약 말이다.

이상의 내용을 명심하여, 브라이도티가 결정적으로 정리하는 '글로벌 멀티버시티'에 관한 다음과 같은 설명을 생태신학의 초점을 구현하는 기독교 교양교육에 적용하고자 한다.

> … 우리에게 필요한 대학은 대학이 반영하기도 하고 기여하기도 하는 그 사회, 지구화되고 기술적으로 매개되며 민족적으로 언어학적으로 다양한 사회, 그러면서도 여전히 사회 정의와 다양성에 대한 존중과 환대와 유쾌함 같

은 기본적 원칙과 조화를 이루는 사회, 그런 사회 같은 대학이다.(브라이도티, 2014: 234)

### 3.3 멀티버시티 구현으로서의 생태적 기독교교양교육

'생태적 기독교교양교육'에 관한 논의는, '기독교교양교육'이라는 용어를 여기서는 어떤 의미로 사용하는지 설명하는 것에서부터 시작해야 할 것 같다.

'기독교교양교육'은 '교양교육'과 '기독교'라는 두 개념을 어떤 식으로 관계시켜서 만들어지는 용어로 일차적으로는 '교양교육'의 범주에 든다. 일반적으로 현대적 의미의 교양교육은 "보편적이며 일반적인 교육인 동시에 인간과 인간 삶의 조건을 이해하고 나아가 주체적이며 자유로운 의사결정 능력을 함양한 전인적인 인간을 양성하기 위한 교육과정과 교육체계를 포괄하는 교육"(김응준, 2020: 36)이라고 할 수 있다. 서구의 교양교육은 전통적으로 삼학(문법, 논리학, 수사학) 사과(대수학, 기하학, 음악, 천문학)를 가르치는 것을 의미하는 자유 학예 교육(liberal arts education)이나 "온갖 종류의 '사회적 속박과 제한은 물론 … 편견, 선입견, 무지, 독단, 탐욕 등으로부터 해방되고 자유롭게 하는 교육'이라는 의미"(민경식, 2020: 572-573. 참조)를 지닌, 자유 학예 교육을 포함하는 포괄적인 개념인 자유 교육(liberal arts)을 의미했다. 근대 시민사회가 형성되고 난 이후에는 전문교육이나 직업교육과 구별하여 "교육의 전체 대상자들이 일반적으로 이수해야 할 과정"(민경식, 2020: 373)으로서 "전인적인 인격체를 형성하는 것에 목적을"(민경식, 2020: 373) 두는 교육이라는 의미의 일반 교육(general education)이라는 용어가 사용되고 있다. 결국, 현대적 의미의 교양교육이 초점을 맞추는 것은 '전인적인 인간' 양성이다. 그런데, 여기서 '전인적'이라는 말의 의미는 무엇인가?

한국교양기초교육원 홈페이지(http://konige.kr)에서는 교양교육과 기초교육의 목표가 제시되며 설명되고 있는데, 그중에서 교양교육에 해당하는 목표는 다음 네 가지다. 첫째, 인간과 세계에 대한 바람직한 가치관 정립. 둘째, 융합적 사고 및 창의적 문제해결 능력 함양. 셋째, 공동체 의식, 시민정신 함양. 넷째, 심미적 공감 능력 함양. 이 목표를 설명하는 말들은 다음과 같은 용어들이 동원된다. 객관, 보편, 자기 정체성, 지식융합, 창의, 사회적 존재, 이성, 감성, 정보화.(한국교양기초교육원, 2021. 1. 28.)

포스트휴먼 상황을 고려할 때, 나는 대학 교양교육의 이 목표들이 한 가지 지점에서 일관성이 없으며, 이로 인해 한국교양기초교육원이 추구하는 '21세기 교양 기초 교육 강화의 방향'[4]을 모호하게 한다고 생각한다. 이유는 다음과 같다. 포스트휴먼 상황을 고려할 때, 지식융합과 창의라는 개념어들을 동원하고 있는 둘째 목표는 필연적으로 근대적 인간 개념과 이 개념을 중심으로 형성되는 세계관 및 가치관을 해체하고 인간중심주의를 넘어서는 용어들로 대체하게 된다. 다시 말해, 인간의 책임은 인간의 범위를 넘어서게 된다. 하지만, 첫째, 셋째, 넷째 목표는 모두 모더니즘이나 포스트모더니즘의 개념들만을 동원해서 인간, 사회, 세계를 설명하고 추구함으로써 인간 개념을 넘어서는 존재들을 충분히 고려하지 않는다. '전인성'은 휴머니즘적 인간 개념을 넘어서야 한다. 포스트휴먼 상황의 교양교육은 기술과 형이상학의 융합 속에서 포스트휴먼 지구행성에 대한 책무를 생각하는 시민으로서의 인간을 추구하는 것이어야 하기 때문이다.

먼저, '전인성' 개념을 '자연-문화 연속체(nature-culture continuum)' 개념

4 푸드마일(food miles)이란, 농산물이 생산자에게서 소비자에게 전달되기까지의 이동 거리를 말한다. 이를 통해 수입농산물과 지역농산물의 이동 거리를 비교하여 환경에 미치는 영향을 측정할 수 있다.

을 통해 재정의해야 한다. 브라이도티가 제안하는 이 용어는 인간이 기술적 매개의 일부이자 동시에 지구 자연의 일부로서 이 둘과 분리하여 인간을 생각하는 것은 불가능함을 지시한다. 인간은 자연–문화 연속체에 거주하는 일부다. 이 용어를 통해 브라이도티는 비판적 포스트휴먼 주체에 관한 또 하나의 설명을 추가한다. "인간과 우리의 유전자적 이웃인 동물과 지구 전체를 포괄하는 횡단체"(브라이도티, 2014: 109)로 구체화할 수 있어야 한다고 말이다. 따라서, 전인성이라는 용어를 자연–문화 연속체와 결부된 개념으로 재정의한다면, 그것은 인간과 동물과 지구 전체를 포괄하는 횡단적 주체가 갖는, 하나의 초월적 이성에 의해 고정되는 것이 불가능한 총체성이라고 말할 수 있다. 전인성 개념을 이렇게 재해석한다면, 포스트휴먼 상황의 교양교육 목표를 다음과 같이 수정하여 제안할 수 있을 것이다. 교양교육은 비판적 포스트휴먼 주체로서의 전인적 인간을 양성하기 위한 교육과정이다.

그럼, '기독교교양교육'이라는 말은 어떻게 이해해야 할까?

포스트휴먼 상황을 고려하지 않을 경우, 근대 자유주의적 휴머니즘 전통에서 종교와 교양교육의 관계를 모색하게 된다. 조재천의 논의는 이러한 예를 보여준다. 조재천은 "고전적 교양의 가치와 기독교적 가치의 교집합을 최대한 확보하고 교양교육과정 전체를 기독교적 관점에서 설계하는 시도가 필요하다."(조재천, 2020: 30)고 주장한다. 이를 위해서, 기독교 교육자들이 교양교육을 전담하는 단과대학에 소속될 필요가 있고, 때로는 협업수업을 통해 교양교육 내 융합을 시도할 수도 있다고 제안한다.

나는 어떤 단서 조항을 다는 경우 포스트휴먼 상황을 고려하는 때에도 이 주장과 제안을 일정 부분 유효하게 활용할 수 있다고 생각한다. 단서 조항은 다음과 같다. '기독교적 관점'을 '기독교 탄생을 가능케 한 정신'의 관점이라고 읽을 것. 앞서 밝힌 바 있듯 이 정신은 다름 아닌 생태신학의 초점으로, 날개 잃은 추락 — 인간은 물론 인간과 더불어 사는 지구 내 모든 비인간 존재들의 — 의 역설적 비상의 잠재성, 그리고 이 잠재성이 현현하는 방식으로서의 지속불가능성이다.

게다가, 모든 계기마다 인간 문명이 그래왔듯, 교양의 가치 또한 지구생태계와의 역동적 관계를 세계 변혁의 가능성이자 자기실현의 한계로서 경험하며 어떤 본질적 토대에 안주할 수 없는 해석으로만 남는다. 이는 기독교라는 역사적 종교가 뿜어내는 가치도 마찬가지다. 이런 상황에서 이 둘의 교집합 또한 해석으로만 잠정적으로 가능할 뿐이다. 비판적 포스트휴머니즘에서 발견하듯, 기술적 매개에 의한 포스트휴먼 상황에서 더욱 명확해지는 사실은, 도처에 성찰의 계기가 있다는 사실이다. 이 계기에서 우리 인간 문명이 역사적으로 쌓아온 가치들, 그 하나로서의 고전적 가치, 전통이라고도 불리는 가치가 굳이 외면될 필요도 없다.

포스트휴먼 상황에서 기독교교양교육은 생태신학의 초점이 교양교육과 융합하는 교육이라고 할 수 있다. 기독교교양교육은 그 자체로 '생태적' 기독교교양교육일 수밖에 없는 것이다. 이러한 (생태적) 기독교교양교육은 멀티버시티의 구현에 있어서 좋은 토대[5] 역할을 할 것으로 기대할 수 있다. 이 점은 브라이도티가 멀티버시티에 포함될 수 있는 인문학을 나열하는 데서도 확인된다.

> 지적 창조력을 새롭게 분출하면서 글로벌 멀티-버시티에서 포스트휴먼 인문학이 포함해야 할 것은 다음과 같다. 인문학적 정보학, 즉 디지털 인문학, 인지 혹은 신경 인문학, 환경 인문학, 즉 지속가능한 인문학, 유전공학적

5 여기서 '토대'란 불변하는 확고한 기반을 의미하는 것이 아니라, 무엇인가가 상황과 계기에 걸맞게 자리 잡는 계기적 사건을 제공하는 어떤 것을 의미한다. 토대는 언제나 반-토대적인 한에서 사용될 수 있다.

인 글로벌 인문학 등이다.(브라이도티, 2014: 234)

생태학적 비전은 멀티버시티를 구체적으로 구성하는 한 귀퉁이다. 생태적 기독교교양교육은 이러한 비전을 자본주의를 매개로 트랜스휴머니즘에 각인된 자유주의적 휴머니즘의 끝없는 성장, 이윤의 무한성에 도전하면서 추구함으로써 멀티버시티의 그 귀퉁이에 합류한다. 아직 오늘날 신자유주의적 자본주의에 포섭된 대학이 '생명의 가치,' '공동체성'을 위협하는 방향으로 나아가는 현실 속에서도(조재천, 2020: 29) 멀티버시티의 비판적 포스트휴머니즘 기획이 한 걸음 더 전진할 수 있다면, 생태적 기독교교양교육의 토대적 시도는 값질 것이다. 이러한 기대 속에서 브라이도티의 멀티버시티가 생태신학의 초점 중 하나인 지속불가능성의 진정한 의미, 곧 다음 세대를 위한 기성세대의 책임을 최종적으로 노래하고 있다는 사실을 함께 음미하고자 한다.

> 오늘날의 세계처럼 생긴 대학만이 '멀티-버시티'가 될 수 있으며, 멀티-버시티는 건설적인 포스트-휴머니티를 긍정할 폭발적으로 확장된 제도다. 그러한 제도로서 대학은 노동시장에 통합되어 들어가기 위해서만이 아니라 그 자체를 위해서도 교육을 유지한다. 우리는 이윤을 추구하지 않는 비영리성을 우리 시대 지식 생산의 핵심 가치로 받아들여야 한다. 이렇게 보상 없이 주고받는 무상성(無償性)은 희망의 사회적 지평을 구축하는 것과 연결되어 있고, 그래서 그것은 미래가 정말로 지속가능하리라는 믿음에 던지는 한 표가 된다. 미래는 세대 간 유대, 후손에 대한 책임 그 이상도 그 이하도 아니다. 그것은 또한 우리가 공유하는 꿈, 집단적으로 동의하는 환상이기도 하다. (브라이도티, 2014: 235-236)

## 4 ——— 나가는 말

포스트휴먼 상황과 지구적 생태 위기 상황이 맞물려 돌아가고 있는 상황에서 대학 교양교육이란 어떤 것이어야 할까? 또한, 기독교적 사유는 이 질문에 어떻게 참여할 수 있을까? 이 글은 이 두 질문을 부여잡고 애쓴 결과다. 하지만, 아직 충분히 해명되지 못한 제안이 꽤 있다. 위기의 급박함을 절감하는 상황에서 세밀한 설명과 진득한 토론보다는 거듭되는 촉구와 실천이 개인적으로나 사회적으로나 더 필요한 시기는 아닌지 생각해 본다.

대학의 변모는 브라이도티가 말하듯 사회의 변모에 발맞춰 가야 한다. 지금은, 그 어느 때보다도 의식적이고 의지적으로 그래야 한다. 나는 이 의식과 의지에 새로운 생태신학의 초점이 일정한 역할을 할 수 있다고 생각한다. 비판적 포스트휴머니즘이 제시하는 멀티버시티의 비전을 공유하며 실현해 나감으로써 말이다. 멀티버시티 교양교육의 한 귀퉁이로서 생태적 기독교교양교육은 그 비전과 사유 방식에 있어서는 귀퉁이 이상의 역할을 할 수 있으리라 생각한다. 앞으로 포스트휴먼 시대 생태신학의 초점에 관한 이 글이 드러내는 부족하고 빈 생각과 논리에 대한 평가와 비평이 있으리라 생각한다. 이에 대한 응답과 협력을 통해 기독교 학문 공동체, 대학 학문 공동체가 함께 우리 지구 행성 사회의 긴박함에 절박하게 임하기를 바라마지 않는다.

# ‘종교와 과학의 대화’ 방법론의 기독교교양교육적 활용

이성호 | 연세대학교

## 1 —— 들어가는 말

교양이라는 단어의 첫 번째 사전적 의미는 “문화에 관한 광범위한 지식을 쌓아 길러지는 마음의 윤택함”이다(김흥년, 2018). 그래서인지 대학에서 주로 학부 1–2학년 때 이루어지는 교양교육의 분야들은 굉장히 다양하다. 그리고 그러한 교양교육의 목적들은 이렇게 이해되는 것 같다. 첫째, 교양교육을 통해 학생들은 전공의 심화를 위해 인문사회과학과 자연과학 등의 기초적 지식을 쌓는다. 둘째, 교양교육을 통해 학생들은 세상을 이해하고 시대정신을 발견하여 미래 사회를 이끌어갈 건강한 시민으로 성장한다. 셋째, “마음의 윤택함”이라는 교양의 의미가 담고 있는 것처럼 교양교육은 학생들의 인성을 계발하는데 기여하고자 한다. 그런데, 교양교육에 포함된 전공분야는 다양하지만 어떤 특정한 교양과목 내에서 다양한 분야가 융합되어 가르쳐지는 경우는 많지 않은 것 같다. 예를 들어, 인문학과 자연과학이 한 과목에서 통합되어 가르치는 경우이다. 사실, 교양은 영어의 liberal arts를 번역한 용어이다. 직역하면 자유로운 개성적 기술이다. 2007년에 미국 하바드 대학이 교육의 목적을 위한 리버럴 에듀케이션(liberal education)의 실시라는 선언은 21세기의 대학교육의 방향성을 상징적으로 보여준다. 이 선언에서 하버드 대학은 교양교육의 목적을 "일상에서 자유 교육적 통찰과 적용하고 이해와 실천이 가능하도록 다양한 학문적 조망과 판단하는 것에 있으며, 학생들이 실천적 존재로서 살아갈 때, 필요로 하는 다원적이고 융합적이며 학제적인 관점과 능력을 형성하는 것"이라 규정하고 있다(최현철, 2015: 157).

이러한 교양교육의 본래적 의미를 살리려면 한국의 교양교육도 다양한 분야들이 서로 교류하고 대화하면서 실제적인 과목들 안에서 융합적 교육이 더욱 많이 시도되고 이루어져야 한다. 융합적 교육이 필요한 이유는 분명하다. 첫째, 전혀 어울리지 않을 것 같은 것들이 연결될 때 창의적 일들이 일어난다. 이것이 교양교육이 학생들의 창의성을 길러낼 수 있는 길이 될 수 있다. 둘째, 교양교육에서 있어서 인문학을 배우는 학생과 자연과학을 배우는 학생이 다른 사람이 아니다. 셋째, 4차 산업 혁명시대에서 융합적 지식은 반드시 요구된다. 인문학은 과학을 모르면 세상을 읽어 낼 수 없고, 과학기술은 인문학을 모르면 사람들에게 외면당한다.

이러한 맥락에서 20세기 중반부터 현재까지 발전해 온 '종교와 자연과학의 대화'라는 분야는 4차 산업시대에 융합적 교육을 지향하는 과제를 안고 있는 교양교육 분야에 공헌할 수 있으리라 본다. 특별히, 종교를 바탕으로 한 교육목적 및 방향을 가지는 종립대학들은 4차 산업혁명 시대에 적합한 종교적 가치를 학생들에게 가르치고 구성원들과 공유하며, 더 나아가 과학기술이 첨단화되는 시대에 영성과 인성을 교육해야 하는 어려운 과제를 안고 있다. 일반교양교육에서는 최근에 융합적 교육과 관련한 연구들이 많이 진행되었지만 종교교양교육과 융합교육을 연결시키려는 노력은 찾아보기 쉽지 않은 점도 이 논문이 필요한 점을 보여준다. 이러한 맥락에서 '종교와 과학의 대화'라는 학제적, 융합적 분야는 종교교양교육, 특별히 기독교교양교육의 발전에 있어서 반드시 다루어야 할 분야일 것이다.

그러므로, 본 연구를 통해 필자는 '종교와 과학의 대화'의 방법론이 기독교교양교육의 학제적, 융합적 교육모델 발전을 위해 어떤 함의를 가지는지에 대한 방법론적 연구를 수행하고자 한다.

## 2 —— 4차 산업혁명 시대와 교양교육

### 2.1 4차 산업혁명 시대가 요구하는 창의성과 융복합적 능력

2016년 1월 다보스 포럼에서 최초로 4차 산업혁명 개념을 제시한 다보스 포럼 의장 클라우스 슈밥(Klaus Schwab)은 인공지능, 사물인터넷, 스마트 공장, 유전자 기술, 나노기술, 재생에너지, 양자 컴퓨팅(quantum computing) 등과 같은 "기술이 융합하여 물리학, 디지털, 생물학 분야가 상호교류"하는 장이 바로 4차 산업혁명이라고 정의한다(슈밥, 클라우스, 2016: 35). 또, 창조경제연구회 이사장 이민화는 KAIST 물술미래전략대학원 연구자들과 함께 제4차 산업혁명이 대한민국 사회에 가져올 영향과 향후 전략에 대해 논하면서, 4차 산업혁명을 "현실과 가상이 인간을 중심으로 융합하는 혁명"으로 정의하면서 다른 산업혁명들과의 차별점을 강조하고 있다(KAIST 문술미래전략대학원, 이민화, 2017: 6). 여기서 보는 바와 같이 4차 산업혁명의 화두이자 키워드는 융합이다.

그러므로 4차 산업혁명 시대에는 서로 다른 학문들 간의 학제적 대화에 능숙하고 융합적 사고를 통해 창의적 아이디어를 내 놓을 수 있는 사람이 각광을 받을 것이다. 2011년 당시 애플의 창업자인 스티브 잡스(Steve Jobs)가 아이패드 2 출시 행사에서 "애플의 DNA가 기술로만 이루어져있다는 것은 충분하지 않습니다. 그것은 교양교육(liberal arts)과 결합한 기술, 인문학(the humanities)과 결합한 기술"(Lim, Linda, Gunalan Nadarajan, Jessie Yang, 2020) 덕분이라고 연설한 것은 유명한 일화이다. 잡스의 이러한 표현은 이제 애플이라는 한 회사에 한정되지 않는다. 이제 IT 산업은 물론이고 현실화되고 있는 4차 산업혁명의 기로 위에 놓인 경제와 문명 전반에 해당한다.

4차 산업혁명을 주도하는 핵심 분야 중의 하나는 소위 A.I.(Artificial Intelligence)라 불리는 인공지능 분야이다. 많은 인공지능이 발달하면 할수록 단순 반복 작업에 기반한 직업들은 점차 사라질 위기에 처할 것이라고 예상되고 있다(KAIST 문술미래전략대학원, 이민화, 2017: 321-329). 그렇다면 향후 인공지능이 저변화된 사회에서는 산업 구조도 바뀔 뿐만 아니라 직업 구조도 바뀔 것이다. 앞으로 인공지능의 기술이 어디까지 발전할지 가늠할 수는 없지만 많이 예상되는 시나리오에 따르면 사람들이 인공지능이 대체할 수 없는 일, 창의성을 발휘할 수 있는 일을 하게 된다는 것이다. 변화의 물결 속에서 특정 직업들이 사라지는 어려움도 예상되지만 한편으로는 새로운 직업들이 생겨날 것이다. 특별히, 인공지능과 인간의 협업이 예상된다. 예를 들어, 인공지능이 대량의 데이터를 분석하면 인간은 그 분석결과를 해석하고 자신이 속한 직업이나 회사의 이익에 맞게 의사 결정을 내리는 업무 방식이 많이 활용될 것이다. 그렇다면 창의성을 어떻게 발달시킬 수 있을까?

여러 가지 방법이 있겠지만 위에 애플 회사가 스마트 폰 시장에서 성공을 거둔 사례처럼, 이질적으로 보이는 분야들이 교류하고 융합하는 과정에서 창의적인 아이디어가 발생하고 창조적 결과들이 발생할 수 있다. 인공지능의 분야만 해도 그렇다. 인공지능의 기본 아이디어는 인간의 인지능력을 모델로 하여 컴퓨터가 인간처럼 사고하게 하려는 것이다. 그렇다면, 인공지능의 기술을 구현할 컴퓨터 공학자도 필요하겠지만, 인간의 인지 능력과 마음을 연구하는 신경과학, 심리학, 철학의 도움이 반드시 필요하다.

이와 더불어 현대사회가 점점 더 복잡해지는 만큼 해결해야 될 문제들은 매우 복잡한 층위와 분야들과 연결되어 있다. 그 만큼 한 분야의 전문가가 복잡한 문제를 풀 수 없다. 요즘 가장 피부에 와 닿는 문제는 코로나19 팬데믹이다. 매일 나오는 관련 뉴스를 보면 이 문제를 분석하고 해결하기 위해 많은 전문 분야들이 활용되고 있음을 알 수 있다. 코로나19 바이러스 이해를 위해 바이러스학자, 감염학자들이 필요하고 이 감염병 확산을 막기 위해 의사, 보건전문가, 방역전문가 필요하다. 또, 이러한 전염병 재난을 국가 단위로 통제하고 경제적 피해를 줄이기 위해 정치인, 공무원, 경제전문가들이 필요하다. 이렇게 서로 다른 분야의 사람들이 다른 분야 사람들을 잘 이해하고 그들과 생산적으로 소통하고 협력한다면 코로나19를 효과적으로 극복할 수 있을 것이다. 이러한 극적인 예에서 알 수 있듯이, 앞으로의 세계는 다양한 분야를 학제적으로 연결하고 융합적 사고를 할 수 있는 인재를 더욱 필요로 한다.

### 2.2 융복합적 교양교육

교양교육의 기원은 "고대 그리스, 로마 시대의 자유교육(liberal arts)"에까지 거슬러 올라간다. 여기서의 '자유교육'은 당시 자유인으로 불렸던 지도층에 있는 소수 엘리트 시민들로서 갖추어야 할 지식, 정서, 도덕, 덕성 등에 대한 교육을 의미했다. 이러한 시대적 맥락에서 "경작된 정신의 수확

물"이란 뜻을 가진 '교양'(culture/Kultur)을 교육하는 일은 "인간다운 인간"을 키운다는 의미였다(최현철, 2015: 156). 이러한 자유교육으로서의 교양교육은 중세시대와 근대시대까지 교육의 기본적 토대에 영향을 미쳤다. 하지만 근대시대 산업혁명(소위 2차 산업혁명)이 20세기 사회전반을 지배하면서 대학교육의 성격도 바뀌게 되었다. 대량생산과 규격화의 패러다임에 맞게 사회는 소수 엘리트가 아니라 산업현장에 유용하며 일정수준의 교육을 받은 다수의 대중을 필요로 하였다. 이에 따라 교육의 경향은 지식 축적, 분업화와 연동되는 전문분야들의 세분화, 인문학과 자연과학의 철저한 분리를 추구했다. 이런 맥락에서 대학의 교양교육의 의미는 자유교육에서 일반교육(general education)으로 바뀌었다.[1)]

그러나 위에서 살펴본 바대로 21세기에 들어와 시대의 흐름은 급변하여 어느새 4차 산업혁명 시대에 도달했고 현 시대는 다양한 학문의 융합과 협업을 할 줄 아는 창의적 인재를 요구하게 되었다. 과거에 고도의 전문화를 추구하며 학문성을 높인 상아탑은 이제 오히려 학문 간에 효율적인 소통이 이루어지지 않아 복잡한 현실을 제대로 분석하고 해법을 내놓지 못하게 하는 장벽이 되고 말았다. 이를 타개하기 위해 21세기 이후 학문계의 화두는 학제성, 횡단성, 복합성, 융합성 등이 되고 있다. 이에 교양교육의 흐름은 다시 일반교육에서 자유교육을 강조하는 쪽으로 변환되고 있다. 하지만, 현재의 자유교육은 근대 이전까지의 계급적 차별성을 전제한 자유교육과는 다르다. 위에서 언급한 2007년에 개편된 하버드 대학의 교양교육 목적이 다원성, 융합성, 실천성을 강조하고 있는 점은 이러한 흐름을 잘 보여주며 나아가 '자유'의 의미는 창조적 파괴, 기존 질서에의 도전을 할 수 있는

1 1945년에 하버드 대학이 "자유사회에서의 일반교육의 목적에 관한 대학위원회"(University Committee on the Objectives of a General Education in Free Society)를 조직한 것은 이러한 점을 잘 드러내준다(최현철, 2015: 157).

'자유'라는 함의를 가지기도 한다.

그러면 4차 산업혁명 시대를 맞이하여 새롭게 이해되는 '자유적' 교양교육은 어떻게 성취될 수 있을까? 이에 대해 다수의 교양교육 학자들이 융복합적 교양교육의 길을 제시하고 있다. 김종규와 원만희는 "4차 산업혁명 시대와 플랫폼으로서의 교양교육"이라는 논문에서 생각보다 빨리 닥쳐올 4차 산업혁명 시대는 특정 분야보다는 여러 분야가 함께 "복잡한 목표를 달성하는 데에 중점"을 두게 될 것을 예상하면서(김종규, 원만희, 2018: 214) 기존 교육이 목표로 삼지 않았던 역량인 "'공감과 배려 능력', '글로벌 트렌드 학습 능력', 그리고 '융·복합적 사고 능력'"을 사람들에게 요구할 것이라는 전문가들의 예측을 전해준다(김종규, 원만희, 2018: 218). 유성욱 또한 "2018년 2주기 대학기본역량진단 이후 대학들은 교육과정에 '4차 산업혁명', '융복합', '역량' 등의 키워드"를 담고자 노력하는 경향이 점차 많아진다고 지적하고 있다(유성욱, 2020: 152). 이는 융복합 교육이 4차 산업혁명 시대의 교육 트랜드임을 반영하는 것이다. 그런데 융복합이라는 단어는 융합과 복합이라는 두 단어의 합성어이다. 그렇다면 융복합 교육을 강조하기 이전에 이 두 용어의 정확한 의미를 파악하는 일이 필요하다. 안호영은 이에 대해 다음과 같이 구분하며 정의를 내리고 있다(안호영, 2015: 63).

> "복합은 '서로 이질적인 학문 분야들의 다면적 혹은 다층적 결합'을, 융합은 '다양한 학문  분야들에 바탕을 두지만 이것들을 넘어서는 새로운 학문 분야의 창조'로 규정하여 사용할 것이다…그러므로 융복합은 '서로 이질적인 학문 분야들이 다면적인 결합을 이루며, 새로운 학문 분야의 창조 가능성'으로 규정될 수 있을 것이다."

김혜영도 안호영과 유사한 맥락에서 융합교육을 다음과 같이 정의하고 있다(김혜영, 2013: 26).

> "'융합교육'이란 하나의 전공분야 혹은 여러 전공 분야들의 단순한 집합으로는 풀 수 없는 새롭고, 복잡한 현상과 과제를 다루기 때문에 대학의 인식전환이 요구되는 미래 지향적인 학문영역으로 정의된다. 보편적으로 융합교육이란 기존의 전공지식만이 아닌 두 개 이상의 전공을 융합하여 현시대에 더욱 실제 사회와 밀접한 관계가 있도록 하는 응용된 교육이라고 일컬어져 왔다."[2)]

정리하면 4차 산업혁명 시대가 필요로 하는 인재는 복잡하고 다차원적인 현실 문제를 다른 사람과 협업하며 풀어낼 수 있는 사람이며, 이러한 인재를 키우기 위해 필요한 교육은 다양한 학문들을 창의적으로 융합하고 새로운 해석, 새로운 해결법, 심지어 새로운 분야를 창조해낼 수 있도록 돕는 융복합 교육이다.

## 2.3 융복합 교육시대에 종교교양교육

이렇게 새로운 4차 산업혁명 시대를 맞아 급변해가는 환경 속에서 종교를 통한 교양교육은 어떻게 대응해야 하는가는 종교를 기반으로 세워진 종립대학교들에게 큰 도전이자 질문이 될 것이다. 기독교, 불교, 유교 등의 종교는 인류역사와 함께해 왔다고 할 정도로 그 역사는 고대시대로부터 이어져 왔다. 그 만큼 각 종교의 경전이나 가르침은 수천 년 전에 형성된 것

2 사실, 김혜영은 그의 논문, "융합교육의 체계화를 위한 융합교육의 방향과 기초융합교과 설계에 대한 제언"에서 융합교육이 그의 정의대로 이루어지려면 융합역량을 키울 수 있는 기초교양교양교과의 설계 및 운영이 필요하다고 주장한다(김혜영, 2013: 27).

들이 많기에 디지털 시대에 태어난 현재 학생들에게는 이 시대를 담아내기에는 종교의 가르침이 너무 낡은 것으로 오해되거나 수용될 가능성이 존재한다. 그러므로 현 시대를 향한 함의를 탐구하지 않은 채 종교단체의 교육 방식과 유사하게 경전이나 교리의 내용 자체를 대학의 교양과정에서 가르치는 일은 더 이상 적절치 않을 것이다. 이는 "종단의 신앙을 주입하는 신앙 교육적 성격보다 종교학적 성격을 강화하여 일반 교양교육을 지향하고, 기존의 민족, 종교, 계층, 성 역할 등에 대한 편견에서 벗어나 객관적·비판적으로 사고하여 잘못된 신념으로부터 벗어나는 것을 강조하는" 제7차 종교교육과정과도 맥락을 같이한다(유성욱, 2020: 157). 종교교양교육의 주체들은 이 점을 염두에 두어야 할 것이다.

하지만 유성욱은 기존 종교교양교육의 역사에서 특정 종교나 종파에 대한 신앙체계 교육 일변도의 관행을 날카롭게 비판하면서도 종교교육이 융복합 교육에 최적화된 분야라 주장한다. 왜냐하면, "종교는 인류가 이루어 온 문화적 결합체로서, 문학이나 예술, 음악, 철학, 역사 등 여러 학문 분야에 대한 지식정보를 기반으로 연구해야 하며, 그 대상이 특정 종교든 타종교를 포함한 종교 일반에 관한 것이든 다양한 분야의 지식정보와 관점으로 종합적인 이해"를 필요로하기 때문이다(유성욱, 2020: 156). 그런데 종교교양교육이 융합시대에 맞게 변모하려면 종교와 타학문이 어떻게 대화하고 융합할 수 있는지에 대한 방법론적 고민이 필요하다. 이러한 이유로 본 논문은 융합을 부르짖기 훨씬 전인 20세기 중반과 후반을 거치면서 이미 정착되었던 '종교와 과학의 대화' 분야를 살펴보고자 한다. 4차 산업혁명 시대가 되면서 과학과의 대화가 그 어느 때보다 중요해진 만큼 '종교와 과학의 대화' 방법론 탐구는 향후 융합적 종교교양교육의 개발을 위해 필요한 작업이다. 특별히, '종교와 과학의 대화'는 기독교 과학자들과 신학자들에 의해 주도되어왔기에 기독교교양교육 여러 가지 측면에서 시사하는 바가 있을 것이라 기대된다.

## 3 ——— '종교와 과학의 대화' 방법론: 이안 바버(Ian Barbour)와 로버트 러셀(Robert Russell)을 중심으로[3)]

### 3.1 '종교와 과학의 대화' 분야의 배경

종교인과 비종교인을 가리지 않고 사람들 사이에는 종교와 자연과학 사이에 갈등과 충돌만 존재한다는 생각이 여전히 퍼져 있다. 특히, 기독교 내지 기독교 신학은 자연과학과 양립할 수 없다는 많은 그리스도인들이 존재한다. 이는 실제로 양자의 갈등이 일어났던 역사적 사례들이 사람들의 뇌리에 깊이 남아있기 때문이다. 몇 가지 사례만 들어보자. 통상적으로 중세 시대는 과학에 대한 암흑시대로 인식된다. 자연과학은 교회의 의해 통제된 문화 속에서 발전할 기회를 갖지 못했다. 근대시대로 전화되던 시기에 갈릴레오는 공식적인 입장이기는 하지만 교황청의 위협 앞에서 태양중심설을 포기할 수밖에 없었다. 또, 문자주의적 근본신앙을 기반으로 하는 창조과학자들이 20세기 동안 찰스 다윈의 진화론을 부정하고 신앙의 적으로 간주해온 역사 또한 기독교와 과학의 갈등관계에 대한 대표적 사례이다.

그러나 이러한 사례들은 세간의 관심을 불러일으키기에 충분하기는 하지만 종교와 과학의 다양하고 복잡한 관계의 역사를 놓고 볼 때 지극히 단편적이다. 특별히 '종교와 과학의 대화'라는 새로운 분야를 개척한 이안 바

3 본 논문의 3절은 필자의 박사학위논문, "Becoming Human through Relationships: The Trinity, Non-humans, and Humans in Radical Relationships"(Ph.D. diss., Graduate Theological Union, 2016) 1장의 일부 내용을 수정 보완하였다.

버(Ian G, Barbour)의 종교와 과학의 이슈들(Issues in Religion and Science)(Barbour, Ian, 1966)과 과학역사가들인 데이비드 린드버그(David C. Lindberg)와 로날드 넘버스(Ronald L. Numbers)가 대표 편집한 신과 자연(Lindberg, David C. and Ronald L. Numbers, 1986)은 과학과 기독교의 다양한 만남의 역사에 대해 역사적 증거를 탐구하고 균형 잡힌 시각을 제공해준다. 핵심은 과학과 기독교 사이의 상호만남이 계속되어왔다는 사실이다. 상호 관계를 통해 기독교와 과학은 직간접적으로 역사 속에서 세계관과 시대적 패러다임의 형성에 일조하였다. 우선 아이작 뉴튼(Issac Newton)과 르네 데카르트(Rene Descartes)로 대표되는 17세기의 과학과 철학은 세계를 일종의 자연 법칙에 의해 조정되는 기계로 해석했다. 인과 법칙에 기초한 과학은 아리스토텔레스의 목적론에 기반한 중세 세계관을 대체하였다. 뒤바뀐 세계관 안에서 기독교 신학은 신을 설명할 때 시계공 비유를 사용했고 이는 신의 창조행위를 태초의 세계설계에 국한하여 해석하는 이신론(Deism) 형성에 영향을 주었다(Barbour, Ian, 1997: 17–23).

18세기에 이르러 자연과학은 자연을 결정론적 방식으로 이해하게 되면서 기독교 신에 대한 담론도 축소되었다. 데이비드 흄(David Hume)은 자신의 경험론을 통해 자연을 통해 신 존재 증명을 시도했던 자연신학은 철학적, 과학적으로 더 이상 가능하지 않다고 주장했다. 임마누엘 칸트(Immanuel Kant)는 과학과 도덕성의 철학적 기초를 수립하고자 실재계와 현상계를 분리시켰다. 이 같은 분리는 결정론적 과학의 도전으로부터 종교(기독교)를 구하는 철학적 기여를 했을지는 몰라도 결국 19세기 자유주의 신학의 시대부터 20세기 중반까지의 신정통주의 신학 및 실존주의 신학의 시대에 이르기까지 기독교를 주관주의에 가두어 놓고 말았다(Barbour, Ian, 1997: 34–35, 45–47).

19세기에 등장한 다윈의 진화론 또한 과학과 신학 모두에 지대한 영향을 주었다. 이제 과학은 자연을 정체된 존재가 아닌 역동적 과정으로 이해하기 시작했다. 진화론에 대한 기독교의 반응들은 매우 다양했다. 일부 문자주의자들은 진화론을 거부했을 뿐 아니라 현재까지 공공 교육의 영역에서 창조과학 운동을 통해 진화론에 맞섰다. 하지만 다른 많은 신학자들은 진화의 현상을 신의 섭리와 창조의 관점에서 이해해왔다. 한편 과학적 진화론을 왜곡된 형태로 이념화 한 사회진화론(Social Darwinism)은 19세기를 지배했던 진보주의 형성에 기여했다. 사실 진보주의가 19세기 성서고등비평과 자유주의 신학의 문화적 배경이었음을 주지할 필요가 있다. 이와 같이, 과학과 신학은 지속적 관계의 역사를 공유하고 있다(Barbour, Ian, 1997: 52–53, 57–59).

그러나 신학자들과 과학자들이 과학과 신학의 관계를 체계적 방법들을 통해 탐구하고 신학의 재구성을 위해 과학 연구들과 그 함의들을 깊이 고민하기 시작한 시기는 1960년대이다. 사실, '종교와 과학의 대화'라는 독립된 분야가 형성된 배경에는 과학과 신학 모두에 있어서 몇몇 혁신적 변화가 있기 때문이다.

첫째, 20세기 이후로 과학은 혁명적인 발전을 맞이하였다. 상대성 이론과 양자역학의 등장은 근대 물리학의 기초였던 절대 시간과 절대 공간의 개념을 무너뜨렸다. 특별히, 양자역학의 불확정성의 원리는 근대과학의 결정론적이고 환원론적인 기초를 흔들어 놓았다. 진화생물학과 신경과학의 놀라운 진보는 과학이 전통적인 인문학과 신학의 경계를 넘나들게 했고 이를 통해 인간 본성에 대한 흥미로운 토론들이 진행되었다. 한편, 칼 포퍼(Karl Popper), 토마스 쿤(Thomas Kuhn), 임레 라카토스(Imre Lakatos), 폴 파이어아벤트(Paul Feyerabend)와 같은 과학철학자들은 서로 다른 입장을 가지고 있음에도 모두 과학 자체에 대한 새로운 이해를 가져다줬다. 과학철학자들이 공통적으로 언급하는 과학에 대한 핵심적 규정은 다음과 같다.

우선, 과학이론들의 발전은 과학자 집단들이 반복된 실험을 통해 창조적 가설을 증명하게 되고 그러한 이론이 일관적이고, 생산적이며, 예측 가능할 때 이루어진다. 하지만, 특정 가설의 수립과 증명의 과정 속에서 과학자의 인격, 주체성, 편견, 그리고 문화적 가치와 같은 비-과학적 요인들이 개입할 가능성은 분명히 존재한다는 점을 많은 과학철학자들은 지적한다. 그러므로 과학 자체는 시대적 맥락의 한계를 가지고 있다. 다시 말해, 특정한 과학 패러다임 아래에서 과학적 실험의 구조화, 데이터 해석, 그리고 과학 이론의 수립이 이루어지는 것이다.

둘째, 20세기 전반기 동안 신정통주의 신학과 실존주의 신학으로 양분되어 있던 서구신학은 1960년대 이후로 다양한 상황 속에서 일어난 신학적 반성과 운동들에 의해 도전을 받았고 그 결과로 라틴 아메리카 해방신학, 흑인신학, 여성신학, 그리고 종교간 대화와 같은 다양한 신학적 목소리들이 등장하였다. 이런 맥락에서 종교와 과학 사이의 대화는 현대의 신학적 담론을 풍부하게 하는 또 하나의 다양한 목소리라고 말할 수 있다. 왜냐하면 이 종교와 과학의 대화 분야는 다양한 과학분야들과 학제적 대화를 하면서 과학 이론들과 패러다임의 추이를 진지하게 반성하는 일을 통해 기독교 신학의 재구성을 꾀하기 때문이다.

셋째, 알프레드 화이트헤드(Alfred North Whitehead), 존 캅(John Cobb), 떼야르 샤르뎅(Teilhard de Chardin)과 같은 철학자들과 신학자들은 기존 신학의 인간중심주의적 혹은 구원중심적 패러다임을 넘어서 과학적 진화론이나 자연의 형이상학을 신학적 반성과 구성에 직접 연결시키기 시작하였다. 그러므로 이와 같은 세 가지 요인들이 새로운 학문분야인, '종교와 과학'이 세상에 등장하도록 도왔다고 말할 수 있다.

### 3.2 이안 바버 (Ian Barbour)

지금까지 종교와 과학이 어떻게 영향을 주고받으며 대화의 분위기가 형성되고 '종교와 과학의 대화' 분야가 출현하게 되었는지 살펴보았다. 이제부터 필자는 '종교와 과학' 분야의 대표적인 두 학자, 이안 바버와 로버트 러셀이 제시한 '종교와 과학의 대화' 방법론의 핵심을 설명하려고 한다.

바버를 이 분야의 선구자로 말할 수밖에 하는 이유는 그가 종교와 과학 사이에 대화가 가능하도록 만드는 방법론적 기초를 세웠다는 사실 때문이다. 바버는 종교와 과학 사이에 유비적 관계가 존재함을 드러내는 인식론적 기초로서의 실재관인 비판적 실재론(critical realism) 입장을 취하고 있다(Barbour, Ian, 1966: 117). 우선 비판적 실재론은 인간의 주체와 정신에 관계없이 외부 실재가 존재한다는 실재론의 기본적 전제를 따른다. 이런 의미에서 관찰자와 대상 사이에 방법론적 거리가 필수인 과학적 관찰과 연구가 가능해진다. 하지만 비판적 실재론은 실재세계가 관찰자가 보는 것 그대로 존재한다고 믿는 소박 실재론(naïve realism)을 거부한다. 오히려 비판적 실재론이 바라보는 실재세계는 비판적으로 이해되고 재구성되어야 하는 것이다. 왜냐하면 실재는 상징, 비유, 이론, 언어 등등의 다양한 수단에 의해 간접적으로 매개될 수밖에 없기 때문이다. 그러므로 바버는 이러한 비판적 실재론의 기반 위에서 철학적으로 다음의 세 가지 입장을 거부한다. 첫째, 종교를 과학으로 환원시키려는 존재론적, 인식론적 환원주의. 둘째, 종교와 과학을 철저히 분리시키려는 존재론적 이원론 혹은 언어적 분리주의, 셋째, 도구주의 및 실증주의 과학철학이다(Russell, Robert J., 2008: 5).

바버는 다양한 과학적 혁명들이 주목하면서 그러한 변화들이 종교와 신학에게 새로운 영감을 제공할 수 있다고 믿는다. 그는 칼 헴펠(Carl G.

Hempel), 포퍼, 쿤과 같은 과학철학적 담론들을 따르면서 과학의 이론들은 가설연역적 방법에 기초한 동시에 패러다임에 기반해 있다고 주장한다(Barbour, Ian, 1990: 32-33). 어떤 과학 이론도 구조화되지 않은 실험과 관찰로부터 자동적으로 도출되지 않는다. 한 이론을 세워가는 전체 과정 속에서 가설 수립은 실험과 관찰에 선행한다. 적절한 가설을 세우는 일은 개별 과학의 분야 안에서 체계적 훈련을 필요로 할 뿐 아니라 과학자의 창의성과 상상력 그리고 영감까지도 필요하다. 그 후에 수립된 가설은 다양한 실험, 검증, 그리고 연구들을 통해 경험적 요소들을 통해 확증되는 것이다. 그리고 최종 단계에서 가설은 과학자 집단으로부터 검증과 조사의 과정을 겪은 후에 비로소 하나의 과학이론으로 탄생하는 것이다.

바버에 따르면 이러한 과학 이론 형성의 과정이 종교 경전과 가르침이 형성되는 과정과 크게 다르지 않다. 오히려 과학과 종교 사이에 유비적 유사함이 존재한다. 특정한 종교 텍스트나 교리는 종교적 영감과 계시를 통해 형성된다. 그리고 난 후 역사 속에서 그 텍스트나 교리를 따르는 자들이 종교 경험과 해석을 통해 텍스트나 교리를 증언, 지지, 계승하며 발전시킨다. 더욱이 모델, 비유, 상징들이 종교와 과학에서 실재를 드러내고 매개하는데 중요한 역할을 한다(Barbour, Ian, 1990: 31-65).

이런 측면에서 종교인과 과학자는 진리를 추구한다는 공통점을 가진다. 종교와 과학은 도구주의자들이 주장하는 것처럼 단지 인간 사회의 유용한 목적을 위해서만 구성되지 않는다. 또한 종교와 과학은 단지 언어게임도 아니고 상호가 소통이 불가능할 정도로 전혀 다른 언어 체계로 이루어진 것도 아니다. 종교와 과학 모두는 같은 실재와 진리를 가리키며 그래서 과학과 종교는 상호 작용하는 동반자적 관계 속에 있다고 바버는 주장한다. 그럼에도 바버는 종교와 과학이 추구하는 진리는 실재가 보이는 그대로 혹은 표현하는 그대로 존재한다는 소박 실재론에 근거한다고 생각하지는 않는다. 실재는 인간의 언어와 문화의 일부분인 다양한 이론, 모델, 비유 그리고 상징들을 통해 매개되기 때문에, 매개된 실재의 모습은 반드시 비판적으로 수용되어야 한다. 그래서 바버는 자신을 비판적 실재론자(critical realist)로 불렀다.

바버는 역사 속에서 종교와 과학 사이에 형성된 관계를 네 가지 유형, 즉 갈등, 독립, 대화, 융합으로 분류한다. 첫째, 바버는 "과학적 유물론"과 "성서 문자주의"를 갈등 유형의 대표적 예로 든다. 환원주의에 근거한 "과학적 유물론"은 과학만이 진리에 이르는 유일한 길이며 종교적 진리를 의심한다. 반면에, "성서문자주의"는 성서를 역사적, 해석학적으로 이해하는 성서비평 뿐만 아니라 성서를 상징적이며 비유적으로 이해하는 교회 전통도 거부한다. 성서를 문자 자체로 수용할 뿐이다. "과학적 창조론자들"도 "성서문자주의" 신념 때문에 과학적 진화이론 자체를 거부하며 부당한 정치적 힘을 과학을 향해 사용하기도 한다(Barbour, Ian, 1990: 4-10).

둘째, 독립 유형에 따르면 종교와 과학은 서로 다른 방법과 언어를 가지기 때문에 두 분야는 중첩될 수 없는 분리된 영역이다. 이 유형은 과학적 창조론의 성서와 과학에 대한 오용에 맞서는 일에 효과적으로 활용될 수 있다. 또, 바버는 종교와 과학의 독립적 관계 속에 신정통주의 신학과 실존주의 신학을 포함시키고 있다(Barbour, Ian, 1990: 10-16). 하지만 독립 유형은 앞에서도 언급한 과학과 종교가 서로 상호작용해 온 다양한 역사적 사례들을 설명해 줄 수 없는 한계를 가진다.

셋째, 대화 유형에서 성서의 창조 이야기에서 발견되는 자연 법칙의 존재에 대한 말씀이 과학을 발전시킨 원인이 되었다고 해석된다. 동시에 과학은 과학만으로는 대답될 수 없는 경계 질문들을 제기하며 이 질문들은 결국 종교영역으로 넘어가게 되는데 이 과정에서 종교와 과학의 대화가 이루어질 수밖에 없는 것이다. 대화론자들은 토마스 쿤의 과학 철학의 도움을 받아 종교와 과학 사이에 방법론적 유사성이 존재한다고 확신한다. 그런데 바버는 기독교 교리의 변화될 가능성이 존재한다는 점에서 종교와 과학의 유사성 주장은 양자의 차이를 간과한다고 비판하며, 오히려 "삶의 길"인 종교의 독특성이 존재함을 주장한다(Barbour, Ian, 1990: 16-23).

넷째, 바버는 융합 유형이 종교와 과학의 대화를 위한 가장 적절한 입장이라고 주장한다. 이 유형은 자연으로부터 신을 설명하려는 "자연 신학"(natural theology)과 신앙의 증언인 성서로부터 출발하는 "자연의 신학"(theology of nature)으로 구분된다. "자연 신학"이 자연에 대한 경탄을 신 존재를 증명한다고 여김에도 불구하고 이 자연신학 모델은 성서의 하나님과 거리가 멀며 또 다른 형태의 이신론(deism)으로 생각될 수 있다. 그러므로 바버는 "자연의 신학"을 지지한다. 이 "자연의 신학"은 성서의 증언에서 출발하면서도 보편적으로 수용된 과학 이론과의 대화를 통해 교리의 변혁을 추구한다. 특별히, 바버가 "체계적 융합"으로서 과정철학(process philosophy)과 과정신학(process theology)을 소개한다. 과정철학(신학)이 현대 과학의 자연에 대한 설명과 가장 잘 어울리면서 몸과 마음 그리고 인간과 자연 사시에 이원론을 극복해 줄 수 있는 "하나의 생태적이고 유기체적 모델"이기 때문에 바버는 과정형이상학을 지지한다(Barbour, Ian, 1990: 23-30).

### 3.3 로버트 러셀(Robert John Russell)

로버트 러셀은 앞에서 소개한 이안 바버에게 영향을 받은 후 기독교 신학과 과학의 대화 영역에 자신의 삶을 헌신했다. 1980년대 초반에, 러셀은 미국 버클리에 신학과 자연과학 센터(the Center for Theology and Natural Sciences)를 설립했다. 1990년대 이후에는 러셀을 중심으로 신학과 자연과학 연구센터가 바티칸 천문대(the Vatican Observatory)와 함께 "신의 행위"라는 공동주제를 가지고 여러 개의 연구 프로그램들을 진행했으며 이를 통해 물리학, 생물학, 신경과학 등의 다양한 과학들과 대화하면서, 신이 세계 속에서 어떻게 활동하고 세계와 어떤 관계를 가지고 있는지에 대한 탁월한 시리즈 논문집들을 출판해왔다.

이러한 학문적 여정 속에서 러셀은 기독교 신학과 과학 사이에 상호작용을 위한 자신만의 방법을 제시하기에 이르렀다. 그는 그 방법을 CMI, 즉 창조적 혹은 건설적인 상호 작용(Creative or Constructive Mutual Interaction)이라 부른다(Russell, Robert J., 2008: 22). 이 방법은 종교와 과학을 단순하게 비교한 이안 바버의 유비적(analogical) 방법과는 다르다. 러셀의 CMI는 단지 비교하는 접근을 넘어 종교와 과학, 양자 사이에 벌어지는 "상호 작용" 현상에 주목한다. 러셀은 "종교와 과학"의 이전 방법들이 양자의 상호작용에서 한쪽 측면만 강조해온 것에 만족하지 않는다. 다시 말해, 종교와 신학만이 과학의 발전에 영향을 받거나 제한된다는 주장에 러셀은 동의하지 않는다. 오히려, 러셀의 입장은 종교 내지 신학 또한 과학자들에게 영향을 줄 수 있거나 종교적 영감이나 철학적 반성과 같은 다양한 매개를 통해 과학 이론 형성의 과정에 관여할 수 있다는 것이다.

여기에는 러셀이 20세기에 현대 신학을 주도한 대표적 학자들 중 한 사람인 독일 신학자, 볼프하르트 판넨베르크(Wolfhart Pannenbeg)에게 기대고 있는 면이 존재한다. 판넨베르크는 자연과학이 그리하듯이, 신학 또한 진리를 추구하는 하나의 과학이라 이해한다. 기독교 신학은 또한 하나님이 창조자이자 섭리자라고 믿기 때문에, 신학은 개인적이고 주관적 영역으로 제한될 수 없으며 다른 과학들과의 소통을 통해 공공 영역에서 자신의 목소리를 낼 수 있어야 한다. 이러한 이유 때문에 판넨베르크는 과학과의 대화를 시작했고 신학은 과학에 지적 도전을 줄 수 있다는 대담한 주장을 했다. 이와 비슷하게 러셀의 CMI 또한 과학과 신학 모두의 상호 변혁을 추구한다(Russell, Robert J., 2012).

하지만, 러셀의 CMI가 형성된 긴 여정 안에서 CMI를 완성시키기 위해 그가 수용한 두 가지 방법들을 추가로 언급할 필요가 있다. 첫째, 러셀은 영국 생화학자이자 신학자인 아서 피코크(Arthur Peacocke)의 "인식론적 전체론"을 받아들였다. 피콕의 창발(emergence) 이론에 따르면, 자연세계에서 상위 차원을 다루는 이론들은 하위 차원 이론들의 제한을 받으면서도 하위 차원들로 완전히 환원되지 않는다. 예를 들어, 생명 세계의 모든 현상은 물리 세계의 현상을 기반으로 하지만 물리학의 이론들에 의해 설명될 수 없다. 이는 신학에도 적용된다. 피코크가 제안한 모든 학문의 위계 구조에서 인문학과 함께 가장 높은 차원에 위치하는 신학은 낮은 차원을 다루는 자연과학의 발견들에 의해 제한된다. 그러나 부활과 같은 신학의 고유한 개념은 낮은 차원의 학문들에 의해 온전히 설명될 수 없는 것이다(Russell, Robert J., 2008: 6-7).

둘째, 과학철학자이자 신학자인 낸시 머피(Nancy Murphy)는 대표적인 과학 철학자인 임레 라카토스(Imre Lakatos)의 과학 철학을 신학에 적용하였는데, 러셀은 이를 적극 수용하였다. 포퍼의 반증주의와 쿤의 혁명적 패러다임 이동을 조화시키려고 노력했던 라카토스는 과학 이론이 핵심 가설과 그것을 둘러싼 보조 가설들로 이루어져 있다고 주장한다. 그는 이러한 과학 이론의 구성을 "연구 프로그램(research program)"이라 부른다. 라카토스는 또한 한 연구 프로그램이 다른 프로그램들보다 생산적이고 진일보하는지 합리적으로 결정해주는 일련의 기준들을 제시한다. 그 중에 핵심 기준은 "새로운 사실들"에 대한 프로그램의 예측 능력이다. 머피는 이러한 방법과 기준을 신학에 적용한다. 모든 신학의 방법과 교리들은 핵심 가설과 보조 가설들로 분석될 수 있다. 신학의 경쟁력은 새로운 경험과 사실들을 설명하거나 해석할 수 있는 능력에 달려있는 것이다(Russell, Robert J.,

2008: 16–17).

그러나 러셀의 진정한 공헌은 그가 라카토스의 방법을 과학과 신학의 상호작용 틀에 적용시킨 것에서 발견된다. 어떤 신학자가 과학이 발견한 새로운 사실에 대한 반성을 통해 신학을 재구성할 필요가 있지만, 동시에 과학자 또한 신학이 제공할 수 있는 영감과 철학적 함의에 도전 받은 후에 새로운 과학적 가설이나 이론을 구성할 수 있는 것이다(Russell, Robert J., 2008, 21).

이 지점에서 우리는 러셀이 과학과 신학의 창조적 상호 작용의 일부분으로 발전시킨 이론적 사례들에 주목할 필요가 있다. 첫 번째 사례는 과학 연구 프로그램(Scientific Research Program)이 신학 연구 프로그램(Theological Research Program)에 영향을 미친 경우이다(SRP → TRP). 러셀은 양자역학의 도움을 받아 신과 세계의 관계를 다루는 신학적 담론의 발전을 위해 소위 NIODA라는 약어로 부르는 “비간섭적 신의 행위(Non–Interventionist Divine Action)” 개념을 제안한다. 근대시대 이후에 많은 신학자들은 신과 세계의 관계를 해석하고자 할 때 많은 어려움을 겪었다. 이는 근대과학혁명 이후로 사람들은 세계를 기계론, 결정론, 환원주의, 그리고 유물론의 시각에서 세계를 이해했고, 이에 따라 신이 세계에 관여한다는 생각은 불가능해 보였기 때문이다. 이런 맥락에서 일부 보수적 신학자들은 전통적인 특별 계시 개념을 지키기 위해 자연 세계의 물리적 원리를 위한하면서 신이 세계에 간섭한다는 간섭주의 모델에 사로잡혔다. 반면에, 근대과학을 수용한 자유주의 신학자들은 자연법칙에 대한 신의 비간섭을 전제하면서 오직 일반 계시만을 지지했다. 그들은 또 신의 행위가 인간 주체의 내면세계 안에서 경험 가능하며 자연의 과정과는 아무런 관계가 없다고 주장했다. 그러나 러셀은 자연신학의 관점에서 이러한 자연에 대한 보수신학과 자유주의 신학의 전통적인 입장들에 모두 문제가 있다고 비판한다. 나아가 러셀은 우리가 양자 물리학의 불확정성의 원리를 “존재론적 비결정론”으로 받아들인다면, 신은 비결정적 자연 법칙을 간섭하는 일 없이 특별한 방식으로 세계와 관계를 맺을 수 있다고 주장한다(Russell, Robert J., 2008: 18-20; 러셀 책의 4장 참조).

두 번째 사례는 신학 연구 프로그램(Theological Research Program)이 과학 연구 프로그램(Scientific Research Program)에 영향을 미치는 경우이다(TRP→SRP). 종말론은 기독교 신학에서 핵심 교리 중의 하나이다. 기독교는 구원 개념을 개인적 구원으로 제한하거나 고대 그리스 철학처럼 영육이원론을 지지하지 않는다. 오히려, 기독교는 구원을 “새 하늘과 새 땅” 혹은 “새 창조”와 같은 상징들로 표현해왔다. 다시 말해, 하나님 나라가 완성되는 마지막 때에 인간은 생명세계 및 우주 전체와 더불어 완전히 새롭게 변혁될 것이다. 예수 몸의 부활은 온 우주의 변혁을 종말론적으로 예기한다. 그러나 현대 천문학이 예상하는 우주의 미래는 성경이 말씀하는 ‘새창조’(New Creation)라는 종말의 모습과 정반대이다. 러셀에 따르면, 현대 천문학 분야에서 우주의 마지막에 관해 크게 두 가지 종류의 가설이 존재한다. 다시 말해  빅뱅 이후 지금까지 팽창한 우주 전체는 미래의 마지막 순간에 이르렀을 때 결국 얼어버리거나 불타버릴 것이라는 시나리오다. 하지만 어떤 쪽이 맞든 간에 우주 자체의 소멸은 생명 세계가 존재할 수 없음을 의미하기 때문에, 현재로서는 과학적 종말론과 기독교 종말론 사이에 불일치가 존재할 수밖에 없다. 그러나 러셀은 이 지점에서도 기독교 종말론을 버리지 않는다. 왜냐하면, 러셀에게 있어서 만일 몸의 부활이라는 예기된 현실이 미래에 발생하지 않는다면, 기독교 신학은 진리가 될 수 없기 때문이다. 오히려 러셀은 우리가 그 안에서 우주의 소멸이 아니라 우주의 진정한 변혁으로서의 새로운 창조를 상상할 수 있는 연구 프로그램을 과학이 구상해보기를 담대하게 요청한다(Russell, Robert J., 2008: 22-24; 러셀 책의

9장, 10장 참조).

지금까지 살펴본 대로, 자연의 신학이 자연과학 분야 내에서 이해된 자연 세계와 같은 신학 외부의 자료를 신학적 연구과제에 포함시킴에도 불구하고 그것은 여전히 신학이다. 러셀에 따르면, 과학 연구 프로그램은 신학 연구 프로그램에 영향을 줄 수 있다. 즉, 신학자는 과학이론들 및 연구주제들과 비판적이고 건설적인 대화에 참여하는 일을 통해 철학적, 신학적 함의를 이끌어낼 수 있다. 그러한 함의를 기반으로 신학적 교리는 깊어지고, 확장되며, 재구성될 수 있다. 반면에, 신학 연구 프로그램은 과학 연구 프로그램에 영향을 줄 수 있다. 과학자들은 기독교 신앙이나 교리에 영향을 받고 영감을 받은 후에 어떤 과학적 가설을 세우거나 새로운 과학적 연구를 탐구할 수도 있을 것이다. 이것이 바로 종교와 과학의 영역에서 러셀의 독특한 공헌인 종교와 과학의 상호작용의 그림이다.

## 4 ——— '종교와 과학의 대화' 방법론의 기독교교양교육적 함의

### 4.1 학문적 방법의 습득

어떤 학문 분야를 배울 때 그 분야의 기본개념과 기초지식을 아는 것도 중요하지만, 그 분야 전체를 어느 정도 파악하기 위해서는 그 학문의 방법을 파악하는 것이 필수적이다. 또한 한 학문분야가 형성되는 데에는 그 분야를 뒷받침하는 이론들이 존재하기 때문이다. 이런 맥락에서 앞에서 이안 바버의 '종교와 과학의 대화' 방법론에서 과학 이론의 형성과정과 종교 교리의 형성과정을 비교하면서 유비적으로 유사하다고 결론 내린 것은 유의미하다. 사실, 필자가 '종교와 과학의 대화' 분야를 가르치면서 학생들이 가장 낯설어 하고 찾기 어려워하는 것은 과학의 수행과정과 종교의 수행과정을 비교하면서 방법론적 유사성을 찾는 일이었다. 하지만, 어떤 문제를 해결하기 위해 가설을 세우고 실험, 관찰을 통해 검증하여 이론을 확립하고 같은 학문 공동체에 속한 동료들의 2차 검증을 통해 이론을 확증 받는 과정은 근대 학문의 기초가 되었다. 이는 자연과학에만 해당되는 과정이 아니다. 오늘날, 인문학과 사회과학 분야 석사과정에서 논문을 작성해 본 사람이면 누구나 논문의 작성과정이 적어도 형식적으로라도 자연과학의 이론형성과정과 유사하다는 것을 알 수 있다. 인문사회과학의 경우 수립된 가설을 검증하는 방법이 문헌검토, 현장조사, 설문조사 등을 활용하기에 자연과학과 다르지만 검증의 과정을 거친다는 점은 동일하다. 또한 인문사회과학의 이론들은 동료 학자들의 심사를 거쳐야 학술지에 출판될 수 있으며, 출판된 이후에도 학계에서 동료 학자들에 의해서, 그리고 공공영역에서 기업, 정부 심지어 시민들과의 비판적 토론을 통한 검증을 거친다는 점도 자연과학 이론이 과학 공동체를 통해 검증받는 과정과 유사하다.

그런 의미에서 '종교와 과학의 대화'를 교양과목에서 주제 혹은 과목으로 다루게 된다면, 대학교에서 입학하여 이제 학문세계에 눈을 뜨려고 하는 대학생들에게 학문 방법을 배울 수 있는 기회를 제공할 것이다. 이는 이공계 학생들에게는 과학이론 형성과정을 저학년에서부터 분명히 인식시켜줄 뿐만 아니라 학문의 방법이 자연과하과 전혀 다를 것이라는 통상적 인식을 지닌 인문학과 사회과학계열 학생들에게 학문의 이론들이 어떤 과정을 통해 수립되는지를 깨닫게 해주는 교육효과를 가질 것이다.

한편, 종교의 신앙체계와 교리가 형성되는 과정과 과학이론 형성 사이의 유사성을 발견하는 작업은 종교 및 기독교에 대한 대학생들의 이해를 새롭게 함으로써 종교에 대한 교양의 수준을 높이는 일에 일조할 수 있다. 종교는 초자연적 존재에 대한 신앙을 기본으로 하고 있어 과학적 세계관을 기본적으로 수용하는 현대인들의 입장에서는 신앙행위가 자칫 비합리적 행위로 이해되기 쉽다. 최근 코로나 팬데믹 상황에서 종교인, 특히 과학을 불신하는 신앙적 전제를 가진 일부 개신교인들이 방역 수칙을 어기고 집단 감염을 일으키는 사건들은 종교란 비합리주의 내지는 반(反)합리주의적이며 몰상식한 사람들이나 믿는 것이라는 오해를 낳을까 우려된다. 그러나 위에서 살펴본 바대로 과학이 합리적 기준과 절차를 통해 이론을 형성하는 것처럼 종교도 오랜 역사 속에서 경전, 신앙체계 그리고 신앙 양식들은 나름의 합리적 방식으로 형성되어왔다. 자연과학이 자연에 대한 연구를 통해 세계를 이해하는 지식을 제공한다면, 종교는 초자연적 존재와의 관계 속에서 세계를 이해하는 또 다른 지식을 우리에게 전해준다. 그리고 '종교와 과학의 대화' 관점에서는 세계에 대한 이 두 가지 다른 이해가 서로 상충하는 것이 아니라 보완적 관계를 가질 수 있다고 본다.

### 4.2 학제적 대화를 통한 창의성 배양

본 논문의 2번 째 절에서 설명한 것처럼 4차 산업혁명 시대는 창의적이고 융합적 능력을 갖춘 인재를 요구하고 교양교육은 그러한 인재를 길러내기 위한 역할을 감당해야 한다. 이를 위해 '종교와 과학의 대화'는 유용한 분야가 될 수 있다. 예를 들어, 신경과학과 종교의 만남이다. 이 분야에도 다양한 연구 분야와 주제들이 존재하는데, 우선 종교가 신경과학의 도움을 받는 경우가 있다. 각 종교 수행자들이 기도, 명상과 같은 종교행위를 수행할 때 뇌의 어떤 부위가 활성화되는지 신경과학의 기술을 통해 관찰, 분석할 수 있다(Newberg, Andrew B. and Mark R. Waldman, 2018: 125). 또, 신경과학의 발전으로 인간의 마음이 뇌와 같은 신경기관 없이는 존재할 수 없음이 밝혀진 이상, 육체성을 고려하지 않았던 일부 전통적인 종교 및 기독교 신학의 인간 및 마음 이해는 수정이 필요해졌다.(바버, 이안, 2002: 230–252; Brown, Warren S., Nancy Murphy, and H. Newton Malony, 1998) 반대로 인간에 대한 철학적, 신학적 담론이 신경과학적 인간 이해의 틀을 제공해줄 수 있다. 신경과학자마다 몸과 마음의 관계를 보는 시각이 환원주의, 이원론, 일원론 등의 다양한 해석으로 나뉘는 이유도 여기서 찾을 수 있다. 이러한 종교와 과학의 만남의 다양한 형태와 해석들은 신경과학 뿐만 아니라 물리학, 천문학, 진화생물학, 생태학, 유전공학 등 대부분의 과학 분야와 관련한 주제들에서 이루어지고 있다. 그러므로 '종교와 과학의 대화' 방법론을 교양교육에 접목할 경우 인문학, 종교, 과학을 연결하는 학습을 통해 학생들은 횡단적, 융합적 사고력을 기를 수 있으며 복잡한 문제해결을 위한 창조성과 과감한 상상력을 얻을 수 있다.

### 4.3 비판적 능력 배양

위에서 언급한 창의성과 더불어 대학교 이상의 교육에서 강조되어야할 교육적 능력 중의 다른 하나는 비판 능력이다. 이는 교양교육의 중요한 목적 중 하나가 건강한 의식을 가진 시민의 양성이기 때문이다. 민주주의 사회의 기본은 시민이 정치의 주체로서 활동하는 것이고 정부, 정치인, 기업, 언론 등 권력을 가진 기관이나 그룹을 비판적으로 감시할 때 사회의 정의가 실현되고 국가 운영이 안정적으로 이루어질 수 있다.

'종교의 과학의 대화' 분야는 여러 가지 측면에서 교양교육의 비판적 능력 배양에 공헌할 수 있다.

첫째, 위에서 살펴보았듯이 '종교와 과학의 대화'를 지지하는 입장의 기본적 인식론은 이안 바버의 용어대로 말하면 '비판적 실재론'(critical realism)이다. 이는 '나'라는 주체의 관점에서 세계가 표상되는 대로 믿지 않겠다는 의미이다. 실재와 그 실재를 인식하는 주체 사이에 존재하는 상징, 이데올로기, 모델 등과 같은 매개체들 덕분에 실재는 항상 불완전하게 인식되거나 왜곡되기 마련이다. 그래서 '비판적 실재론'이라는 인식론은 실재를 인식한 표상과 실재에 대한 묘사나 설명을 무조건적으로 신뢰하는 것을 지양하고 늘 비판적으로 인식하는 것을 전제로 한다. 이러한 비판적 인식론에 대한 학습은 학생들이 세상을 비판적이며 주체적으로 바라보는 철학적 시각을 함양하며 전공 분야에 상관없이 그 분야가 다루는 대상을 비판적으로 이해하는 데에 큰 도움을 줄 것이다.

둘째, '비판적 실재론'은 과학이 설명하는 자연에 대한 사실 조차도 과학적 언어와 모델에 기반해 있는 것임을 알게 해준다. 이는 학생들을 과학 자체에 대한 메타인식, 즉 과학 철학적 사유에로 초청한다. 오늘날 과학 시대가 열리면서 일반인들의 과학에 대한 신뢰는 대단히 높다. 정밀한 수치와 놀라운 실험, 관찰을 통해 이루어지는 자연에 대한 과학의 설명은 사실 그 자체로 받아들여지는 경향이 있다. 그러나 이는 과학철학 및 과학사적 관점에서 볼 때 사실에도 부합하지 않으며 건전하지도 않은 태도이다. 역사적으로 과학은 이론과 모델들 간의 토론과 경쟁을 통해 발전해 왔고, 과학철학자 토마스 쿤의 표현대로 역사 속에서 시대를 좌우한 패러다임의 변동이 계속 이어져왔다. 쿤과 의견을 달리하는 또 다른 과학철학자 칼 포퍼 또한 과학이론이 틀릴 수 있는 여지가 있을 때에야 비로소 과학이라 말할 수 있다라고 이야기한다. 이러한 과학 철학, 과학역사학, 과학사회학 등의 도움을 받는 '종교와 과학의 대화'는 과학의 설명이 사실 그 자체라는 순박한 태도나 과학만이 유일한 진리체계이고 과학이 모든 것을 해결할 수 있다는 과학주의를 지양한다(바버, 이안, 2002: 32-39). 과학에 대한 이러한 비판적 학습은 미래에 과학계의 일차적 주체가 될 이공계열 학생들뿐만 아니라 4

차 산업 시대에 과학기술 분야와 사회를 향한 비판적 감시자 역할을 하게 될 인문사회계열 학생들에게 꼭 필요하다.

셋째, '종교의 과학의 대화' 담론이 생산해온 비판적 의식은 과학 뿐 아니라 종교를 향해 있기도 하다. 여기서도 '비판적 실재론'이 활용된다. 비판적 실재가 보여주는 실재와 주체 사이의 관계 구도처럼, 종교가 신앙하는 신과 같은 초월적 실재는 경전, 종교적 혹은 비종교적 경험, 교리 등을 통해서 매개된다. 여기서 실재를 표상하거나 재현하는 매개체들은 실재자체, 즉 신 존재 자체와 동일시하지 않도록 주의를 기울여야 한다. 다시 말해, 종교인들과 신학자들은 종교적 실재를 실존적 차원에서 신앙하면서도 종교적 실재에 대한 매개체들의 표상, 재현, 해석을 향한 비판의 눈길을 거두면 안 되는 것이다. 이런 맥락에서 비판적 실재론을 지지하는 기독교 신학자들과 종교와 과학의 대화론자들은 성서의 문자적 해석을 신의 말씀 자체와 동일시하는 성서문자주의는 물론, 특별히 성서문자주의를 기반으로 생명진화의 현상 자체를 부정하고 성서의 창조기사를 과학적 진술로 주장하는 창조과학(scientific creationism)의 주장들에 대해 매우 비판적이다(바버, 이안, 2002: 38-42; Peters, Ted and Martin Hewlett, 2003). 그들의 비판에 따르면 창조과학은 몇 가지 심각한 오류를 가지고 있다. 우선 성서의 문자와 신 존재를 일치시키는 행위는 문자를 우상화하고 창조신앙을 고백하는 창조기사를 과학화하는 신학적 오류를 범하는 것이다. 더불어 창조과학의 가설은 실험, 관찰을 통한 검증이 가능하거나 반증가능성에 열려있지 않음에도 스스로를 과학이론이라 주장하는 과학적 오류를 범하고 있다(바버, 이안, 2002: 171-173). 이러한 내용이 교양교육에 적용된다면 학생들이 올바른 종교를 구별하는 일에 눈을 뜨게 하며 종교를 가진 학생들이 맹목적 신앙에 빠지지 않도록 도움을 줄 수 있을 것이다. 더 나아가 학생들 스스로 자기 자신을 객관화하여 반성할 수 있는 기회를 학생들에게 제공할 것이다.

넷째, 과학은 자연을 설명하려는 학문이기에 가치와 윤리와 관계가 없는 분야처럼 여기기 쉽다. 그러나 오늘날 과학을 기반으로 한 기술과 문명은 인간 삶의 곳곳과 연관하여 영향을 미치기 때문에 과학과 윤리의 문제를 분리하여 생각할 수 없다. 한편, 윤리는 어떤 행동을 위해 어떤 가치의 우선순위를 판단 기준으로 삼을지에 대해 살펴보는 분야이다. 그러다보니 윤리는 인류 사회에서 오랜 세월동안 삶의 가치에 지속적인 영향을 주었던 종교와 밀접한 과제를 가진다. 이런 맥락에서 20세기 중반부터 '종교와 과학의 대화' 분야는 많은 과학들과 대화하면서 생태계 파괴의 문제, 우생학, 특별히, 20세기 후반부터 발달한 인공지능, 생명공학, 트랜스휴머니즘이 제기하는 기계의 인간화, 인간의 기계화와 같은 과학과 (종교) 윤리의 문제를 다루어왔다.(Herzfeld, Noren, 2002; Peters, Ted, 2015; Peters, Ted, Karen Lebacqz, and Gaymon Bennett, 2008) 이러한 연구들은 4차 산업혁명 시대를 살아가야 하는 학생들이 과학기술에 대한 낙관주의나 맹목적 신뢰에 빠지지 않는 비판의식을 기를 수 있도록 도울 수 있다. 동시에 현대인들이 올바른 판단을 할 수 있는 윤리적 기준을 형성하는 데에 있어 여전히 종교가 긍정적 도움을 줄 수 있다는 점을 깨닫게 해줄 수 있다.

### 4.4 진리 탐구의 길

마지막으로 '종교와 과학의 대화' 방법이 교양교육에 공헌할 수 있는 바는 대학교에서 배우는 학문들이 진리의 탐구라는 점을 학생들이 깨닫게 해준다는 것이다. 이러한 가르침 또한 비판적 실재론에서 도출된다. 다만, 위의 비판능력배양 부분에서는 비판적 실재론의 비판정신을 강조했다면 여기서는 비판적 실재론에서 실재(reality)가 강조된다. 과학철학의 사조 가운데는 과학이 묘사하고 지칭하는 대상의 실재는 존재하지 않으며 과학은 설명하는 일에 유용한 이론과 모델을 생산하는 학문이라는 '도구주의' 관점도 존재한다. 그러나 '종교와 과학의 대화'가 지지하는 비판적 실재론은 이러한 도구주의적 관점을 지지하지 않으며 실재를 설명하고 해석하는 과학 이론과 모델이 불완전할지라도 과학의 대상인 실재는 존재한다고 본다. 예를 들어, 현대의 첨단 과학을 사용하여 우주를 인식하고 설명할 줄 아는 인류가 등장하기 훨씬 이전부터 우주는 존재해 왔다는 것이다. 그래서 이안 바버에 따르면 과학과 종교는 수행의 방법은 다르지만 진리를 추구하기 때문에 진리를 파악하는 데에 서로를 보완하는 동료의 관계가 될 수 있다(Barbour, Ian, 1990: 44–46). 여기에는 종교와 과학 사이에 실재에 대한 설명 방법과 해석이 다를 수 있어도 실재의 존재자체가 다르다면 실재가 실재일 수 없다는 철학적 전제가 붙는다.

한편, 러셀의 '종교와 과학의 창조적 상호작용 방법'(CMI)은 진리 추구와 관련한 종교와 과학의 관계에 또 다른 시각을 제공해준다. 위에서 살펴보았듯이, 러셀은 CMI를 통해 종교와 신학이 과학의 영향을 받아 변화하고 재구성되는 측면뿐만 아니라 반대로 종교와 신학이 과학의 이론 형성에 영향을 미칠 수 있다는 측면을 강조하였다. 이러한 상호작용은 교양교육과 진리의 관계에도 적용될 수 있다. 특별히, 종립대학교에서 시행하는 종교교양과목에서 가르쳐지는 종교적 진리가 교양과목을 수강하는 학생들에게 어떻게 의미화 될 수 있는지에 대한 문제는 매우 중요하다. 현재 대학생들의 상당수가 비종교인들인 만큼 아무리 종교교양과목이 필수과목이라고 해도 해당 종교의 가르침을 자발적으로 듣고 싶은 학생들은 많지 않기 때문이다. 그러나 만일 러셀의 상호작용 모델에서 자연과학을 학문 전체로 확대하여 적용해보면 다른 접근이 가능하다. 이것이 가능한 이유는 '과학과 종교의 대화' 분야에서 과학은 신과 같은 종교적 진리 및 실재를 부분적으로 드러내는 매개체 중의 하나이고, 그렇다면 과학 외에 다른 학문들도 그 진리를 부분적으로 드러내는 매개체들로 간주할 수 있기 때문이다. 이런 맥락에서 교양과목의 학생들이 관심 갖고 전공하고자 하는 다양한 학문들에서 종교가 추구하는 진리와 공유되는 가치들을 찾을 수 있다. 한편, 기독교교양과목이 가르치고자 하는 종교적이고 윤리적인 가치들이 학생들에게 설득적으로 전달된다면 그들의 삶과 가치관에 선한 영향력을 미칠 수도 있다. 이를 통해 학생들의 삶에 긍정적인 변화가 일어난다면, 또 학생들이 진리와 가치를 소중하게 여기고 공동체를 생각하는 인재들로 성장해 간다면 교양교육의 목적을 달성하게 될 것이다.

## 5 —— 나가는 말: 융복합적 (종교)교양교육의 모델로서 '종교와 과학의 대화'

필자는 지금까지 '종교와 과학의 대화' 방법론을 통해 기독교교양교육이 융복합 학문으로, 그리고 기독교교양과목이 융복합 과목으로 발전할 수 있는 가능성을 탐구해왔다. 4차 산업혁명 시대가 도래 하면서 교양교육의 흐름은 다양성, 실용성, 융복합성을 강조하는 쪽으로 바뀌어왔다. 기독교교양교육 또한 이러한 시대적 상황에 맞게 변화하도록 요구받고 있지만 경전과 교리의 일방적인 전달과 같은 전통적인 종교교육은 융합시대에 한계에 봉착할 것이다. 이에 필자는 종교와 자연과학 사이에 학제적이고 융합적인 대화를 일찍이 진행해온 '종교와 과학의 대화' 분야의 방법론을 탐구하고 넓은 의미에서 종교교양교육적, 좁은 의미에서 기독교교양교육적 함의들을 분석하였다. 이 방법론에 따르면 종교와 과학은 '비판적 실재론'이라는 공동의 인식론을 공유한다면, 서로 보완해가며 함께 진리를 탐구하는 동료적 관계가 될 수 있으며 양 분야의 이론 형성 과정 또한 유비적으로 비교될 수 있다. 그러면서도 종교와 과학은 진리와 모델(혹은 이론) 사이에 불일치가 존재한다는 비판적 인식을 가진다. 양자 사이의 대화는 상호변혁에 긍정적 혹은 도전적 영향을 줄 수 있다. 이제 종교 및 신학은 자연에 대한 과학의 설명을 반영해야 하며, 과학은 종교를 통한 (과학)철학적 반성, 영감 얻기, 그리고 철학적, 윤리적 비판의식의 도움을 받을 수 있다.

이러한 '종교와 과학의 대화'는 기독교교양교육이 융복합적 교과로 변모하는 일에 있어서 여러 가지 긍정적 함의들을 가진다. 기독교교양과목에서 '종교와 과학의 대화' 분야를 다루게 된다면 학생들은 자연과학은 물론 인문사회과학의 학문 형성의 방법을 배울 수 있으며 '종교와 과학의 대화' 담론이 다루어 온 서로 다른 분야들의 융복합적 만남을 통해 4차 산업혁명을 이끌 창의성과 융복합적 능력을 키울 수 있다. 더불어 이 분야가 수행하는 종교와 과학에 대한 자기비판, 상호비판을 통해 학생들은 종교와 과학을 비판적으로 바보면서 균형 있게 바라볼 수 있을 뿐만 아니라 복잡한 현대 사회를 건전하게 이끌고 갈 비판적 시민들로 성장하게 될 것이다. 나아가 '종교와 과학의 대화'는 학생들이 대학에서의 학문을 수행함이 단순히 좋은 직업과 직장을 찾기 위한 수단이 아니라 가치 있고 행복한 삶과 인생이 되기 위해 진리에 참여하는 축제이자 향연임을 깨닫도록 도울 수 있다.

특별히, '종교와 과학의 대화'가 가지는 함의의 내용들을 살펴보면 그 함의들이 단순히 특정 종교의 교양교육 분야에 한정되지 않으며 타종교의 교양교육이나 일반교양교육에도 적용될 수 있음을 알 수 있다. '종교와 과학의 대화' 분야의 대화 및 융복합 방법론은 다른 학문들 간의 대화에도 적용될 수 있을 것이다. 앞의 2.3절에서 언급한대로 종교는 인간 삶의 전영역과 관계하기에 역사 속에서 종교 교리와 신학은 항상 다른 분야들과의 대화를 통해 형성되었다. 그러므로 '종교와 과학의 대화' 방법론의 틀은 유지하면서 종교의 대화 파트너는 문학, 인류학, 사회학, 정치학, 경제학 등으로 바뀌어 적용 될 수 있다. 반대로 앞에서 언급한 방법론 위에서 과학의 대화 파트너도 종교뿐만 아니라 여타 인문학, 사회과학의 세부 분야들로 바뀔 수 있을 것이다. 이렇게 대화 파트너가 변동될 때 어떠한 새로운 내용과 함의들이 있는지는 본 논문 및 필자의 전공 범위를 넘어가기 때문에 다른 연구자들의 향후 과제로 남겨놓아야 할 것이다. 다만, 필자는 이러한 대화 파트너들의 변화로 인한 다양한 융복합적 만남의 가능성과 더불어 앞에서 분석한 '종교와 과학의 대화' 방법론이 가지는 교양교육적 함의들을 살펴볼 때 '종교와 과학의 대화' 분야 및 방법은 기독교교양교육 및 종교교양교육 뿐만 아니라 일반교양교육을 위한 의미 있고 유용한 융복합교육 모델이 될 수 있다는 점을 결론적으로 강조하고 싶다.

# 이미지 지배의 시대의 기독교교양교육

## - 하이퍼 리얼리티와 하이퍼 가스펠

이민형 | 성결대학교

## 1 —— 서론

바야흐로 이미지 지배의 시대이다. 프랑스의 사회학자 Jean Baudrillard가 예상했던 "이미지를 소비하는 사회"에서 한 단계 더 진보한 셈이다(1991: 171). Baudrillard는 포스트모던 사회를 살아가는 사람들은 사물의 이미지를 사고 팔게 될 것이라고 주장했다. 그의 주장은 "명품을 소비하는 행위는 명품의 기능이나 가치가 아닌 명품을 소유한 자신의 이미지를 구매하는 것"이라는 논리에 대부분의 사람들이 동의할 정도로 현실화가 되었다. 하지만, 이미지는 소비의 대상 그 이상으로 진화했다. 현대인들, 특히나 젊은 세대에게 이미지는 소비하는 상품 이상으로, 주요 소통의 통로이며, 생각하는 방식이다. 이는 오랜 시간 인간의 역사 속에서 주요한 매체로 자리 잡았던 언어의 자리가 갈수록 좁아지고 있다는 것의 반증이다. 언어의 자리가 좁아진다는 것은 다양한 근거를 바탕으로 귀납적 추론을 통해 논리를 끌어내는 사고의 방식이 효용성을 잃어가고 있다는 의미이기도 하다. 내러티브가 개인의 머릿속에서 이미지화되는 것이 아니라 이미 만들어진 이미지가 전달하는 내러티브를 설득하는 것이다. 사고방식의 변화는 이에서 그치지 않는다. 결국 자신을 이해하는 방식부터 타인과 관계를 맺는 방식, 그리고 사회를 만들어나가는 방식까지 모두 영향을 미친다. 인류의 존재 양식 자체가 이미지의 영향권 아래에 놓이게 되었으니, 가히 이미지의 "지배"가 이루어지고 있다고 할 수 있다.

혹자에게는 신인류의 탄생과도 같이 느껴질 법한 이미지 지배의 현실은 이미 다양한 학자들에 의해 예견된 바였다. Guy Debord의 스펙타클 이론이나 Gilles Deleuze와 위에서 언급한 Baudrillard의 시뮬라크르 개념 등은 이미지의 자가 복제와 발전으로 인해 가상의 이미지가 실재를 대신할 것이라는 주장을 담고 있다. 비록 "이미지"의 가치와 발전 방향에 대한 평가는 학자마다 다르지만, 이들 모두 포스트모던 사회에서 이미지의 영향력이 상당할 것이라는 결론에는 이견이 없다. 다만 디지털 미디어의 가공할 만 한 발전 속도와 파급력으로 인해 이미지의 영향력이 이들의 예상보다 훨씬 더 지배적으로 작용했을 뿐이다.

문제는 Fredric Jameson이 주장한 대로 포스트모던 사회를 지배하는 이미지들은 역사적 연결고리를 상실한 이미지들의 조합일 뿐이라는 사실에서 출발한다(1992: 12). 지속적인 복제와 조합을 통해 만들어진 이미지는 과거와의 연관성을 내포하지 않기에 인류 역사 속에서 누적된 "의미"를 제대로 전달할 수 없다. 기의가 없는 기표. 이것이 현대 사회를 지배하고 있는 이미지의 정체이다. 그렇기에 깊이가 없는(depthless) 이미지들에 지배당한 현대인들은 "의미의 모호함," "실재와 허상의 혼란"과 같은 정서적 불안감에 고통 받을 가능성이 높다(Jameson, 1992: 25–26). 이미지가 현대인들의 존재 양식 그 자체라는 위의 논제를 근거로 한다면 현대인들의 존재 양식 자체가 흔들릴 수 있다는 의미이기도 하다.

한 단계 더 나아가 Franco Berardi는 현대사회의 인간들은 디지털 기호체계의 수신기 역할을 하는 시스템의 최하위 단자 역할을 하고 있다고 진단한다(2013: 10). 인간의 존재 구성 자체가 디지털 기호를 수용할 수 있는 기계가 아닌 까닭에 디지털 네트워크의 시대가 발전할수록 인간의 물리적 노동력은 불필요해지고 있다. 현대사회가 요구하는 노동력은 "인지노동" 즉, 현실의 이미지화에 도움을 줄 수 있는 이미지 해석 능력이다(Berardi, 2013: 144–145). 그 외의 "인간적"인 부분들이 점차 그 가치와 의미를 잃어가고 있는 상황에서 사람들은 소외감과 괴리감을 느끼게 된다. Berardi는 이러한 현대사회를 "기호자본주의"의 사회라고 정의하고, 그 안에서 이미지의 지배를 받는 인간들은 정신병리적 고통을 느낀다고 주장한다(2013: 148–149).

실제로 이미지의 지배를 받고 있는 젊은 세대들은 실존의 혼란 속에서 살아가고 있다. 실재보다 더 실재 같은 이미지의 발전으로 인해 이들의 현실감각은 무엇을 현실로 인지해야하는지를 가늠하는 것에 있어 심각한 어려움을 느낀다. 이는 가상현실 게임의 위험성을 경고하던 예전의 관점과는 차이가 있다. 단순히 이미지 매체에 중독된 것이 아니라 이미지가 현실이자 실재가 되어버린 것이다. 점차로 디지털화되고 있는 현대사회를 생각해보면 쉽게 상상이 가능하다. 예상치 못한 바이러스로 인해 물질적인 접촉이 멈춘 상태에서 디지털 매체들을 통해 생활한 2020년을 생각하면 더욱 실감이 난다. 하루 종일 모니터 앞에 앉아 화상 이미지 재현된 사람들과 관계를 맺고 있는 것이 오늘날의 현실이다. "관계"와 "소통"이라는 것이 지나치게 이미지화된 나머지 진실한 관계란 어떤 의미인지, 그것이 어떻게 실제로 일어나는지를 혼동하게 되는 오늘날의 사회는 분명 이미지의 지배로 인한 "정신분열"(schizophrenic)의 터전이 되었다(Jameson, 1992: 25).

결국 이미지가 지배하고 있는 현실 속에서 늘어가는 것은 인간의 "실존"에 대한 질문이다. 특히나 이미지의 영향을 많이 받는 젊은 세대일수록 이러한 질문이 많아질 수밖에 없다. 과연, 이들은 어디에서 답을 찾을 수 있을까? Paul Tillich이 주장하듯, 인간의 실존에 대한 궁극적인 질문에 답을 하는 것은 종교의 영역이다(1964: 40). 따라서 본 연구는 이 지점에서 기독교교양교육의 방향을 묻고자 한다. 종교가 "존재의 정체와 자리에 대한 질서를 부여하는 것"이고, 기독교교양교육의 목표가 이러한 종교적 이해를 바탕으로 현대 사회를 살아가는 학생들의 인격과 세계관 형성에 도움을 주는 교육을 제공하는 것이라면, 분명 기독교교양교육은 이미지 지배 사회 속 실존적 혼란에도 관심을 갖고 답을 찾아야할 터이다(기독교의 이해 편찬위원회, 2016: 10). 그것은 Tillich이 이야기한 대로 궁극적 관심이 열망하는 본질을 회복하는 길일 수도 있고, C. S. Lewis가 이야기한 것처럼 서구의 근대주의적 사고 속에서 잃어버린 이미지들을 찾는 것일 수도 있다. 중요한 것은 앞으로 더욱 이미지화가 진행될 것으로 예상되는 한국 사회를 살아갈 많은 젊은 세대에게 기독교교양교육이 실제적인 도움을 줄 수 있는가이다. 따라서 본 연구는 이러한 학문적 관심을 중심으로 이미지 지배의 사회 속에서 실존적 해답을 제시하는 기독교교양교육의 의미를 재고해보려 한다.

# 2 ——— 이미지의 지배와 시뮬라시옹

## 2.1 현실과 이미지

장면 1. 의견을 취합할 일이 있어 카카오톡 단체 채팅 방에 장문의 메시지를 띄웠다. 대답을 기다리고 있는데, 참여자 중 일부가 이모티콘 하나로 답을 대신한다. 이 그림이 의미하는 바가 무엇인지, 그림 하나만 보내는 의도가 무엇인지를 고민하는 것은 오롯이 질문자의 몫이 된다. 살펴보니 젊은 세대일수록 이모티콘이나 이미지 하나로 소통을 하는 경우가 많다. 예의를 갖춘 인사로 안부를 묻고, 자신의 의사를 전달하고, 답을 기다리겠다는 의지를 중의적으로 표현하며 글을 마무리하는 장문의 메시지는 찾기 힘들다. 하지만, 간단한 이미지 하나만으로도 메시지의 전달에는 무리가 없어 보인다. 그들은 이미지를 읽고 해석하는 능력을 가지고 있는 듯하다.

장면 2. 새로운 사회적 이슈가 생기면 으레 온라인 포털에 올라온 기사들을 검색해 살펴본다. 디지털 시대를 살아가는 현대인에게 이는 너무나 자연스럽고도 필수적인 활동이다. 하지만, 언젠가부터 글로 된 (혹은 기사와 관련된 사진 한 두 장이 첨부된) 기사보다는 영상이, 혹은 몇 장의 이미지로 편집된 카드 뉴스 형식이 각광을 받고 있다. 비단 사회 이슈 관련 기사뿐만이 아니다. 대부분의 정보와 소식들이 글자의 조합이 아닌 이미지의 조합으로 전달된다. 속도감 있게 글을 읽고 의미를 파악하는 것에 익숙한 사람들에게는 이미지나 영상을 지켜보는 것과 그것을 언어로 재해석해야 하는 과정이 불편할 수도 있다. 하지만, 책조차도 스스로 처음부터 끝까지 읽는 것보다 책을 읽은 누군가가 책의 내용을 소개하는 영상이나 줄거리를 간략하게 이미지로 정리한 것을 선호하는 사람들의 시대임을 잊어서는 안

된다. "문(文)해력"의 의미는 분명히 변화하고 있다.

장면 3. 8-90년대 유행하던 패션, 음악, 상품 디자인 등 그 시대의 문화가 다시 주목받고 있다. 그 시절을 경험했던 이들이 향수를 느끼면서 당시의 문화 요소들을 소비하는 것을 "레트로" 문화라고 한다. 기억의 산물들을 향유하는, 일리 있는 문화 행위이다. 흥미로운 것은 최첨단의 디지털 문화를 향유하고 있는 요즈음의 젊은 세대들도 다소 어눌한 아날로그 문화에 매료되고 있다는 것이다. (이를 "뉴트로" 문화라고 한다.) 과거의 문화를 향유했던 경험이 없는 이들에게 복고 문화 상품들은 소비 욕구를 자극할 만 한, 향수와 같은, 연관성이 없다. 하지만, 그들은 기억을 매개로 하는 연관성과는 별개로 과거의 문화 상품들이 가지고 있는 이미지를 소비한다(서울대학교 소비트렌드분석센터, 2018: 258). 더불어 과거의 상품들을 소비하는 자신의 개성 있는 이미지를 즐긴다. "레트로" 문화와 달리 "뉴트로" 문화는 이미지의 영향력이 개인의 기억과 소장 욕구를 초월한 흥미로운 현상이다.

위의 세 장면은 현대 사회를 살아가는 사람들, 특히나 젊은 세대들이 경험하고, 향유하고 있는 이미지들의 실체를 단적으로 보여주는 예이다. 이렇게 기술하고 보면, 마치 이미지라는 상품을 소비하는 젊은 세대들이 주체성을 가지고 있는 것처럼 보인다. 다시 말해서 이모티콘을 선택하고, 카드 뉴스나 영상 등을 시청하고, "뉴트로" 문화 상품을 소비하기에 이들이 주체적으로 문화의 흐름을 만들어가고 있는 것처럼 생각된다. 하지만, 정말로 그러할까? 위에서 언급한 이미지들은 오로지 소비자들의 욕구에 맞추어진 산물인가? 혹 이미지의 산물이 인간의 소비 욕구의 방향을 조정하고 있는 것은 아닌가? 어쩌면 Daniel Boorstin이 주장하는 것처럼 인간은 이미지들의 지시를 받아 이미지를 정교하게 수정하는 시종일 수도 있다

(2004: 282).

이에 대한 의견이 분분할 수 있으나, 분명한 것은 이미지의 발전으로 인해 인류의 생활양식에 변화가 생겼다는 것이다. 아주 오랜 기간 동안 인간의 사고와 행동의 중심적 매개 역할을 했던 언어와 문자의 자리를 이미지가 대신하게 되었다는 것은 인류 역사에 있어 의미심장한 변화가 아닐 수 없다. 문제는 이러한 변화가 매개의 변화 그 이상의 영향력을 가지고 있다는 사실이다. 따라서 변화된 상황에의 적응에 대해 논하기 전에 과연 이것이 인간에게 어떤 의미인지를 짚고 넘어가야할 필요가 있다. 하지만, 이미 이미지의 경향성에 의해 조작된 현대의 지식을 가지고 현상을 파악한다는 것은 또 하나의 편향된 담론만을 형성할 뿐이다.[1] 이미지의 영향력이 크지 않았던 시대의 관점에서부터의 접근이 필요한 상황이라는 말이다.

## 2.2 시뮬라크르와 시뮬라시옹, 그리고 이미지의 지배

이러한 현상이 일어날 것을 미리 예상하고, 학문적 경고를 남겼던 대표적인 인물은 프랑스의 사회학자 Jean Baudrillard이다. 복제된 기호와 이미지가 실재를 대신하는 현상, 이를 가리켜 Baudrillard는 '시뮬라시옹'이라 정의한다(2001: 9–10). 시뮬라시옹이란 존재하지 않는 것을 존재하는 것처럼 편집해 놓은 인위적인 이미지를 의미하는 '시뮬라크르'(simulacre)라는 단어의 동사형인데, '시뮬라크르화 하다' 혹은 '시뮬라크르를 만들다' 정도로 이해할 수 있다(Baudrillard, 2001: 9).

Baudrillard는 포스트모던 사회 전체를 시뮬라시옹 사회로 보았다. 그에 따르면, 포스트모더니즘의 사회는 매스 미디어의 막대한 영향 아래 생성된

1 Baudrillard는 현대 사회의 소비는 주체성을 상실한 채 이미지(기호)에 잠식되는 과정이라고 주장한다. Baudrillard, 소비의 사회, 297.

이미지들을 사고 파는 소비자본주의 사회이다(배영달, 2012: 273-274). 이 사회에서 문화 및 문화적 콘텐츠를 생산하는 것은 더 이상 인류가 아니라 산업사회를 거쳐 오면서 자가 복제 및 증식설비를 확보한 시뮬라크르 자체이다. 그것은 영상 매체들과 정보 매체들로 구성된 매스 미디어를 통해 인류 역사의 다양한 이미지들을 임의로 복제하고 편집하여 인간이 실제로 존재한다고 인식할 법한 가상의 이미지들을 만들어 송출한다. 이렇게 대중매체를 통해 세계 곳곳으로 퍼져나간 이미지는 더는 실재의 재현이 아닌 실재 그 자체가 된다(배영달, 2006: 3). 그리고 복제된 이미지들이 가득한 미디어 문화 속에 사는 현대의 인류는 자신들이 실재로 인식하고 있는 모든 것들이 실재를 대체하고 있는 복제품, 즉 시뮬라크르라는 것을 인지하지 못한 채 살아간다. 단지 그들은 이미지를 즐기고, 느끼며, 욕망하고, 소비한다. 아니, 이미지가 그들이 그렇게 생각하도록 조종한다는 표현이 더 정확하다. 결국 포스트모던 사회를 살아가는 인간들은 시뮬라크르의 지배 아래 살아가게 되는 것이다.

이렇게 복제된 이미지들을 실재라고 여기며 살아가는 세계를 Baudrillard는 파생 실재 (hyper-reality)라 정의한다. 그는 이러한 파생 실재의 예로 디즈니랜드를 들었다. 디즈니랜드는 동화 속 주인공들이 사는 마을들을 재현해 놓은 놀이공원이다. 하지만, 이곳을 채우고 있는 다양한 요소들은 디즈니랜드를 방문하는 이들이 놀이공원에 온 것이 아니라 실제로 존재하는 세계에 들어온 것으로 착각하게끔 만든다. 꿈과 희망이라는 모토를 끊임없이 방출하는 다양한 이미지와 형상은 방문객들로 하여금 놀이공원 밖의 세상에도 똑같은 것들이 존재할 것이라 착각하게 할 만큼 현실과 닮아있다. 하지만, 사실 그러한 세상은 존재하지 않는다. 남녀노소 구분 없이 모든 사람이 행복하다고 느끼게끔 하는 환상적인 이미지들과 동화 속의 세상을 재현하여 꾸며 놓은 건물들은 가상의 현실, 즉 파생 실재를 구성하는 시뮬라크르인 것이다. 방문객들은 마치 꿈을 꾸는 것과 같이 시뮬라크르의 힘에 지배되어 자신들이 살아가고 있는 현실을 인지하지 못한 채 파생 실재 안에서 시간을 보내게 되는 것이다. 그리고 이는 비단 디즈니랜드에 국한된 현상이 아니다. 위에서 언급했듯, 대중 매체의 지배 아래 있는 현대의 사회는 그 어느 곳이든 파생 실재가 실재를 위협하는 사회이다. 인간은 이미 파생 실재의 이미지들을 소비하며 살아가고 있다.

Baudrillard는 실재를 대신하는 시뮬라크르와 그것이 만들어낸 파생 실재 안에 살아가는 인간의 모습을 인류 역사의 필연적인 귀결로 보았다. 그는 시뮬라시옹의 파생 실재가 인류의 모든 영역에 그 힘을 미치며 현실은 곧 그것을 대신하는 복제품들로 대체될 것이라 예상했다(배영달, 2006: 4-5). 그리고 그 영향은 종교의 영역에도 미친다. Baudrillard는 성상 파괴주의자들의 예를 들면서 종교의 영역에 일어난 시뮬라시옹의 경우를 이야기한다. 그에 따르면 성상 파괴주의자들은 시뮬라크르의 영향력이 종교 내에 퍼져있음을 간파한 이들이었다. 그들은 성상이 재현해 내는 아름답고 매혹적인 신의 이미지가 신의 존재와 본질을 대체한다고 생각했다. 그리고 그에 매료된 신앙인들이 신이 아닌 신의 시뮬라크르인 성상을 믿음의 대상으로 삼을 것을 염려했다. 신앙의 주체이자 객체인 신이 실재가 아닌 이미지로만 남을 것을 두려워 한 성상 파괴주의자들은 결국 성상을 숭배하는 것을 금지하고 성상을 파괴할 것을 주장했다(Baudrillard, 2001: 22-25).

하지만, 성상 파괴주의자들의 주장 이면에는 신이라는 존재에 대한 드러내지 못하는 인식이 깔려있었다고 Baudrillard는 이야기한다. 다시 말해서 성상으로 재현된 신의 이미지뿐 아니라 그의 모태라 할 수 있는 신 자체도 시뮬라크르였음을 성상 파괴주의자들은 간파하고 있었다는 것이다. 그들은 성상의 이면에 자리 잡은 것 역시 이미지로 대체되어버린 신의 복제품, 즉 죽어 사라져버린 파생된 신의 이미지에 불과하다는 것을 알고 있었다.

그리고 그 사실을 신앙인들이 알아차리는 것을 두려워했다. 따라서 그들은 두 가지의 목적, 즉 신의 시뮬라크르인 성상을 신앙의 대상으로 삼는 것을 금지함과 동시에 성상 이면에 존재하는(이미지가 아닌) 신의 부재가 알려지는 것을 막기 위해 성상 파괴를 주장했다는 것이다(배영달, 2012: 22–25).

물론 시뮬라시옹 이론이 신이라는 존재의 증명을 목적으로 하는 연구는 아니기에 성상 파괴주의자들에 대한 해석만으로 모든 종교의 초월적 존재, 예를 들어 기독교의 하나님, 가 존재하지 않는다는 결론을 내릴 수는 없다. 다만, 신앙의 체계화인 종교는 인간의 역사, 문화와 단절될 수 없기에 Baudrillard가 주장하는 시뮬라크르의 영향에서 벗어날 수는 없다. 인류 역사의 모든 영역에 침투해 인간들이 실재가 아닌 모방품으로 구성된 파생실재를 즐기고, 느끼며, 소비하게끔 하는 시뮬라크르가 인간의 종교에도 영향을 미쳤음은 부정할 수 없는 사실이다. 따라서 이미지의 지배는 인간 실존의 문제와도 연관성이 있다. Paul Tillich가 이야기를 한 대로 "(실존적 질문에 대한 답으로서의) 종교는 문화의 실체이고 문화는 종교의 형식"이라면 이미지가 지배하고 있는 문화를 통해 나타나는 종교는 이미 이미지화된 가상실체일 수 있으며 따라서 실존에 대한 깨달음을 전달할 수 없다는 이야기이기도 하다(1964: 42). 다시 말해서 종교란 인간의 본질에 대한 끊임없는 성찰과 이를 통한 깨달음을 일정한 "형식"을 통해 표현하는 것이기에 종교의 영역에 포진되어있는 이미지들이 실존적 깨달음조차도 왜곡시킬 수 있는 가능성이 있기 때문이다.

이처럼 실재보다 더 실재 같은 이미지는 개인의 삶의 영역 뿐 아니라 인간 사회를 구성하고 있는 모든 요소에 영향을 미치고 있다. 아니, 모든 요소들을 지배해 나가고 있다는 것이 Baudrillard의 관점에 더욱 알맞은 표현일 것이다. 물론 받아들이는 사람에 따라 지나치게 디스토피아적이라고 판단할 수도 있지만, 디지털 기술로 인해 이미지의 양산이 더욱 증가하고 있는 현대 사회에서 이미지의 영향이 미치지 않는 영역을 찾는 것이란 쉬운 일이 아니다. 코로나19 바이러스의 확산으로 인해 물리적 접촉과 대면 관계가 최소한으로 제한된 채, 온라인 디지털 매체를 통해 소통을 해야 하는 오늘날에는 이미지의 지배가 더욱 빠르게 이루어지고 있다. 특히나 디지털 기술과 온라인 매체의 활용도와 적응도가 높은 젊은 세대에게는 더욱 그러할 것이다. 그런 그들에게 이미지가 만연한 세상은 그저 시대적 혹은 문화적 상황일 뿐일까? 이미지의 지배에 대한 두려움이나 그것으로 인한 실존적 위기란 그저 근대사회의 사고방식을 가진 이들만의 염려일까?

## 3 ——— 기호자본주의의 폐해

### 3.1 짜깁기된 이미지와 정신 분열

Fredric Jameson은 1982년 "Postmodernism and Consumer Society"라는 글에서 포스트모더니즘을 후기 자본주의 사회의 지배 논리로 해석한다. 여기서 후기 자본주의란 과학과 기술의 발전으로 인해 기존의 체제에서 자본을 통제하던 시장, 국가, 혹은 선진국이라는 개념이 파편화되는 현상을 말한다. 자본의 확대로 인해 개인의 자유와 경제력이 확대될 것이라 생각할 수도 있지만, 결국 후기 자본주의의 사회는 혁신이란 이름을 앞세운 표준화만이 존재하는, 다시 말해서 변화는 있지만 개성은 존재하지 않는 사회의 발현이라고 볼 수 있다(Jameson, 1992: 36). 이러한 사회적 상황에서 포스트모더니즘은 개인의 주체적인 표현이나 개성 있는 스타일 대신 보편적인 이미지의 확산을 주도하는 역할을 한다. 이러한 맥락에서 그는 포스트모더니즘의 문화적 특징으로 "깊이 없음"(depthlessness)을 들었다(1992: 12).

그에 따르면 사회가 포스트모더니즘의 논리에 물들기 시작하면서 근대사회에서 중요하게 여겼던 원작의 독창성, 작가의 의도나 주체의식은 점차 그 의미를 잃어버렸다. 물론, 그것을 모더니즘의 원작에 대한 지나친 신뢰를 무너뜨리고자 하는 포스트모더니즘의 저항적 문화의식의 발현으로 이해할 수도 있다. 하지만, Jameson은 모더니즘적 가치를 상실한, 조금 더 구체적으로 이야기하자면, 한 개인의 자기 이해와 인격, 성격 등이 아우러진 개성 있는 주체가 형성하는 세계관이나 스타일이 사라진, 오늘날의 사회에는 깊이가 없고, 주제의식이 결여된 의미 없는 기호들만이 나열되어 있다고 이야기한다. 주인이 없는 이미지만이 의미 없는 조각들처럼 존재하는 문화적 현실 속에서 창의적인 스타일이 만들어진다는 것, 그리고 그것을 통해 작가가 자신의 메시지를 전한다는 것은 불가능한 사회가 된 것이다.

현대 사회를 주체와 스타일이 죽어버린 문화적 논리가 지배하고 있는 사회로 인식한 Jameson은 혼성모방, 즉 패스티쉬(pastiche)를 포스트모더니즘의 가장 보편적인 문화 형식이라고 이야기한다. 어떠한 의도를 가지고 원작을 모방하거나 차용하는 패러디와 달리 패스티쉬는 모방 자체에 의미를 둔 기법이다. Jameson은 패스티쉬를 "공허한 패러디"(a blank parody)라고 정의하는데, 이는 작가의 의도가 전혀 없는 차용된 이미지의 무의미한 반복만이 존재하는 패스티쉬의 특성을 잘 드러낸다(2009: 5). 혼종성(hybridity)만이 가득할 뿐 그 어떤 의미도 찾을 수 없이 차용된 이미지들의 혼합 속에서 모방된 원작에 대한 조롱이나 풍자를 찾는 것은 불가능하다.[2] 원작자의 의도나 원작의 권위는 이미 모더니즘의 시대가 끝이 나면

2 문화적 혼종성(hybridity)은 탈식민주의적 연구에서 자주 인용되는 단어로 모든 문화는 서로 뒤섞여있음을 의미한다. 포스트모더니즘의 사회에서 단일성을 가진, 다른 문화로부터 어떠한 영향을 받지 않은 순수한 문화적 형태를 찾는 것이란 불가능하다. 모든 문화는 다양한 문화적 요소들을 조합하여 양가성

서 그 의미를 잃어버렸다. 따라서 포스트모더니즘의 문화기법인 패스티쉬를 통해 원작을 유추해 나가는 것 역시 무의미한 노력이다. 패스티쉬는 역사성을 상실한 이미지들의 조합일 뿐이다.[3)]

언어학적 관점에서 볼 때, 패스티쉬는 기의를 잃어버린 기표들만의 조합이라 할 수 있는데, 이는 어떠한 표현, 혹은 이미지가 가지고 있는 과거의 의미가 현재 차용된 매체 속에서 이어지지 않고 있음을 의미한다. 의미의 역사적 연결고리가 없어진 이미지들은 그것을 감상하는 이들에게 구체적인 메시지를 전달할 수가 없다. 감상하는 사람들이 작품의 의미를 유추할 수 있도록 하는 그 어떤 단서도 제공하지 않기 때문이다. 따라서 패스티쉬 기법으로 만들어진 이미지들은 어떤 이데올로기적 메시지를 전달하기 위한 수단이라기보다는 그 자체로 원작의 권위를 부정하는 새로운 스타일의 가능성을 시사하는 포스트모더니즘적인 기법이라 볼 수 있다(원용진, 2010: 428-430). Jameson은 패스티쉬를 통해서 사회적 현실을 인식한다거나, 어떤 현상을 비판하는 것은 불가능한 것으로 보았고, 패스티쉬로 점철된 포스트모더니즘의 사회 역시 이데올로기적 비판이 불가능한 수용의 사회로 이해했다.

결국 후기 자본주의 사회를 살아가는 개인화된 자본가들은 패스티쉬 기법으로 만들어진 이미지들을 소비하면서 그것이 마치 자신들의 주체적 세계관을 드러낼 수 있는 개성 있는 스타일인 것으로 착각하고 있는 것이다. 하지만 이미 역사적 연결고리를 상실한 이미지들의 조합으로서의 패스티

을 가진 콘텐츠들을 만들어내는데, 이러한 새로운 문화적 특성을 혼종성이라 부른다. Peter Burke, *Cultural Hybridity* (Malden: Polity Press, 2009), 51.

3 Hutcheon은 패스티쉬를 패러디와 비교하며 이를 피상적인 이미지들의 모방이라 정의하였다. 이는 특정한 의도 없이 여러 이미지를 차용하여 새로운 스타일을 만들어내는 패스티쉬의 특성을 잘 드러낸다. Linda Hutchoen, *A Theory of Parody: The Teachings of Twentieth-Century Art Forms* (Chicago: University of Illinois Press, 2000), 38.

쉬는 이미지 그 자체로만 존재할 뿐 그 어떤 의미 전달이나 자아의 표현이 불가능하다. 따라서 포스트모더니즘의 사회 속 현대인들은 자신도 모르는 사이 고유한 가치를 잃어버린 형식, 즉 또 하나의 이미지로만 남을 뿐이다(Jameson, 2009: 153). 원작자의 권위에 대한 강한 집착이 낳은 모더니즘의 잔재에 저항하고자 발전한 포스트모더니즘은 일부의 원작자가 아닌 파편화된 개인 모두를 의미 없는 이미지(의 소비자)로 환원시킨다. 개성, 인격, 세계관 등 자아를 구축하고 주변을 이해하여 자신을 표현하는 수단의 이미지화는 결국 의미의 연계성을 잃어버린 정신 분열적(Schizophrenic) 경향성을 띄는 존재들로 가득 찬 사회를 만들어가고 있는 것이다(Jameson, 1992: 25-26).

### 3.2 기호자본주의와 우울

이미지 지배 사회를 살아가는 현대인들의 정신 분열적 현상을 보다 심층적으로 분석한 사람은 이탈리아의 철학자 Franco Berardi이다. 그는 현대사회를 "기호자본주의"의 사회로 정의하는데, "기호자본주의"(semiocapitalism)란 자본주의의 시스템이 산업자본주의, 소비자본주의, 금융자본주의로 진화하는 중에 디지털 네트워크의 발전과 맞물려 만들어진 새로운 현상이다. 물리적 노동력을 기반으로 한 유기적 상품의 생산과 교환을 중심으로 한 전통적인 자본주의 시스템과 달리, 기호자본주의 체제는 디지털 네트워크상의 "추상적 기호의 생산과 교환"에 기반을 둔다(Berardi, 2016: 113-114). 따라서 노동의 개념도 달라질 수밖에 없는데, 기호자본주의 시스템을 유지하는 노동을 두고 Berardi는 인지 노동(cognitive labor)이라고 이야기한다. 물질적인 상품을 생산하는 전통적인 산업 노동자들과 달리 인지 노동에 종사하는 노동자들은 무한한 사이버 공간을 채우고 있는 비물질적인 이미지와 기호들을 생산한다. 노동의 생산성을 평가할 수 있는 기준이 비가시적이고 비물질적이 되었다는 것은 결국 인지 노동자들이 가지고 있는 노동력의 가치를 계산할 수 있는 방법이 모호해졌다는 의미이다. 다시 말해서 그들의 노동력은 그들이 들인 노동의 시간 혹은 그들이 생산한 (확인이 불가능한) 기호의 양과 비례하여 평가되지 않는다(Berardi, 2012: 107).

노동의 가치가 명확하게 규정되지 않은 시장 환경은 인지 노동자들의 삶의 기반을 불안정하게 만드는 결과를 초래한다. 결국 기호자본주의의 시스템 안에서의 노동력은 뚜렷한 가치 단위가 없는 조각으로 나누어진다. Berardi는 이를 두고 노동의 프랙탈화(fractalization)라고 하는데, 인간의 노동력이 디지털 생산 환경에 맞춰 단위별, 시간별로 파편화되고 재조합되는 과정을 의미한다(2016: 173). 쉽게 말해 일정 기간 동안 노동자가 들이는 노동력에 대한 대가를 기업과 노동자가 상호 조절하여 계약을 하고, 이에 따라 기업이 노동자를 고용하는 전통적인 고용 시장이 사라지고, 기업이 필요한 만큼의 노동력을 필요한 시간만큼, 마치 1-2시간짜리 이용권처럼 구입하여 간헐적으로 사용하는 형태로 대체되는 것이다. 노동자의 권익은 그 어떤 사회적 보호도 받을 수 없으며, 그들은 그저 쉽게 구입이 가능하고, 쉽게 대체가 가능한 일종의 부품 조각이 되어버린다(2016: 174).

결국 노동의 파편화로 인한 고용시장의 불안정은 인지 노동자들의 환경을 피폐하게 만든다. 위에서 언급한대로 그들의 고용은 사회적으로 보장되지 않으며, 설령 그들이 일을 할 수 있는 기회를 얻었다 하더라도 언제 다시 실업자가 될지 알 수 없는 상황이다. 거대한 디지털 네트워크의 메커니즘 안에서 그들의 노동력은 무한의 경쟁자를 가진 최소한의 단위의 임시 노동자로 전락해 버렸기에 노동자들이 피부로 느끼는 압박감은 전통적인 노동시장에서 경험한 것과는 차원이 다른 가중치를 갖게 된다(Berardi,

2016: 176). 이와 같은 시장 구조 속에서 살아남는 방법은 스스로 더욱 작은 단위의 파편이 되는 것이다. 더욱 작은 단위의 시간 노동, 혹은 더욱 사소한 노동의 제공 등을 통해 기업에 선택받는 가능성을 높이는 것이 유일한 수단인 셈이다. 스스로를 디지털 네트워크의 작은 기호 조각으로 전락시키는 것, 이것이야 말로 기호자본주의가 시장을 점령하고 있는 오늘날의 사회에서 비물질인 이미지와 기호가 유기적 생물인 인간을 지배하는 방식이다.

하지만 아무리 스스로를 프랙탈화 한다고 하더라도 기본적으로 인간은 - 그/그녀가 인지 노동자이건 아니던 간에 - 유기적 생물이다. 무기물인 기계나 전기 신호인 디지털 이미지와 기호들과는 본질적으로 다른 존재인 까닭에 정보의 처리나 소통의 방식에 있어 차이가 있을 수밖에 없다. 인간은 사이버 공간에 부유하는 가공할 만 한 양의 정보를 한꺼번에 소화해 낼 수 없으며 그것을 지속적으로 빨리 처리할 수도 없다. 경쟁력을 유지하려는 의지와 신체적 한계의 괴리는 결국 스트레스를 만들어내고, 과도한 스트레스에 노출된 인간에게는 무감각, 우울증, 불안, 공황과 같은 다양한 종류의 정신병리 증상이 나타나게 된다(Berardi, 2013: 86-87).

그렇다면 Berardi의 비관적 해석은 일부의 인지 노동자들에만 국한된 현상일까? 안타깝게도 디지털 네트워크가 전 세계를 지배하고 있는 오늘날에는 극히 일부의 계층을 제외한 대부분의 인류는 기호자본주의의 영향 아래에 있는 존재들이다. 다만, 그들은 자신들이 인지 "노동"을 하고 있다고 인식하지 못하고 있을 뿐이다. 디지털 미디어를 통해 송출되는 정보 기호의 해석을 위해 하루 일과의 대부분을 보내야하는 인류는 말 그대로 디지털 네트워크의 파편들일 뿐이다. 특히 태어날 때부터 디지털 미디어 환경에서 자라난 젊은 세대들은 유기체로서의 아날로그적 의사소통 방식과 디지털 환경 내에서의 기호 해석 방식의 차이에서 오는 괴리로 인한 정신적 고통과 감각기관의 이상을 감내하며 살아야 한다(Berardi, 2013: 191). 디지털 매체를 통해 유입되는 정보는 두뇌의 처리 속도와 용량을 고려하지 않기 때문에 자발적으로 조절이 불가능해지고 이로 인한 피로감과 무기력감이 늘어갈 수밖에 없다.

Berardi는 개인의 탈진과 우울은 결코 개인의 영역에서 끝나지 않는다고 주장한다. 실재보다 더 실재와도 같은 이미지와 기호만이 가득한 세상에서 의미를 교환하지 못한 채, 기표만을 상품화하며 살아가는 이들은 유기체로서의 감각 이상 뿐 아니라 공감 능력과 감수성의 능력이 저하되는 현실을 마주하게 된다(Berardi, 2016: 64). 디지털 이미지는 전통적인 개념의 인간이 향유해 온 물리적 교류와 아날로그적 신호 교환 및 정서적 교류의 수단이 되지 못한다. 이는 자신 뿐 아니라 타인을 이해하는 마음, 즉 감수성의 발달을 저해하는 주요 요인이 될 수 있다. Berardi는 온라인상에서 일어나고 있는 극단적인 형태의 분노의 표현과 이에 동의하며 연대하는 사람들의 모습이야 말로 기호자본주의로 인한 감수성 결핍의 결과라고 이야기한다(2016: 94-95). 결국 현대 사회에 응축되어있는 분노와 혐오의 에너지, 그리고 언제 그 에너지가 터질지 모르는 불안정한 사회 분위기는 인간이 인간다운 삶을 살지 못하는, 아니 인간다움의 개념이 변화해 버린 이미지 지배 사회의 결과라고 할 수 있다.

안타까운 사실은 위에서 살펴본 이미지 지배의 현실 – 가상의 이미지가 현실을 대체하고 있는 현실, 기의가 없는 기표만을 추구하는 현실, 그리고 자신마저도 거대한 이미지 메커니즘의 일부가 되어 가상과 실재의(공간적, 감각적) 괴리 속에서 고통 받는 현실 – 이 오늘날 한국 사회를 살아가는 젊은 세대의 현실과 밀접한 관련이 있다는 것이다. 특히 코로나19 이후 대부분의 소통, 교육, 관계가 디지털, 온라인, 비대면 매체를 통해 이루어지고 있는 상황은 (의도하지는 않았겠지만) 이미지의 지배와 기호자본주의의 확산에 일조하고 있다. 그 안에서 몸부림치는 젊은 세대들, 그들의 현실은 결코 일부 디스토피아적 관점을 가진 학자들의 이론적 예(例)가 아니다. 앞으로 대학에서 마주하게 될 많은 학생들은 이러한 삶의 현실과 그로 인한 고민을 기본적으로 갖고 있을 가능성이 높다. 과연, 기독교교양교육은 이들을 위해 무엇을 할 수 있을까? 이미지 지배의 현실에서 기독교교양교육이 있어야만 하는 자리는 어디인가?

## 4 —— 기독교교양교육의 자리

과목의 주제에 따라 조금씩 다르지만, 대학에서 제공하는 기독교교양교육의 목적은 대부분 기독교라는 종교에 대한 이해, 사회 문화 현상에 대한 기독교적 해석, 그리고 인간의 실존적 의미에 대한 탐구를 중심으로 하고 있다(이대성, 2017: 144). 특히나, 신학 전공과목과는 달리, 기독교교양교육은 기독교인 뿐 아니라 비기독교인까지도 그 대상으로 포함하기 때문에 보편적인 기독교적 세계관을 바탕으로 (학생들이 경험하고 있는) 현실의 문제들에 대한 공론장을 만들어 나가는 것은 의미 있는 접근이라 할 수 있다(박승인, 2013: 111-112). 따라서 사회에서 일어나고 있는 여러 가지 현상을 기독교적 관점에서 분석하고, 그 안에 담겨 있는 궁극적인 질문에 대한 답을 찾아갈 수 있도록 돕는 것은 오늘날의 기독교교양교육이 집중해야 할 분야이다.

본 연구는 이미지가 지배하는 기호자본주의 시대의 이론적 배경과 현상을 여러 학자들의 관점을 통해 조명해 보았다. 더불어 그 안에서 살아가고 있는 인간들이 겪고 있는 실존적 고민을 소개하였다. 유기체인 인간이 기호와 이미지만을 생산하는 메커니즘의 일부가 되어 실존의 개념에 혼동이 생기는 상황, 노동력의 프랙탈화로 인한 고용의 불안정 때문에 무한의 경쟁만이 남아 있는 사회. 그럼에도 불구하고 주변에는 의미 없는 이미지들만이 가득하여 갈피를 잡지 못하는 젊은이들. 기표의 지배를 받고 있는 그들에게 필요한 것은 이미지에 담길 수 없는 기의를 찾는 것이다. 이들을 위한 교육은 현재 겪고 있는 고민에 대한 분석과 더불어 인간의 실존적 의미를 교육하여 그들이 삶의 의미를 찾고, 궁극적 관심에 대한 해답을 찾아가는 에너지를 제공할 필요가 있다. 이는 앞으로 더욱 극심해질 기호자본주의의 사회를 살아갈 많은 젊은 세대들의 시대적 요청이며, 기독교교양교육은 그들의 요청에 답할 수 있는 다양한 내용을 가지고 있다. 따라서 이러한 이해를 바탕으로 기독교교양교육의 방향을 설정해 나가는 것은 의미 있는 움직임이라고 할 수 있을 것이다. 이후로는 기호자본주의의 시대를 살아가는 젊은 세대를 위한 주제들을 간단하게 살펴봄으로 향후 기독교교양교육이 강조해야 할 바를 제안할 것이다.

### 4.1 영혼의 회복

Berardi는 기호자본주의의 사회에서 살아남아야 하는 오늘날의 (젊은) 세대들에게 "인간됨"의 의미가 중요하다고 주장한다(2012: 192–193). 물론 여기에서 말하는 인간됨이란 단순히 도덕 교과서에 나오는 바른 인간상에 대한 이야기가 아니다. 그는 디지털 기호나 이미지로 환원될 수 없는 유기체로서의 인간이 타인과의 관계 속에서 공생하는 사회적 존재임을 강조한다. 그리고 이러한 인간 본연의 기능을 위해 "영혼"의 역할이 중요함을 역설한다. Berardi에 따르면 인간의 영혼은 "클리나멘," 즉 사선으로 낙하하는 원자와 같다(2012: 31). 이는 에피쿠로스의 창조 개념에서 유래한 것으로 만물이 창조되던 시기 수직으로 낙하하는 원자들 사이를 사선으로 가로지르는 클라니멘이 통과하면서 원자들 간의 접촉이 일어났고, 이를 통해 물질들이 만들어졌다는 것이다. 마찬가지로 인간의 영혼이란 타인이라는 객체와의 접촉(관계)를 유도하는 에너지, 혹은 타인과 공명을 이루는 주파수이다.

위에서 살펴본 것처럼 기호자본주의 사회의 폐해들, 즉 디지털 미디어의 막대한 영향력, 유기체인 인간의 프랙탈화, 그리고 그로 인한 과도한 경쟁주의는 결국 인간의 영혼을 파편화시켰다. 따라서 현대 사회에 만연한 비공감 정서를 해결하기 위해서는 영혼의 회복이 필요하다. Berardi는 "타인을 향해 동정적으로 열릴 수 있게 하는 감각 기관인 영혼이야 말로 신체의 재구성이 일어날 수 있는 장"이라고 주장하며, 영혼 회복의 문제를 강조했다(2012: 192).

이는 기독교교양교육의 방향성을 설정하는 데에 있어서도 중요한 지점이라 할 수 있다. 대학의 교육과정에서 "영혼"을 교육의 주제로 다룰 수 있는 과목은 극히 드물다. 지극히 종교적 영역의 주제이기 때문이기도 하지만, 동시에 영혼이라는 것을 학문적으로 입증한다거나 분석하는 것이 불가능하기 때문이다. 결국 "영혼의 회복"을 교육할 수 있는 교과는 신학과의 전공과목들과 기독교교양 교과들뿐이다. 그 중에서도 기독교교양 교과들은 기독교인들 뿐 아니라 비기독교인들도 수강을 한다는 점에서 현대 사회의 문제인 비공감 정서를 해결하는 데에 더욱 큰 기여를 할 수 있다. 물론 여기에서 이야기하는 영혼의 회복은 기독교 종교 단체에서 이야기하는 회심이나 개종을 통한 종교성의 생성을 의미하지 않는다. 도리어 젊은 세대들이 영혼의 의미를 알고, 그것의 중요성을 깨닫는 것, 그리고 자신의 영혼을 돌보며 그것의 회복을 통해 필연적인 사회의 문제를 해결하는 것과 같이 현대 사회를 살아가는 한 인간으로서 자신에게 최선을 다하고, 사회에 책임을 다하는 모습을 교육적으로 장려하는 것이다.

또한 기독교적 세계관에 근거한 영혼의 회복을 위한 교육은 위에서 말한 감수성의 회복에서 한 단계 더 나아가 초월적 존재와 자신의 실존에 대한 근원적인 질문에 다다르도록 도울 수 있다. 이는 영혼이라는 개념에서 영성이라는 개념으로의 확장을 통해 가능하다. Harold Ellens는 영성을 "내적 생명의 힘이 영혼을 통하여 초월적 실재로 나아가는 것"이라고 정의한다(2006: 6). 이는 자신의 영혼을 돌보는 인간은 결국 타인과의 관계 맺음뿐 아니라 궁극적 타자인 초월적 존재에 대해서도 관심을 갖게 된다는 의미로 해석할 수 있다. 물론 이것은 기독교적인 관점에서 하나님이라는 신적 존재이자 신앙의 대상에 대한 주장이기도 하지만, 동시에 자기 자신의 실존적 의미에 대한 탐구로도 이해할 수 있다.

이러한 의미에서 Paul Tillich는 실존적 의문이라는 의미의 궁극적 질문이라는 개념을 기독교를 의미하는 종교라는 개념과 혼용하여 사용하였다. 그리고 이 두 가지의 개념이 교차하는 것으로서의 상징 개념을 소개한다. 다시 말해서 인간이 실존적 질문을 담아 낼 수 있는 모든 것들은 종교성을 띈 상징이 될 수 있다는 것이다(Tillich, 1964: 58–59). 이와 같은 해석은 이미지가 지배하고 있는 현대 사회를 살아가는 많은 젊은 세대에게 새로운 방향성을 제시할 수 있다. 다시 말해서 누군가에 의해 생산된 이미지, 혹은 자가 복제를 통해 만들어진 껍데기와 같은 이미지가 아닌 자신의 고민과 질문을 담아낼 수 있는 이미지를 통해 자아의 탐구와 더불어 초월적 존재에 대한 접근까지도 가능하다는 이야기이기 때문이다.

물론 이러한 과정이 단 한 번에 이루어질 수는 없다. 이미지에 자신의 궁극적 질문을 투영한다는 것이 수월하지는 않기 때문이다. 그렇기에 일정 기간의 교육과 훈련이 필요한 것이며, 이 지점이 기독교교양교육의 숙제가 될 수 있다. 예를 들어 기독교 전통의 명상 훈련 중 관상이나 관조 등을 교양교육에 도입해 보는 것은 영성과 이미지를 연결하는 좋은 교육법일 뿐 아니라 기의가 담긴 기표를 발견하는 과정이 될 수도 있고, 기표 속에서 자신의 실존적 의미를 찾는 수업이 될 수도 있다.

## 4.2 하이퍼 리얼리티, 하이퍼 가스펠, 그리고 자기 진실성

앞서 살펴본 것처럼 이미지 지배의 시대는 과도한 경쟁과 프랙탈화로 인해 인간성을 피폐하게 만들 뿐 아니라, 복제된 이미지들을 무한대로 제공함으로써 실재를 감추어 버리고, 모든 것의 진실성을 불확실하게 만든다. 그 어느 것도 보이는 대로 믿을 수 없는 사회, 진실성을 의심받는 사회에서 살아가는 인간들의 피로감과 우울감이 어느 정도일지는 쉽게 상상이 가능하다. 특히나 디지털 미디어를 통해 세상을 관찰하고, 디지털 메커니즘 속에서 만들어진 이미지로 소통하는 젊은 세대에게 현실과 실재의 경계는 갈수록 모호해질 수밖에 없다. 문제는 이러한 현상이 개인에게만 국한되어 일어나지 않는다는 것이다. 다시 말해서 이미지로 인한 가상성의 침투는 개인의 인지 영역 너머에 영향을 미칠 수 있다.

이는 종교의 영역에도 분명히 영향을 미친다. 앞서 살펴본 Baudrillard의 성상 파괴에 관한 논쟁에 드러난 것처럼 종교가 내세우고 있는 이미지 안에 그들의 초월적 실재가 존재하는지, 그들의 이미지는 초월적 존재가 아닌 가상의 존재를 마치 초월적 존재인양 드러내고 있는 것은 아닌지 주의할 필요가 있다. 물론 인간에게 이미지에 내재된 초월적 존재의 가능성을 가늠할 수 있는 능력은 없다. 하지만 그 안에 담긴 메시지에 대한 이야기라면 경우가 다르다. 이미지 지배의 현실에서 주의를 기울이지 않은 종교적 이미지들은 쉽사리 시뮬라크르로 전락해 버릴 수 있다. 그리고 그러한 이미지들 안에는 종교의 메시지, 기독교의 경우 "복음"이 반영되지 않는다. 예를 들어, 사람들의 편의를 돕기 위해 혹은 시선을 사로잡기 위해 교회나 기독교 단체에서 제작한 짜깁기 식의 이미지들의 경우, 편의 혹은 흥미라는 제작의도가 메시지인 복음과 얽혀서 제 3의 메시지를 전달할 수 있다. Baudrillard의 표현을 빌리자면, 이러한 경우 이미지들은 기독교 복음의 근원적인 의미를 내파(implosion) 하게 된다(2001: 25). 하지만, 내파된 복음은 기독교인들의 모토가 아니다. 그것은 그저 흥미로운 이미지와 영상으로 재현된 복음, 즉 가상, 혹은 파생 복음(hyper-gospel) 이다.

기독교교양교육은 이를 분명히 할 필요가 있다. 기독교교양교육 과목을 수강할 많은 학생들은 교육과정 외에도 주변에서 혹은 자신의 신앙생활을 통해 기독교를 접한다. 하지만 이미지로 재현된 기독교는 그들의 현실과는 관계없는, 편향된 종교적 관심에 근거한 파생 복음을 전하는 종교로 보일 수 있다. 따라서 복음의 현실성을 강조하고, 이를 통한 구체적인 실천 방향을 제시하는 것은 단순히 종교적인 회유라기보다는 현대 사회를 구성하는 일원, 다양한 종교적 배경을 가진 이들과 함께 이야기를 나눌 수 있는 공론장의 일부, 그리고 그것을 통해 현실의 문제를 해결해 나가는 사회의 한 부분으로서의 기독교를 보여줄 수 있는 중요한 계기가 될 수 있다.

또한 기독교교양교육을 통한 기독교의 진실성 회복은 궁극적으로 수업을 듣는 학생들의 개인적 자기 진실성의 고양이라는 측면을 기대할 수 있다. 다시 말해서 기독교라는 종교가 스스로를 돌아보고 가상의 이미지로 인해 배재된 진실한 모습을 찾는 것만으로도 이미지 지배의 시대를 살아가는 많은 젊은 세대들에게 일종의 모델이 될 수 있다는 것이다. Charles Taylor는 인간의 내면에 존재하는 도덕률, 그것을 회복하여 스스로 옳은 것을 선택할 수 있는 힘을 기르는 것이 현대 사회를 살아가는 수많은 존재들에게 중요한 요소임을 강조한다. 그는 이것을 "자기 진실성"이라고 부르는데, 이는 도덕의 개념을 외적인 기준에 부합한 어떤 가치로 생각했던 근대 이전의 관념에서 벗어나 자신의 마음속에 내재되어 있는 (도덕적) 근원과 연결 내향적 움직임이다(Taylor, 2001: 46-47).

이러한 움직임은 기호자본주의 시대의 다양한 외적 압제에서부터 벗어날 수 있는 길이 된다. 과도한 경쟁으로 인한 도덕의 약화, 가상의 이미지로 인한 진실의 모호함, 기호화되어버린 인간의 자기 상실 등은 현대 사회를 살아가는 젊은 세대가 마주하고 있는 고충이다. 자신의 외부에서 진실을 찾을 수 없는 현실, 그것으로부터의 탈피는 내면으로부터 들려오는 목소리에 귀를 기울이는 것에서부터 시작될 수 있다. 이것이 기독교교양교육과 연관이 있는 이유는 기독교라는 종교가 가지고 있는 인간의 창조사상 때문이다. 신의 모습을 따라 만들어진 인간의 내면에 들어가 있는 선함의 기준은 아무리 외적 세계가 매혹적이지만 진실하지 않은 이미지들로 도배된다 하여도 그의 영향을 받지 않는다. 다만 내면의 도덕의 발동은 오직 자신을 돌아보고 자기 진실성을 갖춘 인간에게만 허락된다. 내면의 성찰은 결국 종교의 영역이다. 신앙적 실천으로서의 종교가 아닐지라도 그것의 가치를 소개하고 관심을 갖도록 하는 것은 중요한 교육의 내용이다. 따라서 이러한 부분에 대한 기독교교양교육이 이루어진다면 분명 기호자본주의 시대의 탈진한 영혼들에게 적확한 현실 인식과 더불어 그것을 이겨낼 수 있는 힘을 기를 수 있는 기회를 제공할 수 있을 것이다.

## 5 ——— 결론

현대 사회의 지배자는 이미지이다. 이는 디지털 미디어의 확산으로 인해 더욱 가속화되고 있으며, 그 안에서 경제의 논리를 펼치는 이들에 의해 더욱 악화되고 있다. 수많은 젊은 영혼들이 우울증과 불안과 탈진과 공황 등의 고통을 토로하고 있음에도, 이미지가 지배하고 있는 사회는 그들을 언제든 대체가능한 메커니즘의 말초기관 정도로 여기고 있다. 물론 이는 인간이 초래한 결과이기에 이 상황의 타계 역시 인간의 몫이다. 다만 인간 스스로가 이 상황을 헤쳐 나가기에는 이미 이미지의 속임수에 너무나 영향을 받은 상태이다. 현실을 볼 수 없다면, 문제를 직시할 수 없는데, 현실이 왜곡되어 있다 보니 문제의 인지조차 불가능한 상황이다.

결국은 교육의 문제로 치환된다. 누군가는 가르치고, 누군가는 인도하여, 진실을 깨우칠 수 있도록 해야 한다. 권위와 선도의 이야기가 아닌 공감과 공생의 이야기이다. 모든 종교가 그러하겠지만, 기독교는 초월적 존재의 창조 섭리가 깃든 인간들이 진실을 향해 나아가는 움직임이다. 비록 현실의 교회 역시 기호자본주의의 논리에 휩싸여 제 기능을 하지 못하는 경우가 있지만, 여전히 기독교의 가르침은 거짓 속의 진실을 구분할 수 있는 힘에 대해 이야기를 한다. 기독교교양교육은 이러한 기독교적 세계이해에 근거하여 수많은 젊은 세대들에게 스스로를 돌아보고 진리를 추구하는 움직임을 취하도록 할 책임이 있다.

대학의 교육 과정 중에 "진리," "영혼," "내향적 움직임"과 같은 개념을 소개할 수 있는 과목은 극히 드물다. 물론 전문적 지식이나 학문적 연구 방법론에 대한 이해는 이 땅을 살아가는 많은 이들에게 중요한 요소이다. 하지만 그들이 살아가는 세상이 매력적인 이미지에 가려진 허구라면, 그 안의 인간들은 그저 그 이미지를 채우고 있는 픽셀에 불과하다면, 폐기된 그들의 인생은 허무한 결론으로 마무리될 것이다. 여기에 기독교교양교육의 필요성이 부각된다. 다분히 종교의 세를 넓히기 위해서라던가, 학교의 설립 이념을 주입하기 위한 수단이 아닌 진리를 볼 수 있는 젊은 세대들을 양성하는 것이야 말로 기독교교양교육이 존재하는 이유일 것이다.

이미지의 지배에 대한 학문적 분석은 여전히 진행 중이다. 이미지의 영향력이 어느 정도까지 커질지는 아무도 예상할 수 없다. 그렇기에 허상의 너머를 볼 수 있는 사람들이 필요하다. 진리가 우리를 자유케 하리라.

# 참고 문헌

## 한국어 문헌

강영선(2000). "21세기 대학선교 어떻게 할 것인가?; 기독교 교양과목을 통한 선교", 대학과 선교 1, 31–48.

강영택, 유진봉, 박상진 외(2011). 종교교육론, 학지사.

강용원(2015). "기독교 인성교육의 성경적 기초", 기독교교육정보 47, 361–98.

게이블, 존 B., 윌러, 찰스 B., 요크, 앤서니 D., 시티노, 데이비드(2011). 문학으로서의 성서, 이레서원.

고병철(2014). 종교 교과교육과 교과교재론, 박문사.

관계부처합동(2019). 인공지능 국가전략.

기독교의 이해 편찬위원회(2016). 기독교, 묻고 답하다, 서울: 청송미디어.

김광수(2002). "비판적 사고론", 철학연구 58, 5–42.

김동환(2015). "백낙준을 통해 발굴되는 대학의 학풍", 신학논단 79, 161–194.

______(2015). "옥스퍼드 대학교와 연세대학교의 비교를 통해 본 기독교 대학의 정체성과 학원 선교적 사명에 대한 소고", 대학과 선교 29, 7–42.

김상배(2020). "4 차 산업혁명과 첨단 방위산업 경쟁: 신흥권력론으로 본 세계정치의 변환", 국제정치논총 60(2), 87–131.

김선정(2021). "대학의 이념과 진리와 자유 정신의 성서적 이해 – 연세대학교의 사례를 중심으로", 대학과 선교 47, 73–106.*

______(2001). "요한공동체의 재판", 신학사상 115, 193–210.

김영정(2002). "창의성과 비판적 사고", 인지과학 13, 81–90.

김응준(2020). "인문교양교육과 포스트휴먼 인문과학," 교양교육연구 14(2), 한국교양교육학회, 35–44.

김정효, 허지선, 한신영(2017). "기독교 학교의 종교교과 교육과정 개선을 위한 기초 연구: 교육과정 숙의를 통한 신조(Platform) 구축," 기독교교육논총 52,

181−220.

김정희(2016). “기독교 학교에서의 기독교 인성 및 기독교 인성교육에 대한 이해”, 기독교교육논총 46, 265−86.

김종규, 원만희(2018). “4차 산업혁명 시대와 플랫폼으로서의 교양 교육”, 인문학 70, 211−237.

김진영, 허완규(2018). “제 4 차 산업혁명시대 인문사회학적 쟁점과 과제에 관한 연구”, 디지털융복합연구 16(11), 137−147.

김학철(2010). 렘브란트, 성서를 그리다. − 렘브란트의 성서화 미학, 서울: 대한기독교서회.

______(2016). 아무것도 아닌 것들의 기쁨, 문학동네.

______(2020). “이미지와 종교, 종교적 시각 문해력 서론 − 선사시대부터 종교개혁까지”, 한국기독교신학논총 118, 537−565.*

______(2019). “종교 문해력과 교양교육”, 한국교양교육학회 학술대회 자료집, 57−62.

김혜영(2013). “융합교육의 체계화를 위한 융합교육의 방향과 기초융합교과 설계에 대한 제언”, 교양교육연구 7(2), 11−38.

노경주(2002). “비판적 사고:패러다임과 개념”, 사회과 교육 41(1), 55−73

니버, 라인홀드(1992). 도덕적 인간과 비도덕적 사회, 이한우 역, 서울: 문예출판사.

도커리, 데이비드., 모건, 크리스토퍼 ed(2020). 기독교 교양교육: 복음주의 기독교 대학 교양교육의 성경적, 신학적, 역사적 기초와 실천적 적용, 부흥과개혁사.

마셜, 조지(2018), 기후변화의 심리학 − 우리는 왜 기후변화를 외면하는가, 이은경 옮김, 갈마바람.

마정미(2014). 포스트휴먼과 탈근대적 주체, 커뮤니케이션북스.

메서, 닐(2019). 현대 기독교윤리학, 기독교문서선교회.

몰트만, 위르겐(2017). 정치신학 정치윤리, 박종화 역, 대한기독교서회.

민경배(2005). “연세 창립과 기독교 정신.” 연세의 발전과 한국사회 편찬위원회. 연세의 발전과 한국사회, 연세대학교 출판부.

민경식(2019). “고전으로서의 성서, 어떻게 읽을 것인가?” 기독교, 묻고 답하다, 청송미디어.

______(2008). 신약성서, 우리에게 오기까지, 대한기독교서회.

______(2020). “세속화된 대학에서 성서를 어떻게 가르칠 것인가? - 교양교육으로서의 성서교육,” 한국기독교신학논총 118, 한국기독교학회, 567-589.*

밀, 존 슈트어트(2020). 공리주의, 현대지성.

바버, 이안(2002). 과학이 종교를 만날 때, 이철우 옮김, 김영사.

바우만, 지그문트(2013). 부수적 피해, 정일순 역, 민음사.

박숭인(2013). “기독교 이해 교과목의 자리매김 -기독교 신학의 본원적 과제”, 대학과 선교 24, 97-125.

박일영(2001). “대학에서의 종교교육 - 가톨릭대학교의 현황과 전망”, 종교교육학연구 12, 73-100.

박종보, 김휘홍(2017). “인공지능기술의 발전과 법적 대응방향”, 법학논총, 34(2).

박현정(2011). “기독교대학 교양 교육과정에 대한 제언”, 기독교교육정보 28, 55-82.

배영달(2006). “보드리야르: 현대사회와 이미지”, 프랑스예술문화연구 16, 91-108.

______(2012). “보드리야르: 시뮬라크르라는 악마”, 한국프랑스학논집 80, 267-290.

배철현(2011). 창세기, 샤갈이 그림으로 말하다, 코바나컨텐츠.

백관인 편(1989). 백낙준 박사 대담 모음: 내일을 위하여, 정음문화사.

백낙준(1995). “延世大學校 初代總長 就任辭” 백낙준 전집 3: 연세교육의 이상, 연세대학교출판부.

백종현, 박은정, 김정하, 고인석, 정원섭, & 김경환(2017). “제 4 차 산업혁명과 포스트휴먼 사회”, 철학과 현실, 20-128.

변순용 외(2019). 윤리적 AI로봇 프로젝트, 어문학사.
브라이도티, 로지(2016). 포스트휴먼, 이경란 옮김, 아카넷.
브람웰, 안나(2013). 생태학의 역사: 에콜로지의 기원과 전개, 김지영 옮김, 살림.
브린욜프슨, 에릭 & 앤드류 맥아피(2014). 제2의 기계시대, 이한음 역. 서울: 청림출판.
브위엘, H. P.(1980). 지성의 몰락. 이광주 역, 한길사.
샌델, 마이클(2020). 공정하다는 착각: 능력주의는 모두에게 같은 기회를 제공하는가, 함규진 역, 와이즈베리.
______(2012). 돈으로 살 수 없는 것들 – 무엇이 가치를 결정하는가, 안기순 역, 와이즈베리.
______(2012). 민주주의의 불만: 무엇이 민주주의를 뒤흔들고 있는가, 안규남 역, 동녘.
______(2014). 정의란 무엇인가. 김명철 역, 와이즈베리.
서울대학교 소비트렌드분석센터(2018). 트렌드 코리아 2019, 서울: 미래의창.
손동현(2009). "교양교육의 새로운 위상과 그 강화 방책", 교양교육연구 3, 5–22.
______(2012). "대학 교양기초교육에 대한 종합적 분석연구", 한국교양기초연구원.
______(2019). 대학교양교육론, 철학과 현실사.
______(2019). "신앙 및 교양의 특수성과 보편성", 제3회 리베르타스 교양교육 심포지움. 연세대학교교양교육연구소, 9–18.
손승남(2011). 인문교양교육의 원형과 변용, 교육과학사.
손원영(2001). "기독교 대학의 교양교육", 종교교육학연구 12, 101–33.
손호현(2015). 인문학으로 읽는 기독교 이야기, 서울: 동연.
손화철(2016). "기술의 자율성과 포스트휴머니즘," 한국과학기술학회 학술대회, 한국과학기술학회, 11–21.
슈미트, 에릭(2013). 새로운 디지털 시대, 이진원 역. 알키.
슈밥, 클라우스(2016). 클라우스 슈밥의 제4차 산업혁명, 송경진 옮김, 메가스터디북스.

______(2016). 4차 산업혁명의 충격, 김진희 외 역, 흐름출판.
신득렬(2016). 교양교육, 도서출판 거리.
신상규(2016). "자율기술과 플로리디의 정보 윤리", 철학논집 45, 269-296.
______(2014). 호모 사피엔스의 미래 - 포스트휴먼과 트랜스휴머니즘, 아카넷.
신성호(2019). "자율무기에 대한 국제사회 논쟁과 동북아", 국제 지역연구 28(1), 1-28.
신승범(2017). "기독교 인성교육에서 인성개념 도출과 인성교육 방향을 위한 제언", 신학과 실천 56, 521-43.
실리, 존(1992). 종교교육이론, 서광사.
싱어, 피터(2011). 하이테크 전쟁: 로봇 혁명과 21세기 전투, 권영근 역, 지안.
아나티, 엠마누엘(2008). 예술의 기원: 5만 년 전 태초의 예술을 찾아서, 이승재 역, 서울: 바다출판사.
안혜리(2018). "인공지능(AI) 시대에 왜 영성(spirituality) 탐구를 위한 미술교육이 필요한가?: 포스트휴먼 신학에 기초한 이론적 고찰", 조형교육 66, 217-243.
안호영(2015). "융복합 교육으로서의 과학 교양교육: 동국대학교 경주캠퍼스 과학 융복합 교양교육 사례를 중심으로", 문화와 융합 37(2), 61-92.
양재훈(2013). 판소리의 신학적 풍경, 대한기독교서회.
양희태(2017). "[미국] 인공지능의 위험성에 대한 우려로 제정된 아실로마 인공지능 원칙." 과학기술정책 27(8), 3-37.
엘리아데, 미르치아(1998). 이미지와 상징, 이재실 역, 서울: 까치.
연세대학교 백년사 편찬위원회 편(1985). 연세대학교 백년사1, 연세통사(상), 연세대학교출판부.
오근재(2012). 인문학으로 기독교 이미지 읽기, 서울: 홍성사.
오닐, 캐시(2017). 대량살상 수학무기, 김정혜 역, 흐름출판.
왓슨, 피터(2016). 무신론자의 시대, 정지인 역, 서울: 책과 함께.
워거만, 필립(2000). 기독교 윤리학의 역사, 한국장로교출판사.
원용진(2010). 새로 쓴 대중문화의 패러다임, 서울: 한나래출판사.

월러치, 웬델 & 콜린 알렌(2014). 왜 로봇의 도덕인가, 메디치미디어.
윌킨슨, 리처드 & 케이트 피킷(2012). 평등이 답이다: 왜 평등한 사회는 늘 바람직한가? 전재웅 역, 이후.
유성욱(2020). "대학 교양교육과정의 종교 교과 운영에 대한 고찰", 한국종교교육학회 63(1), 151-161.
이경란(2017). 로지 브라이도티, 포스트휴먼, 커뮤니케이션북스.
이광주(1997). 大學史: 이념 · 제도 · 구조, 민음사.
이근영, 이정훈(2018). "'카이스트 보이콧' 선언한 세계 학자들, AI무기 개발 비판." 한겨레, 4월 5일.
이대성(2017). 교목학, 서울: 동연출판사.
이민형(2021). "뉴트로 문화 연구를 통해 살펴 본 이미지 지배 사회의 선교적 상상", 복음과 선교 53/1, 169~206.*
이사야(2009). "구약의 사회적 약자와 법전의 사회윤리," 기독교사회윤리 18, 259-288.
이석우(1998). 대학의 역사, 한길사.
이영헌(2004). "요한복음서의 진리 개념에 대한 성서적 고찰", 신학전망 146. 2-21.
이영호 외(2003). 대학 인문교양교육의 현황 진단 및 정책대안, 인문사회연구회.
이요섭(2007). "기독교 대학의 이념에 대한 고찰", 대학과 선교 13, 121-134.
이용욱(2018). "디지털리터러시 교육의 방향성 연구: 텍스트와 하이퍼텍스트, 그리고 네트워크-공간", 인문콘텐츠 (50), 115-135.
이은성(2017). "교양과목을 통한 기독교대학 인성교육의 전략적 운영 방안 탐색", 기독교교육논총 51, 101-24.
이인곤, 강철하(2018). "인공지능 로봇의 형사법이론 체계에 관한 일고: 범죄능력 · 형사책임능력을 중심으로." 법학연구 18(3), 21-54.
이정구(2012). 성상과 우상 - 그리스도교 이미지 담론, 서울: 동연.
이지헌 외(2018). 교육학개론, 학지사.

임민균(2019). "가톨릭 대학의 종교교양교육 현황과 과제: 가톨릭대학교 성심교정 상황을 중심으로", 제3회 리베르타스 교양교육 심포지움, 연세대학교교양교육연구소, 49-67.

임석원(2014). "비판적 포스트휴머니즘의 기획 - 배타적인 인간중심주의 극복," 인간과 포스트휴머니즘, 이화여자대학교출판부, 61-82.

장화선(2014). "개혁주의 기독교교육 관점에서의 인성교육", 기독교교육논총 40, 447-76.

정보통신정책연구원(2018). 4차 산업혁명시대 산업별 인공지능 윤리의 이슈 분석 및 정책적 대응방안 연구, 정보통신정책연구원.

정복철, 이현민(2016). "대학생을 위한 몸철학과 미적체험 중심 인성교육 활성화 방안", 학습자중심교과교육연구 16, 827-44.

정영한(2013). "바니타스 정물화의 동시대적 담론; 개념과 양식의 변용, 그리고 의미의 확장을 중심으로", 기초조형학연구 14, 287-295.

정진규(2020). "Risky 테크놀로지와 윤리문제-자율주행자동차 사례를 중심으로", 윤리연구 130, 141-166.

정헌이(2011). "죽음의 미학", 현대미술사연구 30, 67-98.

젠킨스, 필립(2009). 신의 미래 종교는 세계를 어떻게 바꾸는가?, 김신권, 최요한 역, 서울: 도마의 길.

조용훈(2016). "기독교대학의 인성교육에 대한 한 연구", 대학과선교 31, 227-58.

조재천(2020). "기독교와 교양교육, 그 불편(하지만 불가피)한 동거," 대학과 선교 46, 한국대학선교학회, 7-36.*

주연수(2015). "기독교적 가치관에 기초한 정서조절과 기독교인성교육", 기독교교육논총 44, 77-115.

줄리어스, 앤소니(2003). 미술과 우상: 우상숭배, 우상파괴, 유태인 미술, 박진아 역, 서울: 조형교육.

지앤컴리서치(2020). 한국 사회 주요 현안에 대한 개신교인 인식 조사 결과 보고서, 지앤컴리서치.

차정식 외(2020). 성서문예학 연구, 동연.

차준희(2013). 최근 구약성서의 신앙, 프리칭아카데미.

최미리(2017). “하버드대학의 교양교육 사례 연구: 2016년도 개정 교육과정을 중심으로”, 학습자중심교과교육연구 17, 263–92.

최영근(2016). “기독교대학의 복음적 인성교육에 관한 연구–하나님 나라의 성육신적 영성교육의 신학과 실행방안”, 대학과 선교 30, 223–61.

최준규(2005). “가톨릭계 학교의 종교교육: 개념, 목적, 방법”, 종교교육학연구 21, 309–33.

최현철(2019). “융합교양교육의 새로운 패러다임을 위하여”, 교양교육연구 13(5), 153–170.

최현철, 변순용 & 신현주(2016). “인공적 도덕행위자 (AMA) 개발을 위한 윤리적 원칙 개발–하향식 접근 (공리주의와 의무론) 을 중심으로”, 윤리연구 111, 31–53.

칸트, 임마누엘(2014). 윤리형이상학 정초. 백종혁 역, 아카넷.

캐머런, 나이절(2018). 로봇과 일자리. 고현석 역, 이음.

클라인, 나오미(2017). 이것이 모든 것을 바꾼다 – 자본주의 대 기후, 이순희 옮김, 열린책들.

타이쎈, 게르트(2010). 성서, 어떻게 가르칠 것인가? – 열린 성서 학습의 길, 동연.

통합유럽연구회 편(2015). 유럽을 만든 대학들, 책과 함께.

팔머, P. J.(2006). 가르침과 배움의 영성, 이종태 역, IVP.

필벡, 토머스(2014). “포스트휴먼 자아: 혼합체로의 도전,” 인간과 포스트휴머니즘, 이화여자대학교출판부, 23–40.

하라리, 유발(2018). 21세기를 위한 21가지 제언, 김영사.

한국교육학회(1998). 인성교육, 문음사.

한국정보화진흥원(2018). 지능정보화사회 윤리 가이드라인.

한미라 편(2006). 기독교교육개론, 기독교서회.

한안나(2017). “대학 비교과 교육과정의 운영과 성과: D대학교의 사례를 중심으로,” 교육문제연구 30, 111-138.

한희원(2018). “인공지능 (AI) 치명적자율무기 (LAWs) 의 법적·윤리적 쟁점에 대한 기초연구.” 중앙법학 20(1), 325-365.

해리스, 리차드(2003). 현대인을 위한 신학적 미학, 김혜련 역, 서울: 살림.

홍병선(2011). “‘비판적 사고’가 갖는 철학적 함의”, 철학논총 66, 453-73.

홍성기(2019). “교양교육 강화의 사회적 배경,” 교양학연구 9, 61-90.

홍윤기(2002). “비판적 사고와 인성”, 철학연구 58, 75-103.

힐겐도르프, 에릭(2019). “자율 시스템, 인공지능과 로봇: 형법의 관점에서 지향성은?”, 경제규제와 법 12(2), 26-38.

Baudrillard, Jean(1991). 소비의 사회, 이혁률 역, 서울: 문예출판사.

______(2001). 시뮬라시옹, 하태환 역, 서울: 민음사.

Berardi, Franco(2012). 노동하는 영혼: 소외에서 자율로, 서창현 역, 서울: 갈무리.

______(2013). 프레카리아트를 위한 랩소디: 기호자본주의와 불안정성과 정보노동의 정신병리, 정유리 역, 서울: 난장.

______(2016). 죽음의 스펙터클: 금융자본주의 시대의 범죄, 자살, 광기, 송섬별 역, 서울: 반비.

Boorstin, Daniel(2004). 이미지와 환상, 정태철 역, 서울: 사계절.

KAIST 문술미래전략대학원, 이민화(2017). 대한민국의 4차 산업혁명, 창조경제연구회(KCERN).

N. 캐서린 헤일스(2016). 나의 어머니는 컴퓨터였다 - 디지털 주체와 문학 텍스트, 이경란, 송은주 옮김, 아카넷.

Taylor, Charles(2001). 불안한 현대사회: 자기중심적인 현대 문화의 곤경과 이상, 송영배 역, 서울: 이학사.

## 외국어 문헌

Asimov, Isaac(2004). I. Robot . New York: Random House Publishing Group. 〈아이작 아시모프(1993). 아이, 로봇: 세상에서 가장 뛰어난 로봇이야기, 이기원 역, 서울: 동쪽나라.〉

Awad, E., Dsouza, S., Kim, R. et al.(2018). "The Moral Machine experiment", *Nature* 563, 59 – 64.

Bachenheimer, Avi(2018). *Gobekli Tepe: An Introduction to the World's Oldest Temple*, San Francisco: Blurb, Incorporated.

Barbour, Ian G.(1966). *Issues in Science and Religion*, Englewood Cliffs, NJ: Prentice–Hall.

______(1990). *Religion in an Age of Science*, 1st ed. San Francisco: Harper & Row.

______(1997). *Religion and Science: Historical and Contemporary Issues*, 1st HarperCollins, rev. ed. San Francisco: HarperSanFrancisco.

Bartkus, K. R., Nemelka, B., Nemelka, M., Gardner, P(2012). "Clarifying the Meaning of Extracurricular Activity: A Literature Review of Definitions", *American Journal of Business Education* 5, 693–704.

Benz, M. & Bauer, J(2013). "Symbols of Power – Symbols of Crisis? A Psycho–social Approach to Early Neolithic Symbol Systems", *Neo-Lithics* 2, 11 – 24.

Besançon, Alain(2000). *The Forbidden Image : An Intellectual History of Iconoclasm*, Translated by Jane Marie Todd, Chicago : University of Chicago Press.

Brown, Raymond E(1966). *The Gospel According to John I-XII. The Anchor Bible*, Doubleday Company.

Brown, Warren S., Nancy Murphy, and H. Newton Malony(1998). *Whatever Happened to the Soul?: Scientific and Theological Portraits of Human Nature*,

Minneapolis, MN: Fortress Press.

Bultmann, R(1964). "ἀλήθεια." *Theological Dictionary of the New Testament*. Vol.1. Ed. by G. Kittel. W. B. Eerdmans Publishing Company.

Burke, Peter(2009). *Cultural Hybridity*, Malden: Polity Press.

Busacca, Gesualdo(2017). "Places of Encounter: Relational Ontologies, Animal Depiction and Ritual Performance at Gobekli Tepe", *Cambridge Archaeological Journal* 27, 313 – 330.

Chazelle, Celia M(1990). "Pictures, Books, and the Illiterate", *Word & Image* 6, 138–153.

Cox, Harvey(1966). *The Secular City: Secularization and Urbanization in Theological Perspective*, New York: Macmillan.

______(1995). *Fire from Heaven: The Rise of Pentecostal Spirituality and the Re-shaping of Religion in the 21st Century*, Reading, Mass.: Addison–Wesley Pub.

Der Watt, Jan G. van(2000). *Family of the King: Dynamics of Metaphor in the Gospel according to John*. Brill.

Dietrich, Oliver & Heun, Manfred & Notroff, Jens & Schmidt, Klaus & Zarnkow, Martin(2012). "The Role of Cult and Feasting in the Emergence of Neolithic Communities. New Evidence from Göbekli Tepe, South–eastern Turkey", *Antiquity* 86, 674–695.

Dodd, C. H(1963). The *Interpretation of the Fourth Gospel*. C. U. P.

Ellens, Harold(2006). *Sex in the BIble: A New Consideration*, Westport, CT: Praeger.

Everhart, J. S.(2012). "Dildos and Dismemberment: Reading Difficult Biblical Texts in the Undergraduate Classroom", J. S. Webster, G. S. Holland ed. *Teaching the Bible in the Liberal Arts Classroom*, Sheffield Phoenix Press, 184–191.

Fitzgerald, John T.(1996). *Friendship, Flattery, and Frankness of Speech: Studies on Friendship in the New Testament World*, Brill.

______(2008). *Passions and Moral Progress in Greco-Roman Thought*. Routledge.

Glancy, Jennkfer A.(2005). "Torture: Flesh, Truth, andthe Fourth Gospel." *Interpretation* 13, 2. 107–136.

Graham, Howes(1984). "Religious Art and Religious Belief", *New Blackfriars* 65, 331–340.

______(2016). "From 'explicit' to 'implicit' in Recent Religious Art", *Implicit Religion* 19, 117–129.

Grootenboer, Hanneke(1999). *The Rhetoric of Perspective: Realism and Illusionism in Seventeenth-century*, Chicago and London: University of Chicago Press.

Hawkin, David J.(1987). "The Johhanine Concept of Truth and Its Implications for a Technological Society", *The Evangelical Quarterly*. 59(1). 3–13.

Heebner, Amy L(1999). "Aesthetic Experience and Religious Painting", *Journal of Visual Literacy* 19, 1–20.

Herzfeld, Noreen L.(2002). *In Our Image: Artificial Intelligence and the Human Spirit*, Minneapolis, MN: Fortress Press.

Heschel, Abraham Joshua(1973). *A Passion for Truth*. Farrar, Straus & Giroux.

Hoskins, Paul. M.(2010). "Freedom from slavery to sin and the devil: John 8:31–47 and the passover theme of the Gospel of John", *Trinity Journal* 31(1). 47–63.

Hulatt, Owen(2016). "Hegel, Danto, Adorno, and the End and after of Art", *British Journal for the History of Philosophy* 24, 742–763.

Hutchoen, Linda(2000). *A Theory of Parody: The Teachings of Twentieth-Century Art Forms*, Chicago: University of Illinois Press.

IPCC(2018). "Summary for Policymakers", In: *Global Warming of 1.5°C. An IPCC Special Report on the impacts of global warming of 1.5°C above pre-industrial levels and related global greenhouse gas emission pathways, in the context of strengthening the global response to the threat of climate change, sustainable development, and efforts to eradicate poverty* [Masson-Delmotte, V., P. Zhai, H.-O. Portner, D. Roberts, J. Skea, P.R. Shukla, A. Pirani, W. Moufouma-Okia, C. Pean, R. Pidcock, S. Connors, J.B.R. Matthews, Y. Chen, X. Zhou, M.I. Gomis, E. Lonnoy, T. Maycock, M. Tignor, and T. Waterfield (eds.)]. IPCC, Geneva, Switzerland, 1-24.

(2014). *Climate Change 2014: Synthesis Report. Contribution of Working Groups I, II and III to the Fifth Assessment Report of the Intergovernmental Panel on Climate Change* [Core Writing Team, R.K. Pachauri and L.A. Meyer (eds.)]. IPCC, Geneva, Switzerland.

Jaecheon, Cho(2015). "*A Rhetorical Analysis of John 8:12-59*", 신약논단 22(1). 57-90.

Jameson, Fredric(1992). *Postmodernism or the Cultural Logic of the Late Capitalism*, Durham: Duke University Press.

(2009). *The Cultural Turn: Selected Writings on the Postmodernism 1983-1998*, Brooklyn: Verso.

Johnson, Deborah(1984). *Computer Ethics*, Elgin: Brethren Press.

Lindberg, David C. and Ronald L. Numbers(1986). *God and Nature: Historical Essays on the Encounter between Christianity and Science*, Berkeley, CA: University of California Press.

Lindsay, Dennis R.(1993). "What is Truth? ἀλήθεια in the Gospel of John", *Restoration Quarterly* 35(3). 129-145,

Malherbe, Abraham J.(1992). "Hellenistic Moralists and the New Testament", *ANRW* II.26.1, 267-333.

Malina, Bruce J. and Rohrbaugh, Richard L.(1998). *Social-Science Commentary on the Gospel of John*, Fortress Press.

Mannoia Jr., V. James(2000). *Christian Liberal Arts: An Education That Goes Beyond*, Rowman & Littlefield Publishers.

Melka, Tomi S(2014). "On a 20th Century Codex: The Flight into Egypt", *Journal of Visual Literacy* 33, 75–96.

Moore, Diane L(2007). *Overcoming Religious Illiteracy: A Multicultural Approach to Teaching About Religion in Secondary Schools*, NY: Palgrave.

Newberg, Andrew B. and Mark R. Waldman(2018). "A Neurotheological Approach to Spiritual Awakening", International Journal of Transpersonal Studies 37(2), 119–130.

Neyrey, Jerome H.(1987). "Jesus the Judge: Forensic Process in John 8, 21–59", *Biblica* 68. 509–542.

Noyes, James(2013). *The Politics of Iconoclasm: Religion, Violence and the Culture of Image-breaking in Christianity and Islam*, London; New York: I.B. Tauris.

Peters, Ted(2015). "Theologians Testing Transhumanism", *Theology and Science* 13(2): 130–149.

______(2008). *Sacred Cells?: Why Christians Should Support Stem Cell Research*, New York; Plymouth, UK.

Peters, Ted and Martin Hewlett(2003). *Evolution from Creation to New Creation: Conflict, Conversation, and Convergence*. Nashville, TN: Abingdon Press.

Russell, Robert J.(2008). *Cosmology from Alpha to Omega: The Creative Mutual Interaction of Theology and Science*, Minneapolis, MN: Fortress Press.

______(2012). *Time in Eternity: Pannenberg, Physics, and Eschatology in Creative Mutual Interaction*, Notre Dame, Ind.: University of Notre Dame Press.

Segovia, Fernando F.(1991). *The Farewell of the Word*, Fortress Press.

Simpson, T. W., & Müller, V. C.(2016). "Just war and robots' killings", *The Philosophical Quarterly* 66(263), 302–322.

The American Philosophical Association(1990). *Critical Thinking: A Statement of Expert Consensus for Purposes of Educational Assessment and Instruction ("The Delphi Report")*, California Academic Press.

Tillich, Paul(1964). *Theology of Culture*, New York: Oxford University Press.

Webster, J. S., Holland, G. S. ed(2012). *Teaching the Bible in the Liberal Arts Classroom*, Sheffield Phoenix Press.


**웹사이트**

과학기술정보통신부(2019). "인공지능 (AI) 국가전략 발표", https://www.korea.kr/news/pressReleaseView.do?newsId=156366736 (2021년 1월 11일 접속).

"교육기본법", http://www.law.go.kr/lsInfoP.do?lsiSeq=205788#0000, (2020년 7월 15일 접속).

국립국어원 표준국어대사전, https://stdict.korean.go.kr/search/searchResult.do, (2020년 7월 15일 접속).

김흥년(2018). "'교양 교육'이란?– 김흥년(시인)", 경남신문, 2018년 9월 21일자, http://www.knnews.co.kr/news/articleView.php?idxno=1262472 (2020년 1월 1일 접속).

이효석(2021). "'AI 이루다' 서비스 잠정 중단…'차별 · 혐오 개선하겠다'", 연합뉴스, 1월 10일. https://www.yna.co.kr/view/AKR20210111155152017?section=search (2021년 1월 11일 접속).

전미대학교교육협의회(AAC&U) 홈페이지, https://www.aacu.org/advocacy-liberal-education-0, 2020년 7월 15일 접속).

최민영(2021) "혐오 내뱉은 AI, 예견된 '윤리 둔감증'", 한겨레, 1월 10일. http://www.hani.co.kr/arti/economy/it/978123.html (2021년 1월 11일 접속).

한국교양기초교육원, "교양교육표준안", http://konige.kr/sub02_08.php. (2021년 1월 28일 접속).

한국교양기초교육원 홈페이지, http://konige.kr/sub02_08.php. (2020년 7월 15일 접속).

한국기초교양교육원(2016). "대학 교양기초교육의 표준 모델", http://konige.kr/sub02_08.php.

한국학중앙연구원(1991, 2017). 한국민족문화대백과사전, http://encykorea.aks.ac.kr/Main/Intro.

"Asilomar AI Principles" https://futureoflife.org/ai-principles. (2020년 1월 10일 접속).

Barr, Alistair(2015). "Google Mistakenly Tags Black People As 'Gorillas' Showing Limits Of Algorithms," The Wall Street Journal, July 1. https://www.wsj.com/articles/BL-DGB-42522. (2021년 1월 11일 접속)

Debes, John. http://ivla.org/new/what-is-visual-literacy-2/.

Dobuzinskis, Alex(2016) "Microsoft Apologizes for Offensive Tirade By Its 'Chatbot'." Reuters. March 26. https://www.reuters.com/article/us-microsoft-twitter-bot-idUSKCN0WS00D. (2021년 1월 11일 접속).

"Dogmatic Constitution on Divine Revelation. Dei Verbum. Solemnly Promulgated by His Holiness Pope Paul VI on November 18, 1995", https://www.vatican.va/archive/hist_councils/ii_vatican_council/documents/vat-ii_const_19651118_dei-verbum_en.html.

Lim, Linda, Gunalan Nadarajan, Jessie Yang(2020). "Commentary: Arts and humanities can set you up for life in post-coronavirus world", CNA(Channel News Asia), https://www.channelnewsasia.com/news//commentary/stem-arts-and-humanities-coronavirus-education-university-degree-12713556 (2021년 1월 13일 접속).

Moore, Diane L. "Overcoming Religious Illiteracy: A Cultural Studies Approach." in http://worldhistoryconnected.press.uillinois.edu/4.1/moore.html.